普通高等学校公共管理类专业卓越人才培养精品教材
编委会

顾　问
朱立言　中国人民大学教授
邓大松　武汉大学教授
徐晓林　华中科技大学教授
赵　曼　中南财经政法大学教授

总主编
许晓东　教育部高等学校公共管理类专业教学指导委员会副主任委员
　　　　华中科技大学教授

副总主编
欧名豪　教育部高等学校公共管理类专业教学指导委员会副主任委员
　　　　南京农业大学教授
孙　萍　教育部高等学校公共管理类专业教学指导委员会副主任委员
　　　　东北大学教授
张　毅　华中科技大学教授

编　委　（按姓氏拼音排序）

楚明锟（河南大学）　　　　　　　　史云贵（广西大学）
方盛举（云南大学）　　　　　　　　孙　健（西北师范大学）
胡晓东（中国政法大学）　　　　　　王　冰（华中科技大学）
雷　强（中共中央党校（国家行政学院））　杨兰蓉（华中科技大学）
李春根（江西财经大学）　　　　　　曾宇航（贵州财经大学）
廖清成（中共江西省委党校）　　　　张　节（中国地质大学）

浙江省普通本科高校"十四五"重点立项建设教材

公共财政学
理论、文献与案例

PUBLIC FINANCE
Theory, Literature, and Cases

主　编　毛建青　张郁杨

华中科技大学出版社
http://press.hust.edu.cn
中国·武汉

内容简介

本书围绕基本理论、财政支出、财政收入和财政体制四个部分展开,共包括十一章内容:财政的概念与职能,公共产品理论,外部性理论,公共选择理论,政府预算及预算制度,财政支出的规模与结构,财政收入的规模与结构,税收及税收制度,公债,政府间财政关系,财政平衡与财政政策。每一章都包括理论要点、经典文献概述和典型案例三块内容,同时附上各种习题,以帮助学生更快、更准、更深地掌握公共财政学的基本理论和基础知识,拓展理论视野,提高分析公共财政问题与案例的能力。本书可供公共管理学、经济学、财政学等相关专业的本科生和研究生学习使用,也可为从事财政学和公共经济学等相关课程教学工作的高校教师提供参考资料。

图书在版编目(CIP)数据

公共财政学:理论、文献与案例/毛建青,张郁杨主编. -- 武汉:华中科技大学出版社,2024.8.
(普通高等学校公共管理类专业卓越人才培养精品教材)(浙江省普通本科高校"十四五"重点立项建设教材).
ISBN 978-7-5772-1227-2

Ⅰ. F810

中国国家版本馆 CIP 数据核字第 20244JH338 号

公共财政学:理论、文献与案例　　　　　　　　　　　　　毛建青　张郁杨　主编
Gonggong Caizhengxue: Lilun、Wenxian yu Anli

策划编辑:张馨芳	
责任编辑:张梦舒　肖唐华	
封面设计:原色设计	
版式设计:赵慧萍	
责任校对:张汇娟	
责任监印:周治超	
出版发行:华中科技大学出版社(中国·武汉)	电话:(027) 81321913
武汉市东湖新技术开发区华工科技园	邮编:430223
录　　排:华中科技大学出版社美编室	
印　　刷:武汉市洪林印务有限公司	
开　　本:787mm×1092mm　1/16	
印　　张:13.5　插页:2	
字　　数:318 千字	
版　　次:2024 年 8 月第 1 版第 1 次印刷	
定　　价:58.00 元	

本书若有印装质量问题,请向出版社营销中心调换
全国免费服务热线:400-6679-118　竭诚为您服务
版权所有　侵权必究

主编简介

毛建青 女，浙江金华人，浙江工业大学公共管理学院教授、硕士生导师，芝加哥大学访问学者，国内外多本学术期刊评审专家。研究兴趣包括公共财政、教育经济与财政、教育政策与管理等。已出版独著1部、合著7部；在《教育发展研究》《高等工程教育研究》等期刊发表学术论文60余篇，其中，人大复印报刊资料全文转载6篇，《新华文摘》（网络版）全文转载1篇。主持并完成国家自然科学基金青年科学基金项目1项、教育部人文社会科学研究项目2项、浙江省哲学社会科学规划项目2项，并作为重要参与人参加多项国家级和省部级课题。曾荣获学校"优秀班主任""研究生'我心目中的好导师'"等荣誉称号。

张郁杨 女，山东淄博人，青岛大学经济学院特聘教授，国内外多本学术期刊评审专家。研究兴趣包括公共财政、社会保障、劳动与健康经济学等。已在《金融研究》《财经研究》《南开经济研究》等期刊发表学术论文10余篇，其中，《中国社会科学文摘》全文转载1篇，获得省级社会科学优秀成果奖1篇。主持教育部人文社会科学研究青年基金项目（1项）、浙江省自然科学基金探索项目（1项）、浙江省教育厅社科项目（1项）等多项纵向研究课题，并作为重要参与人参加多项国家级和省部级课题。

前言 PREFACE

本书可作为公共财政学课程的配套补充教材，旨在对国内经典教材进行导读、总结、深化与拓展，以帮助学生更全面地掌握公共财政学的理论要点，更深刻地理解相关基础知识，更灵活地运用理论来分析现实财政现象和问题。同时，由于现代财政学与公共经济学关系密切，本书大量吸收了公共经济学的基本知识和理论，因此，本书也可以作为公共经济学课程的配套补充教材。

本书共包括十一章的内容：第一章为财政的概念与职能，第二章为公共产品理论，第三章为外部性理论，第四章为公共选择理论，第五章为政府预算及预算制度，第六章为财政支出的规模与结构，第七章为财政收入的规模与结构，第八章为税收及税收制度，第九章为公债，第十章为政府间财政关系，第十一章为财政平衡与财政政策。

本书将理论要点、经典文献与典型案例有机融合，同时附上大量习题，以帮助学生更快、更准、更深地掌握公共财政学的基本理论和基础知识，拓展学生的理论视野，加深学生对公共财政现实问题的思考，提高学生对公共财政问题与案例的分析能力。本书每章内容均包括四个方面：一是理论要点，主要梳理基本知识点，帮助学生迅速掌握基础知识和基本理论，为后面的文献阅读和案例分析奠定基础；二是经典文献概述，主要呈现与理论内容紧密相关的经典文献，拓宽学生的理论视野，帮助学生加深对理论内容的理解，有兴趣的学生可以根据文献来源进一步研读原始文献；三是典型案例，主要呈现国内外发生的与理论内容紧密相关的典型案例，并根据理论要点对案例展开分析讨论；四是本章习题，主要包括单选题、多选题、判断题和论述题等题型，通过习题练习，学生能更好地掌握和巩固所学的基础知识和基本理论。

本书是在近年来的教学实践中不断修改完善的，在编写过程中吸收和借鉴了国内外专家学者的研究和教学成果，广泛引用了众多新闻报道，并尽可能一一注明来源。但由于涉及的成果和报道众多，难免有所遗漏，还望海涵。

在教学和书稿撰写的过程中，我们的诸多硕士研究生对部分文献翻译和案例分析做出了重要贡献，特别是王真真同学认真审校了外文文献的翻译，在此深表谢意。同时，非常感谢浙江省高等教育学会对本书的肯定以及给予的立项资助，也非常感谢浙江工业大学及公共管理学院给予的出版资助。

华中科技大学出版社对本书的出版给予了大力支持，诸位编辑在本书内容呈现和文字表述等方面的审校工作中付出了辛勤劳动，对此，我们表示诚挚的谢意！

本书的前七章由毛建青编写，后四章由张郁杨编写。因作者水平有限，本书难免有错误和疏漏之处，敬请各位专家和广大读者批评指正。

毛建青　张郁杨

2024 年 7 月 20 日于杭州小和山

目录 CONTENTS

第一章　财政的概念与职能 —— 001
　第一节　理论要点 —— 001
　第二节　经典文献概述 —— 006
　第三节　典型案例 —— 011

第二章　公共产品理论 —— 026
　第一节　理论要点 —— 026
　第二节　经典文献概述 —— 030
　第三节　典型案例 —— 034

第三章　外部性理论 —— 046
　第一节　理论要点 —— 046
　第二节　经典文献概述 —— 050
　第三节　典型案例 —— 055

第四章　公共选择理论 —— 067
　第一节　理论要点 —— 067
　第二节　经典文献概述 —— 070
　第三节　典型案例 —— 076

第五章　政府预算及预算制度 —— 084
　第一节　理论要点 —— 084
　第二节　经典文献概述 —— 091
　第三节　典型案例 —— 096

第六章　财政支出的规模与结构 —— 105
　第一节　理论要点 —— 105
　第二节　经典文献概述 —— 109
　第三节　典型案例 —— 114

第七章　财政收入的规模与结构 — 127
第一节　理论要点 — 127
第二节　经典文献概述 — 130
第三节　典型案例 — 134

第八章　税收及税收制度 — 142
第一节　理论要点 — 142
第二节　经典文献概述 — 149
第三节　典型案例 — 152

第九章　公债 — 162
第一节　理论要点 — 162
第二节　经典文献概述 — 165
第三节　典型案例 — 168

第十章　政府间财政关系 — 175
第一节　理论要点 — 175
第二节　经典文献概述 — 179
第三节　典型案例 — 183

第十一章　财政平衡与财政政策 — 192
第一节　理论要点 — 192
第二节　经典文献概述 — 195
第三节　典型案例 — 199

第一章 财政的概念与职能

第一节 理论要点

财政是政府的经济行为,是一种政府配置资源的经济活动。本章要求了解和掌握市场效率与市场失灵、政府干预与政府失灵、财政概念及财政职能等内容。

一、政府与市场

(一)市场效率与市场失灵

1. 市场效率:帕累托效率(帕累托最优)

帕累托效率,指不可能通过资源的重新配置,达到使某个人的境况变好,而不使其余任何人境况变坏的结果。

帕累托改善,指一项社会变革在使得一部分人的社会福利增加的同时,并不减少其余任何人的社会福利。

帕累托效率意味着所有的帕累托改善都不可能。

交换的帕累托最优条件为 $MRS_{XY}^{A} = MRS_{XY}^{B}$,即 A 和 B 的边际替代率相等,$VV'$ 就是交换的契约曲线,如图 1-1 所示。

生产的帕累托最优条件为 $MRTS_{LK}^{C} = MRTS_{LK}^{D}$,即 C 和 D 的边际技术替代率相等,$qq'$ 就是生产的契约曲线,如图 1-2 所示。

交换和生产的帕累托最优条件为经济体产出产品的组合必须反映消费者的偏好,此时任意两种商品之间的边际替代率(MRS)必须与任何生产者在这两种商品之间的边际转换率(MRT)相等,即 $MRS_{XY} = MRT_{XY}$。

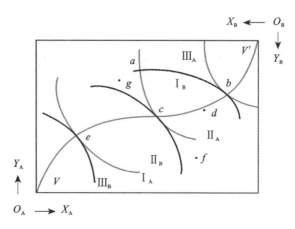

图 1-1 交换的帕累托最优

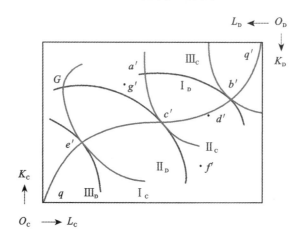

图 1-2 生产的帕累托最优

2. 市场失灵

市场失灵包括两种情况：一种是市场低效，它是指现实市场中因存在不符合完全竞争假定条件的方面，使市场机制无法实现对资源的高效配置；另一种是市场无效，它是指即使现实市场严格符合完全竞争的所有条件，其运行结果也存在缺陷，不符合整个社会要求。

市场失灵问题一般包括以下几个方面：公共产品、外部性、垄断、不完全市场、不完全信息、分配不公、宏观经济失衡。

（二）政府干预与政府失灵

1. 政府的经济作用

西方新凯恩斯主义提出一种新型的政府-市场观，认为现代经济是一种混合经济，即私人经济和公共经济的混合。政府和市场之间不是替代关系，而是互补关系。由政府介入的市场，才是完善的市场。

2. 政府失灵（政府失败）的概念

政府失灵，是指个人对公共物品（也称公共产品）的需求在现代西方代议制民主政治中得不到很好满足，公共部门在提供公共物品时趋向于浪费和滥用资源，致使公共支出规模过大或者效率降低，政府的活动或干预措施缺乏效率。

3. 政府失灵的表现

① 政府决策失误。
② 政府提供信息不及时甚至失真。
③ 政府职能的越位、缺位、错位。
④ 产生权力寻租行为。

4. 政府失灵的原因

政府的运行是以政治权力为基础和前提的，而经济是政治的基础。政治权力虽然不能创造财富，但是可以支配财富，甚至凌驾于经济之上支配经济，从而产生矛盾，这就是政府干预失效的根本原因。

政府失灵的直接原因：
① 政府获取的信息有限。
② 政府对私人市场反应的控制有限。
③ 政府对官僚的控制有限。

二、财政概念

（一）词源

在西方，财政一词源于拉丁文 Finis，原指结算支付款项。

中国古代称财政为度支、国用、岁计、国计，度支、国用指国家的费用开支，岁计指国家预算年度收支的总称，国计指国家财政。

财政一词于 19 世纪末从日本传入中国。严复借用了日本的译法，财政的说法正式形成。光绪二十九年（1903 年），清政府设立财政处。

（二）概念

邓子基认为，财政是国家为了实现其职能，凭借其公共权力直接参与一部分社会总产品分配时所进行的一系列经济活动，包括组织收入、安排支出、监督管理活动等。

陈共认为，财政是一种以国家为主体的经济行为，是政府集中一部分国民收入用于满足公共需要的收支活动，以达到优化资源配置、公平分配及稳定和发展经济的目标。

《公共财政概论》编写组认为，财政是以政府为主体参与国民收入分配所形成的特殊分配关系，具体表现为政府一系列的收支活动，因此它是一个经济范畴。

（三）公共财政思想

1. 古典经济学派的财政思想

威廉·配第于1662年出版的《赋税论》，被视为财政学的开山之作，为财政学的创立奠定了基石。

亚当·斯密在1776年出版的代表作《国富论》第五篇中，专门研究了财政问题。

古典经济学的集大成者大卫·李嘉图根据劳动价值理论，认为税收来自劳动产品的价值，赋税的来源是资本和收入。他根据亚当·斯密提出的"公平、确定、便利、最少征收费用"四项税收原则，认为社会的一切收入都应该征税，人们应该按自己的财力来负担税收。

2. 近代西方国家的财政思想

（1）凯恩斯主义的财政思想和政策。

凯恩斯主张国家对经济进行全面干预，财政政策成为国家干预经济的重要工具。

（2）凯恩斯主义之后的财政思想。

20世纪中期以来，西方资本主义国家经济社会矛盾继续加深，凯恩斯主义经济思想和政策主张的严重后遗症促使西方各国政府调整其财政经济政策，新经济自由主义学派、供给学派和理性预期学派等对西方国家的财政思想和政策产生了影响。

3. 马克思主义的财政思想

马克思、恩格斯预见性地指出，在建立社会主义社会以后，国家的经济职能将有所扩展，国家的财政收支活动将更多地包含经济建设方面的收支内容。马克思、恩格斯的财政理论，成为社会主义国家构建财政体系的理论基础。

列宁领导建立了全能型计划财政模式，这是一种以国家统收统支、集中分配社会资源为基础，将全社会的经济活动和公共产品提供全部纳入国家统一的财政计划的财政模式。

三、财政职能

（一）资源配置职能

财政的资源配置职能是由于政府介入或干预资源配置所产生的，其特点和作用就是通过财政本身的收支活动为政府提供公共产品和财力，在一定程度上纠正外部性，引导资源流向，弥补市场失灵，最终实现全社会资源配置的最优效率状态。

1. 财政资源配置职能的重点

① 供给公共产品。
② 矫正外部性,具体包括政府管制、法律手段、一体化、政府税收、政府补贴等。
③ 对自然垄断的管制。

2. 财政介入资源配置的作用

① 实现资源在政府和私人部门之间的合理配置。
② 优化财政支出结构。
③ 合理运用财政收支政策,调节市场机制。
④ 提高财政配置资源的效率。

(二) 收入分配职能

财政的收入分配职能就是要求财政运用多种方式,参与国民收入的分配和调节,以期达到收入分配的经济公平和社会公平。

1. 逻辑前提

财政进行收入分配的逻辑前提之一是划清市场分配与财政分配的原则界限。一般来说,在市场经济中,市场可以形成较为合理的企业职工工资、租金收入、利息收入、股息红利收入、企业利润等,使之符合经济公平,所以财政原则上不应直接介入这些要素价格的形成(稀缺资源的垄断性收入除外)。

2. 主要的衡量方法与指标

洛伦兹曲线(Lorenz curve),也译为劳伦兹曲线,是一种直观衡量收入分配不均等程度的二维图示方法。其横轴表示按收入水平从低到高排序的个体或劳动者数量的累计百分比,纵轴表示与个体或劳动者数量相对应的总收入的累计百分比,将每一百分比的个体或劳动者所对应的收入百分比描绘成点并连线,即为洛伦兹曲线。

基尼系数是国际上通用的、用以衡量一个国家或地区居民收入差距的常用指标之一,包括收入基尼系数(income Gini)和财富基尼系数(wealth Gini)。

收入分配越趋向平等,洛伦兹曲线的弧度越小,基尼系数也越小;反之,收入分配越趋向不平等,洛伦兹曲线的弧度越大,基尼系数也越大。

3. 财政介入收入分配的机制和手段

① 运用政府税收调节企业收入和个人收入,使之符合社会公平。
② 规范政府的资产性收入。
③ 规范工资制度。
④ 完善社会保险制度。
⑤ 完善特殊群体的社会保障制度。

(三) 经济稳定与发展职能

财政的经济稳定与发展职能，即政府通过运用多种财政手段，有意识地影响和调控经济，以实现经济的稳定与发展。

财政介入经济稳定与发展的机制和手段：

① 运用各种收支手段，逆经济风向调节，促进社会总供求的平衡；

② 运用财政收支活动中的制度性因素，发挥"自动"稳定的作用；

③ 通过合理安排财政收支结构，促进经济结构优化。

第二节 经典文献概述

一、经典文献概述一

《财政理论中的国家职能》

理查德·A. 马斯格雷夫

（一）作者简介

理查德·A. 马斯格雷夫（Richard A. Musgrave，1910年12月14日—2007年1月15日），德国政治经济学家，被誉为现代财政学的真正开拓者之一，是现代财政学之父。

（二）内容提要

马斯格雷夫在文中指出，财政学旨在研究国家的财政工具及如何最有效地使用财政工具以达到公共政策的目标。他认为，不同的财政学学说总是与不同的国家理论紧密联系的。财政工具如何发挥作用是一个经济学问题，而其目标的制定则有赖于人们对"理想社会"以及该社会之内国家职能的设想。因此，财政理论并不仅仅是经济学问题，而且财政理论有着自身独特的魅力，从而吸引人们不断探索。因此，此文从历史的角度考察了财政理论与国家理论之间的联系。马斯格雷夫认为，从十八世纪开始一直到二十世纪三四十年代，有四类典型的国家理论和财政理论。

第一类为服务性国家理论。马斯格雷夫回顾了公共产品理论及其发展过程，认为从休谟到斯密再到维克塞尔和萨缪尔森，他们在思想上的连续性是明显的，非竞争性和/或非排他性消费导致市场失灵，而这种失灵需要由服务性国家及其为确保偏好显示所需的政治过程来加以克服。因此，国家要帮助看不见的手去近似地实现市场目标。服务性国家理论认为国家行使极为有限却又非常基本而关键的职能，国家修补市场有效运作中出现的某些漏洞，而且这种修补采用鼓励市场解决的方式。马斯格雷夫还指出，财政学有一段时间曾作为功能财政学而成为宏观经济学的中心，但后来该职能不断衰弱，最终财政学研究重心又回归到公共部门更为传统的职能上。

第二类为福利性国家理论。马斯格雷夫指出，从穆勒开始，按支付能力征税被认为是对于税收所产生的牺牲而言的。把边际相等牺牲理解为总的最小牺牲，问题就由公平转化为福利最大化。追求税负的公平分配已成为福利经济学的一个以效益原理为基础的准则。因此，洛克的授权说被抛弃，福利性国家理论出现了。福利性国家理论关注收入分配的问题，国家力图矫正由市场决定的收入和财富的分配，使之趋向于符合社会所认为的公平标准。在以上这两种类型中，国家满足的是个人利益及私人需求。马斯格雷夫还指出，由于服务性国家和福利性国家被综合到一起，税收体制便面临两个看似相互冲突的任务。一方面，为确保偏好显示，预算的税收和支出两部分都应当由投票决定，而且税收应以边际净收益为基础。另一方面，保障福利最大化和收入最优分配的税收并不需要如此，税收应与社会福利函数所确定的负担相一致。维克塞尔认识到这一点并指出，为使受益税不但公平而且有效，产生受益税的收入分配从一开始也应该是公正的。基于这一思想，可能需要分设两个部门、建立两套税收体系以实现这种双重目标。

第三类为公共性国家理论。马斯格雷夫指出，这种类型的国家不再仅仅是用于克服外在性影响或按社会成员的个人偏好调节收入分配的简单工具。这便是德国传统的财政学说的社会公共性背景。公共性国家理论与服务性国家理论之间的显著差异在于：前者侧重于需求，而后者强调产品。因此，马斯格雷夫认为，与前述两种类型不同，公共性国家理论的政策目标是由国家自身需求决定的，更确切而言，由社会成员的公共需求（与私人需求相区别）所决定。十九世纪末是德国财政学的黄金时代，其间出现了三大巨星——史坦因、谢夫勒、瓦格纳，他们的著作充分反映了对国家利益的关心。不过，三大巨星的黄金时代过后，德国财政学日趋衰落。

第四类为缺陷性国家理论。马斯格雷夫指出，在此理论中，并不从惯常的规范概念去看待国家及其财政工具，而是将国家看成有缺陷的机构。因此，问题的重心也就由市场失灵转向公共部门失灵了。他指出，十九世纪八九十年代意大利批判性的理论学说在二十世纪被重新提出，并且大致形成了两条发展路径：一条强调投票问题，另一条则回到普维安尼的学说，侧重于指出政府机构、政客和官僚的作用。因此，这种财政理论不再局限于规范化的研究范围，它关注的是由于技术原因，或更糟糕的是，由于控制机关对自身利益的追求而产生的国家失灵问题。

当然，马斯格雷夫也指出，以上四种类型仅仅是理论设定的模式。任何特定时期的国家都会是其中几种类型的混合。例如，服务性和福利性职能的某些部分共存于现代国家中，而一些极具个人主义色彩的社会也会实现某些公共利益，即使是管理得最好的国家也不能排除管理缺陷和滥施权威的问题。然而，以上四种类型反映了不同的观点并为各国财政学传统框架的建立打下基础。英国、美国和斯堪的纳维亚各国的财政思想属于服务性国家和福利性国家类型，德国的财政传统依靠其公共经济的背景，而意大利学者很早就将研究对象设定在国家缺陷上。

原文出处：《财政研究》，1995年，第11期，第15～21页。此文为马斯格雷夫1995年8月21日在里斯本召开的第51届国际财政学会年会第一次全体大会上所宣读的论文。

二、经典文献概述二

《关于财政学基本理论的几点意见》

陈共

（一）作者简介

陈共（1927年4月8日—2021年7月23日），中国人民大学荣誉一级教授，中国杰出经济学家、财政学家、教育家，新中国财政学科的重要奠基人，2017年荣获首届中国财政理论研究终身成就奖。

（二）内容提要

陈共在该文中阐述了关于财政学基本理论的几点意见，具体包括以下九个方面的内容。

第一，陈共强调马克思主义再生产理论仍是财政学的基本理论依据。他指出，我国财政学一向坚持以马克思主义再生产理论为依据。该理论是对社会再生产的高度凝练，对不同社会制度和不同经济体制都是适用的。改革开放以来，我国财政学界在探讨社会主义市场经济财政理论方面，已取得重要进展。原有财政学的理论体系和论点已不能完全反映现实，财政理论必须发展，但不能因此否定过去的一切，简单照搬西方财政学。中国财政学的基本指导思想应是以马克思主义的基本原理为指导，借鉴西方财政学，从中国实际出发，继承和发展，通过百家争鸣，建立具有中国特色的财政学。

第二，陈共认为在新的体制下对分配概念要有新的认识。我国经济体制改革，是在坚持社会主义经济制度的前提下转变资源配置方式，这是更新财政理论的基本立足点，因而要从资源配置方式的转变来重新认识分配概念。马克思认为，分配是再生产的一个环节，也包括生产过程中的生产要素的分配，在广义理解分配时应包括对资源配置含义的理解。因此，他认为，研究市场经济体制下的财政问题时需要将两个概念加以区分，确立资源配置的概念。资源配置专指资源在部门和地区之间的分配，分配专指生产成果的分配，即个人收入的分配。

第三，陈共指出不同经济体制下资源配置方式及与之相适应的分配方式是不同的。

在计划经济体制下，实施的是直接的指令性计划和物资调拨，由政府规定计划价格。转向市场经济体制以后，市场在资源配置中起基础性作用。随着资源配置机制的转变，分配机制也发生了变化。他认为，在市场经济体制下，GDP分配的起始阶段是由市场价格决定的按要素分配或按功能分配，而后才是在按要素分配基础上的再分配。我国明确实行按劳分配与按要素分配相结合的原则，政府主要通过财政途径，既参与初次分配，也参与再分配。

第四，陈共指出要重新认识政府与市场的关系。在计划经济体制下，基本是计划决定一切，忽视甚至否定市场在配置资源中的作用。转向市场经济体制以后，正确认识和处理政府和市场的关系，确定政府的职责范围，是经济体制改革的关键。我国关于社会主义市场经济的界定，说明存在市场失灵问题，因而需要国家干预，但国家干预并非总是有效的，国家干预也存在失效问题。因此，科学地确定政府的职能，是经济体制改革的重要一环，也是财政体制改革到位的一个决定因素。

第五，陈共提出了财政概念的一般表述。他指出，我国财政学界有各种不同的观点，自然对财政概念有各种不同的理解和表述，即使观点相同的作者对财政概念的理解和表述也不一定是相同的。他认为，财政的目的是满足社会公共需要，那么定义时就可以扩展为财政是国家（或政府）通过配置资源和分配收入来满足社会公共需要的经济行为或经济活动。

第六，陈共讨论了社会公共需要。他认为，人类社会的一切经济活动都是为了满足社会需要，所以满足社会需要是经济学的核心命题，也应是财政学的核心命题；把满足社会需要作为财政的最终目标和核心命题，是合乎逻辑的，是科学的；此外，在现代市场经济条件下，应由市场满足私人需要，由政府通过财政满足公共需要。

第七，陈共讨论了公共物品理论。他指出，公共物品一词在西方经济学和财政学中是一个成熟的用词，而且已经形成了系统的公共物品理论，如关于公共物品的定义、公共物品与私人物品的区分标准、公共物品均衡模型以及公共选择理论等。自从公共物品概念及其相关理论引入财政学之后，支出理论逐步占据财政学的核心地位，这不仅极大地丰富了财政学中公共财政的内容，而且促进了现代财政学的形成。他认为，这些理论对发展和更新我国社会主义市场经济体制下的经济学和财政学有重要的借鉴意义。他还认为，公共物品理论并非财政学整体的基础理论，而应视为财政支出的基础理论。

第八，陈共区分了财政学和公共经济学。他认为，简单地把二者画等号是不准确的。如果把公共经济学看成财政学，那么也是名为公共财政的财政学的深化和发展，实际上从公共财政到公共经济学，在内容上发生了历史性的变化。如果以公共经济学替代财政学，会模糊甚至取消财政学的特殊对象，最终是取消财政学。同时，他赞同建立一门名副其实的公共部门经济学。

第九，陈共阐述了财政职能。他赞同借鉴西方财政学三职能学说，结合中国实际加以运用。此外，他补充说，在市场经济体制下，从市场失灵出发界定政府的经济职能，这一点应当取得共识，而财政职能应理解为财政通过本身的特殊运行机制来实现政府的经济职能。他还指出，在因需求萎缩制约经济的快速增长时，在经济结构调整和刺激投资与消费方面，货币政策的效应明显趋弱，这就要求强化财政职能，特别是强化资源配置和收入分配两项基本职能,努力增加财政收入,加大基础设施和科技进步的投入,刺激需求,拉动经济的快速增长。

原文出处:《财政研究》,1999年,第4期,第2~6页。

三、经典文献概述三

《关于公共财政的几点认识》

邓子基

(一) 作者简介

邓子基(1923年6月—2020年12月),厦门大学文科资深教授,著名财政学家、教育家、经济学家,我国社会主义财政学的奠基人和开拓者之一,中国财政学界主要学派"国家分配论"的主要代表人物之一,2017年荣获首届中国财政理论研究终身成就奖。

(二) 内容提要

邓子基在该文中首先介绍了公共财政这一提法及其来源,然后分析了公共财政与国家财政的关系,并探讨了公共财政论的引进与本土化问题,以及实施公共财政后国家分配论的适用性,最后提出我国当时财政基础理论研究的重心应该是借鉴公共财政论以发展国家分配论。

首先,邓子基认为,古今中外,财政就是国家财政、政府财政,因其天然具有公共属性,所以也是公共财政,它们是同义的。但是,随着生产力水平、经济制度和经济体制的演进,不同的国家财政又会有不同的模式(类型)。他认为,把 public finance 直译为公共财政,以代表国家(或政府)的分配行为或收支活动,容易为人们所接受。但其实财政本身就是指国家(或政府)的分配行为或收支活动,所以应当把 public finance 译为财政。另外,如果将 public finance 译为公共财政(学),用以特指市场型的财政,以突出市场经济条件下的国家(或政府)财政活动的公共性,不失为一个贴切的译法,是可以接受的。因此,他认为,在我国财政改革与财政理论发展的现实情况下,提出公共财政一词,并将其作为国家财政在社会主义市场经济条件下的一种模式(类型),的确有助于标识我国财政职能转化的方向,有利于财政定位,是有着特殊的现实意义和理论意义的。总之,他对公共财政这一提法持赞成态度。

其次,邓子基指出,公共财政作为对发达市场经济条件下的财政模式(类型)的一种理论概括,固然不失积极意义,但它作为我国财政改革的目标模式,却是失之片面的。他认为,从现实的经济制度和经济体制的角度考虑,还是国家财政这一概念能更正确把握我国财政改革的现状及其目标。国家财政与财政是一致的,而公共财政特指市场型的财政,因此,国家财政包含公共财政,公共财政是财政或国家财政的从属概念或者说是子概念。

再次,邓子基指出,对待西方的东西,必须学习、分析、吸收、借鉴。既反对"排斥论",又反对"照搬论"。他认为,公共财政论的引进在我国已经有较长的历史,但在我国真正崛起和本土化却是在20世纪90年代以后。这些迹象表明,我国财政的公共性特征正日益显现出来。所以,公共财政论的兴起是有着客观基础和现实依据的。因此,对于构建公共财政框架,他持赞成态度。不过,在"为公共财政叫好"的同时,他认为应注意两个方面:一是不要忘了国有资本财政,二是应当意识到中西在经济发展水平与经济制度方面的差异,求同存异,注重中为体、洋为用。

从次,邓子基认为,国家分配论透过纷繁芜杂的财政活动,抽象出国家与财政之间的本质联系,提出了财政是以国家为主体的分配行为或收支活动,财政的本质是以国家为主体的分配关系的论断。此论断在我国财政理论界居主流地位。公共财政论以市场经济为起点,沿着"市场有效—市场失灵—政府干预—财政介入"的思路,说明了市场经济条件下的财政存在的必要性,并对市场经济条件下的财政运行过程及其特征进行了概括和总结。因此,他认为,就国家分配论与公共财政论的关系而言,前者是本质论,后者是现象论或模式论;前者关注财政一般,后者关注财政特殊;前者侧重于财政的共性,后者侧重于财政的个性。二者之间是涵盖与充实的关系。

最后,邓子基提出,财政基础理论研究的重心应当是借鉴公共财政论,发展国家分配论。他认为,应该在坚持国家分配论的财政本质观的基础上,在财政模式问题的研究上进行突破,从而实现国家分配论与公共财政论的科学整合与发展,构建独具中国特色的新的国家分配论财政学理论体系。他还强调,在这一整合与发展的过程中,要特别注意中西国情的差异,注意我国所走过的和要走的独特的改革之路,注意坚持我国的社会主义经济制度,而不应对来自西方发达市场经济国家的公共财政论照搬照抄,不加鉴别地引进。

原文出处:《财政研究》,2001年,第7期,第11~16页和第6页。

第三节 典型案例

基尼系数是国际上用来综合考察居民内部收入分配差异状况的一个重要分析指标。一般认为,基尼系数在0.4~0.5时说明居民收入分配差距过大。如图1-3所示,2013—2022年我国基尼系数基本维持在0.47,整体较2003—2012年有所下降,但仍高于0.4的国际警戒线。党的二十大报告中指出"收入分配差距仍然较大"。如何缩小收入分配差距,达到共同富裕,是我国当前亟须解决的一项重要任务。

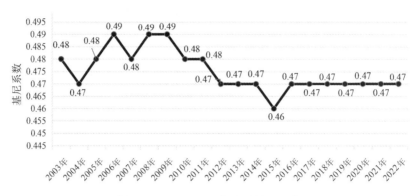

图 1-3 2003—2022 年我国基尼系数

一、案例正文

案例一

电商直播中"顶流"主播与普通主播的收入差距有所缩小

近年来,主播行业迅速崛起,成为备受关注的领域。根据中国演出行业协会网络表演(直播)分会、《南方都市报》、南都大数据研究院联合编制的《中国网络表演(直播与短视频)行业发展报告(2022—2023)》,截至 2022 年末,我国网络表演(直播)行业主播账号累计开通超 1.5 亿个,2022 年新增开播账号 1032 万个。

《中国网络表演(直播与短视频)行业发展报告(2022—2023)》称,以直播为主要收入来源的主播中,95.2% 的主播月收入为 5000 元以下,仅有 0.4% 的主播月收入在 10 万元以上。这些数据说明,"头部"与"尾部"主播的收入差距大,并非每一个主播都能拿到很高的收入。

近期,有业内人士表示,2023 年"头部"主播的收入出现明显下降,主播收入差距也有所缩小。主播收入差距缩小的背后,是整个行业在逐渐走向成熟。2022 年 6 月,国家广播电视总局、文化和旅游部联合发布了《网络主播行为规范》,直播行业迎来了系统性、全方位的严格监管。随着直播行业越来越规范,一大批不能适应新形势的主播,势必离场,这也是行业由乱到治的一种必然趋势。

(案例来源:《极少主播月入 10 万元,才是直播带货真实的样子》,载《南方都市报》,https://epaper.oeeee.com/epaper/A/html/2023-10/08/content_17464.htm;《电商主播薪资大降!收入缩水至去年十分之一?这类公司或面临大洗牌》,极目新闻,https://baijiahao.baidu.com/s?id=1762924001999527367&wfr=spider&for=pc。有改动。)

案例二

城乡居民收入倍差连续9年缩小，浙江经历了什么？

1978年至1991年期间，浙江农村生产力和乡镇企业大发展阶段，浙江城乡收入倍差先降后升，总体较小。改革开放初期，农村改革先行，受益于家庭联产承包制，浙江农村居民收入增长一度快于城市。1984年，浙江农民人均纯收入从1978年的165元增至446元，名义增长1.70倍，同期浙江城市居民人均可支配收入从332元增至669元，名义增长1.02倍，城乡收入倍差由2.02降至1.50，为改革开放40多年来最低。此后，随着乡镇企业的蓬勃发展，浙江城镇居民人均可支配收入快速增长，由1984年的669元增至1991年的2143元，名义增长2.20倍，同期浙江农民人均纯收入由446元增至1132元，名义增长1.54倍，城乡收入倍差有所扩大，1991年城乡收入倍差为1.77，小于2.00。

1992年至2012年期间，深化改革和经济快速发展阶段，浙江城乡收入倍差持续扩大。1992年邓小平发表南方谈话之后，浙江改革开放进入新阶段，民营经济迅速发展，国企改革取得突破性进展，城镇化进程加快，带动居民收入快速增长。浙江城乡居民人均可支配（纯）收入分别由1992年的2619元和1359元增至2000年的9279元和4254元，城乡收入倍差由1992年的1.93扩大至2000年的2.18。进入21世纪，我国加入WTO，对外开放迈出重大步伐，浙江开始实施"八八战略"，经济再上台阶，改革发展成果惠及城乡居民。至2012年，浙江城镇、农村居民人均可支配（纯）收入分别增至34550元和14552元，城乡收入倍差由2000年的2.18进一步扩大至2.37。

2013年至2020年，浙江城乡收入倍差逐年缩小至2.00以内。按照党的十八大提出的全面建成小康社会目标，浙江忠实践行"八八战略"，干在实处、走在前列。这一阶段，浙江统筹城乡协调发展，全力打好脱贫攻坚战，群众获得感不断提升，人均GDP、居民收入保持较快增长，城乡收入倍差逐步缩小，高水平全面建成小康社会顺利实现。2013年至2020年，浙江人均GDP年均增长5.3%，居民人均可支配收入年均实际增长6.3%，其中城镇、农村居民人均可支配收入年均分别实际增长5.8%和6.8%，城乡收入倍差连续8年缩小，至2020年降至1.96，为1993年以来首次降至2.00以内，远小于全国平均水平2.56。

2021年，浙江城乡居民收入倍差缩小至1.94，连续9年呈缩小态势，共同富裕三大核心目标之一的缩小城乡差距取得实质性成效。

（案例来源：《城乡居民收入倍差连续9年缩小，浙江经历了什么？》，澎湃新闻网，https://m.thepaper.cn/baijiahao_16603012。有改动。）

二、案例分析

1. 本章案例反映出的一些收入分配现状

从本章案例来看，我国存在岗位收入差距、城乡收入差距等问题。不过，近年来我国不断完善分配政策以适应经济发展形式，居民收入差距已经并将持续不断缩小。

（1）岗位收入差距有所缩小。

通过本章案例一我们发现，伴随着直播行业的迅猛发展，一系列"头部"电商通过直播带货获得了巨额的收入。直播带货行业的巨大潜力和吸引力，使得电商平台、MCN公司开始通过给予直播流量等非公平性倾斜培养一部分"头部"主播或"超级头部"主播，进而逐渐导致"头部"电商流量垄断化、产品销售渠道单一化等现象出现。

在传统概念中，寻租理论是指政府运用行政权力对企业和个人的经济活动进行干预和管制，妨碍了市场竞争的作用，从而创造了少数有特权者取得超额收入的机会。美国经济学家布坎南认为，这种超额收入称为租金，谋求这种权利以获得资金的活动，称作寻租活动，俗称寻租。

在直播行业高速发展的这些年，"头部"主播拥有巨大的用户基础和流量，而这类资源也等同于主播的带货能力，带货能力的高低决定着品牌方是否将产品投放至该直播间。"头部"主播通过控制这些资源，使其能够控制直播带货行业的市场准入与增长，从而形成垄断地位，进而增强自身在直播带货行业中的绝对话语权。随着时间的不断推移，"头部"主播反而成为选品的主导方，品牌方逐渐变为弱势方，失去"坑位费"议价权，"头部"主播收取的"佣金""坑位费"等也就愈发高昂。在直播销售体系呈低价化趋势的今天，"超级头部"主播也对品牌方给予的价格和赠品有着较高的话语权，甚至需要双方签订所谓的"保价协议"，确保该直播间的出售价格为最低价。一方面品牌方利益被不断压缩，另一方面消费者可选择的余地逐渐缩小，"超级头部"主播垄断地位进一步巩固。

不同主播拿到的机制是不同的，即品牌商家给到主播的产品售价、赠品配置、分成或其他激励资源不同。品牌方大多已将好的机制给予了一部分"头部"主播。对于普通主播而言，缺乏好的机制就难以留住更多的消费者，他们所获取的"佣金""坑位费"相对而言较低。

对此，2022年6月，国家广播电视总局、文化和旅游部联合发布了《网络主播行为规范》，直播行业迎来了系统性、全方位的严格监管。直播带货行业越来越规范，网络主播之间的收入差距将进一步缩小。

（2）城乡收入差距逐步缩小。

根据本章案例二我们不难看出，作为共同富裕示范区，浙江城乡收入差距总体较小。在1978—1991年间，浙江城乡收入倍差先降后升，总体较小；在1992—2012年间，浙江城乡收入差距持续扩大，城乡收入倍差超过了2.00，2012年扩大至2.37；2013年后实现了连续九年低于2.00。如图1-4所示，从全国层面上看，全国城乡收入倍差皆在

2.00 以上，2007 年达到最高点，不过，2008 年后整体呈不断下降趋势，2022 年已下降到 2.45。

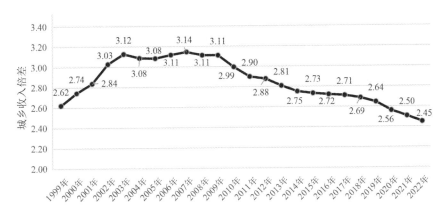

图 1-4 1999—2022 年全国城乡收入倍差

整体而言，城乡收入差距呈现出显著特征。以城乡收入比（即城镇居民可支配收入与农村居民可支配收入之比）为代表的城乡收入差距变化较大，随着时间的推移，城乡收入差距呈现出一种先升高再降低，然后再升高再降低的趋势，特别是 2009 年以来，城乡收入差距不断下降。

城乡居民收入差距往往是多种因素共同作用的结果，其中包括城乡发展差异、人口流动与户籍制度、教育资源不均衡、医疗保障差异以及社会保障和福利制度不完善等方面。

城乡发展差异是一个无法回避的事实。城市经济相对于农村经济更发达，拥有更多的产业和就业机会，导致城乡收入差距的存在。城市的产业结构更多元化，技术含量和附加值更高，因此，城市居民的收入水平通常较高，而农村居民往往依赖于农业和低技能劳动，收入与城市居民存在差距。人口的属地户籍制度限制了农村居民或城市常住人口中的农民工等流动人群往往无法获得与城市居民相同的社会保障和福利待遇，包括医疗、教育和养老等方面。教育资源不均衡也是重要原因之一。城市教育资源相对于农村更丰富（优质学校、师资力量、教育设施等）。城市居民往往能够接受更好的教育，从而获得更好的就业机会和更高的收入水平。相比之下，农村居民面临着教育资源匮乏的问题，这也限制了他们的发展和收入水平。

此外，城市居民享受较好的医疗保障，包括社会医疗保险和公立医疗机构的服务。与此相比，农村居民在医疗资源的获得和质量上存在一定差距。农村地区的医疗条件相对较差，医疗服务供给不足，医疗费用负担较重，这使得农村居民面临更大的医疗风险。农村城市养老制度存在的差距也是造成城乡居民收入差距的原因之一。农村地区的老年人社会保障体系相对薄弱，很多农村老人缺乏充分的社会保险和福利保障，这使得他们的家庭在面对风险和不确定性因素时更加脆弱。

2. 为缩小收入差距，我国在不同历史时期推出的收入分配政策

收入分配政策是国家宏观经济政策的重要组成部分，它是一个完整的政策体系。收入分配政策的核心是解决社会经济发展中的效率和公平问题。收入分配差距问题一直是一个客观存在的问题。自新中国成立以来，我国陆续推出了诸多的收入分配政策，以期缩小并解决收入分配差距问题。根据刘儒、李超阳、杨德才、潘熙庆等学者对我国收入分配政策发展历程的梳理，总结出我国在不同时期所推出的收入分配政策如下。

(1) 1949—1977年：以集中化、低水平和平均化为特点的政策初创阶段。

新中国成立初期，在收入分配领域，多种收入分配方式并存，两极分化严重，基尼系数高达0.558。到1956年底，我国基本上把生产资料私有制改造为社会主义公有制，顺利实现由新民主主义到社会主义的转变，在长期贫穷落后的中国建立起包括按劳分配制度在内的社会主义经济制度。20世纪50年代初，我国实施和完善了一系列以贯彻按劳分配原则为中心的收入分配政策。然而，进入20世纪50年代中后期，由于国家发展战略的要求以及对社会主义建设规律认识不足的局限，我国的收入分配政策在实践中开始与效率和公平渐行渐远。按劳分配制度及其收入分配政策得不到科学、有效贯彻，并逐渐演化为以集中化、低水平和平均化为特点的收入分配政策。收入分配领域逐渐出现严重的平均主义倾向，最终演变为"大锅饭"模式。

(2) 1978—1991年：以帕累托改进为目标的政策调整阶段。

面对20世纪70年代中后期日益明显的经济颓势，排斥市场的高度集中的计划经济体制和平均主义的分配格局已难以为继，中国社会孕育着一场巨大的变革。1978年底，党的十一届三中全会决定实行改革开放。为了激活潜藏在民间的经济增长动力，中共中央决定进行收入分配制度改革，破除平均主义思想，真正实行按劳分配制度，探寻解决全体人民收入"寡"的路径，以构建新的收入分配体制。

党的十一届三中全会明确要求必须认真执行按劳分配的社会主义原则，按照劳动的数量和质量计算报酬，克服平均主义，在生产迅速发展的基础上显著改善城乡人民生活。我国以帕累托改进为目标的收入分配政策调整应势铺开。1984年10月，中共十二届三中全会通过的《中共中央关于经济体制改革的决定》指出，传统经济体制模式的主要弊端之一是分配中平均主义严重，要进一步贯彻落实按劳分配的社会主义原则。1987年，党的十三大首次提出实行以按劳分配为主体，其他分配方式为补充的分配制度，对债券利息、股份分红、经营风险补偿金等非劳动收入的合法性予以肯定。这在一定程度上拓宽了个人收入的来源渠道，为后来实行的按要素分配进行了理论准备和实践探索。

这一时期收入分配政策关注的焦点和着力解决的问题：一是消除分配领域长期存在的平均主义弊端；二是克服过分强调国家集体利益而忽视微观主体利益的倾向，促进人民生活状况改善；三是逐步推行多种分配方式，促进收入分配与市场机制结合，消解长期存在的效率抑制效应，坚持效率优先目标。

(3) 1992—2011年：以适应社会主义市场经济为主旨的政策更续阶段。

1992年，邓小平南方谈话再次拨正我国市场化改革航向，破除了长久以来把市场经济与社会主义对立起来的传统观念，突出强调了共同富裕这一社会主义本质。同年，党的十四大将我国经济体制改革目标确立为建立社会主义市场经济体制，实现社会主义市场经济体制同社会主义基本制度相结合，在分配制度上，以按劳分配为主体，其他分配方式为补充，兼顾效率与公平。收入分配政策开始由在促进效率提高的前提下体现社会公平向兼顾效率与公平悄然转变。

十四届三中全会首次确立了按劳分配为主体、多种分配方式并存的社会主义基本分配制度，并提出允许属于个人的资本等生产要素参与收益分配。党的十五大将公有制为主体、多种所有制经济共同发展确立为我国社会主义初级阶段的基本经济制度，进一步明确提出把按劳分配和按生产要素分配结合起来，允许和鼓励资本、技术等生产要素参与收益分配。随着要素市场的发育壮大，党的十六大扩充了可参与分配的生产要素，将管理纳入其中，并对生产要素参与分配的方式加以明确。党的十七大重申党的十六大的政策主张，并指出要创造条件让更多群众拥有财产性收入。这一系列政策在坚持按劳分配为主体的基础上，逐步确立并强化了非劳动要素按贡献参与收益分配的合法地位，促进居民收入来源多样化。

面对居民收入差距，继党的十四大提出兼顾效率与公平之后，党的十六大提出初次分配注重效率，再分配注重公平。党的十七大又进一步将公平问题延伸至初次分配领域，提出初次分配和再分配都要处理好效率和公平的关系，再分配更加注重公平，实现了效率与公平由板块式结合向有机结合的转变。另外，为了有效遏止收入分配差距持续扩大趋势，再分配政策相继出台并逐渐完善。十四届三中全会首次将社会保障制度列为社会主义市场经济框架的五大环节之一，党的十六大后，社会保障体系建设更是进入城乡统筹、全民覆盖、全面发展时期。

这一时期，收入分配政策在市场化演进中孕育出重大创新。一是进一步实现按劳分配与市场经济结合，促进分配机制市场化；探索实现按要素分配与社会主义兼容，使各种生产要素参与经济建设与社会财富创造。二是逐步实现由更加关注效率到更加关注公平的转变，推动收入分配格局持续优化。收入分配政策的市场化演进及其创新使经济体制改革形成的激励效应充分显现，各种生产要素的活力竞相迸发，在经济增长的同时居民收入显著提高。

（4）2012年至今：以人民共享发展成果为核心的政策深化阶段。

以党的十八大为标志，我国进入发展成果由人民共享的中国特色社会主义新时代。党的十八大以来，收入分配政策首先聚焦于千方百计增加居民收入，推进共同富裕进程。

第一，继续巩固按劳分配主体地位。针对劳动报酬份额持续走低问题，党的十八大提出实现居民收入增长和经济发展同步、劳动报酬增长和劳动生产率提高同步，提高居民收入在国民收入分配中的比重，提高劳动报酬在初次分配中的比重的收入分配政策。随后，国务院批转的《关于深化收入分配制度改革的若干意见》从创造平等就业环境、提高劳动者职业技能、完善机关事业单位工资制度等方面提出了收入分配政策的具体实现路径。十九届四中全会进一步强调着重保护劳动所得，增加劳动者特别是一线劳动者劳动报酬。

第二，深化按生产要素分配机制。十八届三中全会再次拓宽可参与分配的要素范围，首次将知识作为生产要素纳入其中，并做出使市场在资源配置中起决定性作用的深刻定位，更加突出市场的支配性和主导性特征，由此将市场机制下生产要素参与分配推向深入。十八届五中全会通过的"十三五"规划建议提出，优化劳动力、资本、土地、技术、管理等要素配置，完善市场评价要素贡献并按贡献分配的机制。随着信息技术的深刻变革与广泛渗透，数据成为生产经营活动不可或缺的新生产要素。十九届四中全会积极适应这一现代经济发展的新态势，首次将数据增列为参与分配的生产要素，进一步激发经济行为主体参与生产经营活动的主动性与积极性。

同时，收入分配政策努力促进分配均衡，保障分配公平。其一，规范分配秩序。党的十八大指出，规范收入分配秩序，保护合法收入，增加低收入者收入，调节过高收入，取缔非法收入。其二，加大再分配调节力度。十八大报告提出，加快健全以税收、社会保障、转移支付为主要手段的再分配调节机制。之后，《关于深化收入分配制度改革的若干意见》从集中更多财力用于保障和改善民生、加大促进教育公平力度、加强个人所得税调节、大力发展社会慈善事业等方面做出具体部署。另外，精准扶贫、精准脱贫政策也是我国推进减贫事业、缩小收入分配差距的重要举措。为了提升扶贫效率，啃下深度贫困这块"硬骨头"，2013年，党中央提出精准扶贫，之后相继发布中央一号文件，强调要推进落实精准扶贫政策。在此基础上，2015年11月，中共中央、国务院出台《关于打赢脱贫攻坚战的决定》，提出产业帮扶、易地搬迁等十余项具体实施方略。

随着一系列促进发展成果全民共享的收入分配政策的实施，社会公平进一步加强，人民福祉进一步增进，全面建成小康社会步入收官阶段，共同富裕这一中国特色社会主义根本原则充分彰显。十九届四中全会将按劳分配为主体、多种分配方式并存的收入分配制度上升为社会主义基本经济制度，社会主义基本经济制度的显著优势更加凸显。

迈入新征程，党的二十大报告指出："坚持按劳分配为主体、多种分配方式并存，构建初次分配、再分配、第三次分配协调配套的制度体系。努力提高居民收入在国民收入分配中的比重，提高劳动报酬在初次分配中的比重。坚持多劳多得，鼓励勤劳致富，促进机会公平，增加低收入者收入，扩大中等收入群体。完善按要素分配政策制度，探索多种渠道增加中低收入群众要素收入，多渠道增加城乡居民财产性收入。加大税收、社会保障、转移支付等的调节力度。完善个人所得税制度，规范收入分配秩序，规范财富积累机制，保护合法收入，调节过高收入，取缔非法收入。引导、支持有意愿有能力的企业、社会组织和个人积极参与公益慈善事业。"

纵览我国75年间收入分配政策的变迁历程可以发现，尽管在"站起来"、"富起来"和"强起来"的不同时代，收入分配政策解决的主要问题不同，着力的侧重点也存在明显差别，但都始终以全体人民共同富裕为根本出发点和根本目标。经过75年的艰辛探索，我国最终形成了按劳分配为主体、多种分配方式并存这一社会主义基本分配制度和一整套实现发展成果全民共享的收入分配政策。

3. 收入分配差距问题产生的原因

（1）税收的调节作用较薄弱。

税收作为政府宏观调控的重要手段，在收入分配中发挥着重要的作用。我国的税收政策不够完善，不能在收入分配中充分发挥应有的调节作用，未能完全达到缩小收入差距的目的。不少研究发现，间接税易导致收入差距扩大，而税率随着收入增加而不断提高的直接税有助于缩小收入差距。我国直接税比重较低，间接税比重较高，直接税调节收入差距的力度有限。尽管个人所得税税率已处于世界较高水平，但调节作用仍然较弱。

(2) 城乡二元结构体制未完全破除。

城乡二元结构体制是我国经济和社会发展中存在的一个严重障碍，主要表现为城乡之间的户籍壁垒，两种不同的资源配置制度，以及在城乡户籍壁垒基础上的其他问题。其不仅是一种自然空间结构的差异，也是一种产业结构和经济结构的差异，更是一种国家政策主导下的制度设置的差异。我国城乡收入差距仍然较大且缩减速度放缓，城乡有异的户籍治理、劳动用工和社会福利制度，农村地区资金、技术、人才等生产要素投入较少，农村土地市场化受限，农村公共服务设施水平较低等问题仍然存在。

(3) 政策偏好导致不合理高收入。

政策偏好主要体现在三个方面。一是地区优惠政策。二是对非公有制经济的优惠政策。改革开放以来，国家制定了许多优惠政策，促进非公有制经济的发育、成长。三是行业优惠政策。政策偏好在一定程度上导致了地区间、企业间、行业间发展机会的不均等，市场竞争不公平，导致部分地区、企业职工收入水平偏高，拉大了社会成员之间的收入分配差距。

(4) 财产性收入分配不平等。

财产性收入差距也是导致居民收入差距的重要原因之一。与改革初期相比，我国财产性收入差距扩大，劳动收入份额下降。根据《中国财富报告2022》，在2020年新冠肺炎疫情的冲击下，全球货币超发，推动了股市和房市的资产价格暴涨，掀起了一场"造富运动"，同时加剧了区域间和区域内部的贫富差距，2020年中国财富基尼系数上升至0.704。同时，我国财产增收渠道较为有限，尚未形成可持续的居民财产收入稳定机制。由于居民的社会流动性开始放缓、财富的代际传递效应增强，机会不公对收入分配的影响凸显。

(5) 非法收入导致收入差距较大。

导致收入差距问题的原因还有非法收入。非法收入既不是靠劳动获得，也不是靠正当经营、市场竞争、管理、技术创新获得，而是靠寻租、商业贿赂、掠夺公共资源获得。这些非法收入远离了分配制度的约束，不仅在一定程度上影响了正常的经济秩序和环境，还恶化了收入分配关系。

4. 进一步缩小收入分配差距的措施

"十四五"时期，我国在全面建成小康社会的基础上，开启全面建设社会主义现代化国家新征程。缩小居民的收入差距、实现共同富裕是我国在"十四五"时期乃至更长一个时期内的国家发展目标。因此，我国亟待构建新的政策体系进一步缩小收入差距，增强人民群众的获得感、幸福感、安全感，共享改革发展的丰硕成果。可从以下几个方面入手，进一步缩小收入分配差距。

(1) 准确定位政府角色，进一步明确政府职能。

根据马斯格雷夫的三职能论，公共财政具有资源配置、收入分配、经济稳定与发展的三大职能。我国正处于经济快速发展的阶段，需要政府发挥好宏观调控的作用。在市场经济条件下政府要明确自身的角色,充分发挥经济调节、市场监管、社会管理和公共服务的职能,为市场经济保驾护航,通过有效市场不断提高全要素生产率,促进经济高质量发展。增进公共利益、维护和保障收入分配的公正性是政府在收入分配改革过程中的核心内容。当前,要搞好收入分配改革,应坚持按劳分配为主体、多种分配方式并存,构建初次分配、再分配、第三次分配协调配套的制度体系,形成适用于共同富裕要求的收入分配结构。强化政府公共服务职能,加快实现以公共产品为目标的政府职能转变,满足公民对公共产品的基本需求,实现基本公共服务均等化,促进社会公平正义。

(2) 保持经济稳定增长,打好经济基础。

根据美国经济学家库兹涅茨的倒 U 形假说,在经济发展开始时,尤其是在国民人均收入从最低上升到中等水平时,收入分配状况先趋于恶化,继而随着经济发展,逐步改善,最后达到比较公平的收入分配状况,如图 1-5 所示。经济社会发展水平是实现社会公平正义的决定性因素,没有经济发展,分配就是无源之水、无本之木。政府应充分发挥经济稳定与发展的重要职能。因此,必须紧紧抓住经济建设这个中心,推动经济高质量发展,进一步把"蛋糕"做大,为保障社会公平正义、形成合理有序的收入分配格局奠定更加坚实的物质基础。要继续贯彻新发展理念,坚持社会主义市场经济改革方向,坚持高水平对外开放,加快构建以国内大循环为主体、国内国际双循环相互促进的新发展格局,为解决收入分配不公提供经济条件。

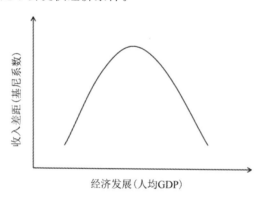

图 1-5 库兹涅茨曲线

(3) 加快分配制度改革,进一步缩小收入差距。

政府要着力履行好收入分配职能。党的二十大报告指出:"努力提高居民收入在国民收入分配中的比重,提高劳动报酬在初次分配中的比重。坚持多劳多得,鼓励勤劳致富,促进机会公平,增加低收入者收入,扩大中等收入群体。完善按要素分配政策制度,探索多种渠道增加中低收入群众要素收入,多渠道增加城乡居民财产性收入。加大税收、社会保障、转移支付等的调节力度。完善个人所得税制度,规范收入分配秩序,规范财富积累机制,保护合法收入,调节过高收入,取缔非法收入。"

因此,应进一步改革完善初次分配制度,着力创造一个更加公平的市场环境,尽可能促进实现机会均等。要坚持按劳分配原则,鼓励勤劳守法致富,不断增加劳动者特别是一线劳动者劳动报酬,努力实现劳动报酬增长和劳动生产率提高同步;要拓宽居民劳动收入和财产性收入渠道,明显增加低收入劳动者收入,扩大中等收入者比重,努力缩小城乡、区域、行业收入分配差距，逐步形成橄榄型分配格局。同时，要健全再分配调节机制，更好发挥其在缩小收入分配差距方面的重要作用，推进税收制度改革及优化税收政策设计，不断加大税收在促进公平分配方面的调节作用，增加房产税、遗产税等直接税税种，适当调节财产收入在居民收入分配上的差距。

（4）进一步破除城乡二元结构，缩小城乡差距。

要进一步破除城乡二元结构，推进城乡一体化。加强乡村基础设施建设，改善农村人居环境，为实现农村居民增收创造更加公平合理的外部环境。深化农村土地制度改革，强化乡村振兴金融服务，加快破除城乡间要素流动壁垒，更好激发农村经济，促进农民增收致富。不断提升农村公共服务水平，持续增加农村教育投入，优化改善教育教学条件，推进城乡学校共同体建设，促进城市优质教育资源向农村覆盖延伸，破解贫困代际传递困境。建设紧密型县域医疗卫生共同体，提升乡镇卫生院医疗服务能力。完善养老服务体系，健全县乡村衔接的三级养老服务网络，为农民提供"软保障"。

（5）大力加强法制建设，规范分配秩序。

党的二十大报告提出，规范收入分配秩序，规范财富积累机制，保护合法收入，调节过高收入，取缔非法收入。规范财富积累机制，就是要避免和杜绝财富的大幅增长和积累，增强财富分配的公平性，达到缩小财富分配差距的目的。同时，要建立个人收入和财产信息系统，健全财产登记制度，完善财产法律保护制度，保障公民合法财产权益。要深化国有企业和公共部门薪酬制度改革，进一步清理规范隐性收入，推进公开透明。要继续依法加大对腐败和各种非法经济行为的打击力度，遏制以权力、行政垄断等非市场因素获取收入，取缔非法收入，要加强对垄断行业收入的法律规制，着力破除市场垄断。

参考文献

［1］伍旭中，曹大伟．我国收入分配不平等的"不合理因素"分析［J］．安徽师范大学学报（人文社会科学版），2018，46（03）：103-109．

［2］张世豪．劳动报酬分配中同工不同酬问题研究［D］．湘潭：湖南科技大学，2021．

［3］刘儒，李超阳．新中国成立以来收入分配政策的历史变迁与基本经验［J］．当代经济研究，2020（04）：32-45＋2＋113．

［4］杨德才，潘熙庆．从"不患寡而患不均"到"既患寡又患不均"——中国共产党收入分配制度改革的历史演进及其经验总结［J］．江苏行政学院学报，2021（06）：37-44．

［5］闫冰倩．缩小收入差距 推动共同富裕［N/OL］．中国社会科学报，2021-01-20［2023-12-03］．https：//www.cssn.cn/skgz/bwyc/202208/t20220803_5461109.shtml．

［6］李实．中国特色社会主义收入分配问题［J］．政治经济学评论，2020，11（01）：116-129．

［7］刘保中，邱晔．新中国成立70年我国城乡结构的历史演变与现实挑战［J］．长

白学刊，2019（05）：39-47.

[8] 任泽平团队. 中国财富报告 2022 [EB/OL]. [2023-12-03]. https：//wealth-plus. org. cn/202205279410. html.

[9] 国家发展和改革委员会. 瞄准共同富裕 完善收入分配制度 [EB/OL]. [2023-12-03]. https：//www. ndrc. gov. cn/fggz/jyysr/jysrsbxf/202210/t20221029＿1339979. html.

[10] 张亮. 改革开放 40 年中国收入分配制度改革回顾及展望 [J]. 中国发展观察，2019（01）：23-29.

[11] 贾若祥. 推进共同富裕，如何缩小地区、城乡、收入三大差距？[EB/OL]. [2023-12-03]. http：//lw. news. cn/2022-11/28/c＿1310680217. htm.

第一章习题

一、单选题

1. （ ）指一项社会变革在使得一部分人的社会福利增加的同时，并不减少其余任何人的社会福利。

A. 帕累托最优

B. 帕累托改善

C. 帕累托效率

D. 理想状态

2. 当经济运行达到了高效率时，一部分人改善处境必须以另一部分人处境恶化为代价，这状态被称为（ ）。

A. 帕累托最优

B. 完全竞争

C. 市场失灵

D. 外部效应问题

3. 实现 A 和 B 交换中的帕累托最优的条件是（ ）。

A. A 和 B 的边际替代率相等

B. A 和 B 的边际效用相等

C. A 和 B 的无差异曲线相同

D. A 和 B 的转换率相等

4. 对于生产者 C 和 D 来说，实现生产的帕累托最优状态的条件是：两种要素 L 和 K 的（ ）。

A. 边际技术替代率相等

B. 边际替代率相等

C. 效用替代率相等

D. 技术替代率相等

5. 凯恩斯认为，对于政府来说，应该要做（　　）。

A. 私人已经在做，但做得不好的事情

B. 私人已经在做，而且做得很好的事情

C. 私人不愿意做的事情

D. 任何想做的事情

6. 现代财政学之父是（　　）。

A. 亚当·斯密

B. 凯恩斯

C. 马斯格雷夫

D. 布坎南

7. （　　）首次把公共经济的概念引入财政学，从而完善了传统的财政学。

A. 《就业、利息与货币通论》

B. 《国富论》

C. 《财政学原理：公共经济研究》

D. 《财政学》

8. （　　）为政府介入或干预提供了必要性和合理性的依据。

A. 经济波动

B. 公共产品

C. 公平分配

D. 市场失灵

9. 基尼系数为（　　）时，说明社会分配绝对公平。

A. 1

B. 0.3～0.4

C. 0.2～0.3

D. 0

10. 财政分配的主体是（　　）。

A. 家庭

B. 社会团体与组织

C. 政府

D. 企业

二、多选题

1. 财政的基本职能包括（　　）。

A. 资源配置职能

B. 收入分配职能

C. 组织生产和销售职能

D. 经济稳定与发展职能

2. 市场失灵问题一般包括（　　）。

A. 公共产品

B. 外部性

C. 垄断

D. 不完全信息

3. 政府失灵的表现有（　　）。

A. 政府决策失误

B. 政府提供信息不及时甚至失真

C. 政府职能的越位、缺位、错位

D. 产生权力寻租行为

4. 布坎南认为寻租包括（　　）。

A. 对政府活动所产生的额外收益的寻租

B. 对政府肥缺的寻租

C. 对政府活动所获得的公共收入的寻租

D. 对公共支出的寻租

5. 衡量收入分配差距的指标有（　　）。

A. 洛伦兹曲线

B. 基尼系数

C. 恩格尔系数

D. 消费者价格指数

6. 关于资源配置效率，下列理解正确的是（　　）。

A. 资源的最优组合

B. 基本生活品产出最大化

C. 社会福利最优

D. 资源配置结果均衡

三、判断题

1. 政府和市场之间不是替代关系，而是互补关系。　　　　　　　　　　　　（　　）
2. 帕累托效率意味着所有的帕累托改善都不可能。　　　　　　　　　　　　（　　）
3. 帕累托改进的途径不是唯一的。　　　　　　　　　　　　　　　　　　　（　　）
4. 政治权力不能创造财富，却可以支配财富，甚至凌驾于经济之上支配经济，这正是政府干预失效的根本原因。　　　　　　　　　　　　　　　　　　　　　（　　）
5. 公共财政是针对计划经济时期所谓的"生产性财政"或"建设性财政"提出的。
　　　　　　　　　　　　　　　　　　　　　　　　　　　　　　　　　　（　　）
6. 由于市场失灵的存在，政府对经济的干预越多越好。　　　　　　　　　　（　　）
7. 经济发展一定包含经济增长，但经济增长不一定是经济发展。　　　　　　（　　）

四、论述题

1. 论述财政的资源配置职能。

2. 论述财政的收入分配职能。

3. 论述财政的经济稳定与发展职能。

4. 论述政府与市场之间的关系。

5. 什么是市场失灵？其主要表现是什么？

6. 什么是政府失灵？其主要表现及原因是什么？

第一章习题参考答案

第二章　公共产品理论

第一节　理论要点

公共产品理论是现代财政学的核心理论之一。本章要求理解和掌握公共产品的特征、分类，公共产品的有效供给，公共产品供给不足与过度的表现等内容。

一、公共产品的特征与判断步骤

（一）公共产品的基本特征

1. 非排他性

非排他性指某个人消费公共产品并不排除他人消费同样数量的公共产品。其包含了两个维度：一是受益的非排他性、非拒绝性，意味着集体消费、共同消费；二是效用的不可分割性，意味着全体社会成员共享效用。

2. 非竞争性

非竞争性指某个人消费公共产品并不会减少或影响其他人对该公共产品的消费。这意味着当一种产品的消费者增加时，其消费者增加带来的边际成本为零。也就是说，当一种产品的消费者增加时，其消费者增加带给产品提供者的边际生产成本为零；同时，带给其他消费者的边际拥挤成本也为零。

（二）公共产品的判断步骤

（1）判断产品在消费中是否具有竞争性。如果有竞争性，则该产品肯定不是纯公共产品。

(2) 判断该产品是否具有排他性。如果有排他性，则为纯私人产品；如果没有排他性，则是共有资源或拥挤性公共产品。

如果该产品没有竞争性，并且排他在技术上是不可行的，或排他虽然在技术上可行，但排他成本很高，说明该产品也具有非排他性，则该产品是纯公共产品。

如果该产品没有竞争性，但是排他不但在技术上可行，而且排他的成本是可以接受的，则该产品是俱乐部产品或准公共产品。

公共产品的判断步骤如图 2-1 所示。

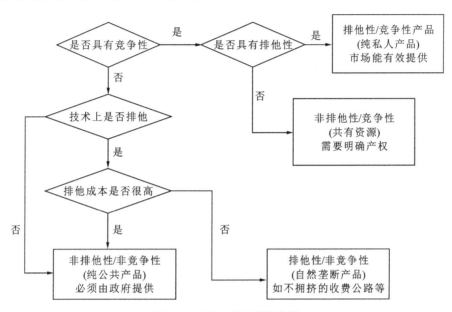

图 2-1 公共产品的判断步骤

二、公共产品的有效供给

公共产品有效供给的条件是：MSB=MSC。因为 $MSB=\sum MR_i$，即社会边际替代率等于社会中所有社会成员所获得的边际效益总和，所以，公共产品帕累托最优的实现条件是 $MSB=\sum MR_i=MSC$，如图 2-2 所示。

三、林达尔均衡

（一）林达尔均衡的基本含义

如果每一个社会成员都按照其所获得的公共产品或服务的边际收益的大小来捐献自己应当分担的公共产品或服务的资金费用，则公共产品或服务的供给量可以达到具有效率的最佳水平，这一均衡状态称为林达尔均衡。

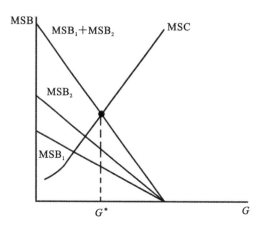

图 2-2 公共产品帕累托最优的实现条件

(二) 林达尔均衡的实质

林达尔均衡的实质：社会成员通过讨价还价来决定各自应负担公共产品成本（即税收）的比例。

如图 2-3 所示，AA' 曲线代表 a 对公共产品的需求；BB' 曲线代表 b 对公共产品的需求。

在 AA' 与 BB' 的交点 E 处，a、b 两人经过讨价还价，双方愿意承担的公共产品成本的比例加起来等于 1，这时的公共产品数量为 G^*。交点 E 所决定的均衡状态称为林达尔均衡。

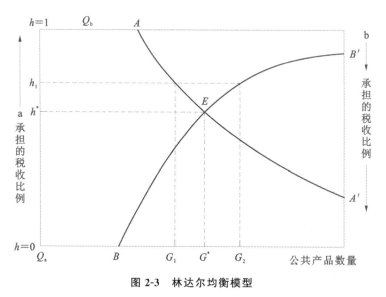

图 2-3 林达尔均衡模型

(三) 林达尔均衡的两个假设前提条件

(1) 每一个社会成员都愿意准确披露自己可从公共产品或服务的消费中获得的边际收益，而不存在隐瞒或低估其边际收益从而逃避自己应分担的成本费用的动机。

（2）每一个社会成员都清楚地了解其他社会成员的嗜好及收入状况，甚至清楚地掌握任何一种公共产品或服务可给彼此带来的真实的边际收益，从而不存在隐瞒个人边际收益的可能。

在成员人数较少的社会中，这两个前提条件较容易实现。因此，通过自愿捐献和成本分担的合作方式，公共产品的供给量有可能达到最佳水平。但是，在成员人数较多的情况下，这两个前提条件很难实现，会出现自愿捐献中的免费搭车现象。

四、免费搭车

免费搭车者是对那些寻求不付出代价而能得到效益的人的一种形象说法。

出现免费搭车的原因主要有两个：一方面，如果人们知道他们所必须分担的公共产品的成本份额取决于其从公共产品或服务的消费中获得的边际收益的大小，人们就会从低上报其真实的收益，从而减少对公共产品的出资份额；另一方面，由于公共产品的非排他性，人们不会因为出资份额的减少而失掉公共产品或服务的任何收益。因此，人们在享受公共产品收益的同时不出或少出公共产品的资金费用。

免费搭车的后果是会产生公地悲剧（哈丁悲剧），即没有公共产品提供或公共产品供给不足。

五、公共产品供给不足与过度

（一）公共产品供给不足

1. 条件：按受益原则确定税收水平

如果按个人受益原则来确定个人的税收水平，那么，个人就会倾向于少报、瞒报自己的真实受益，免费搭车现象仍然存在，由此而测出的公共产品的社会边际收益会小于其真实的社会边际收益，由此而取得的税收收入会少于最佳供给量所需要的税收收入。

2. 结果：公共产品供给不足

如果按个人受益原则来确定个人的税收水平，公共产品的供给会不足，达不到有效率的供给水平。

（二）公共产品供给过度

1. 条件：当税收的征取与个人的受益无关时

（1）事先告知社会成员，个人所陈述的需求状况（即受益）只是用来确定公共产品的最佳数量，而与个人为满足这些需求须支付的代价（即税收）无关；

（2）现实的情形：征税与公共产品数量的确定是两个分割、没有联系的过程。

2. 结果：供给过度

个人倾向于夸大其对公共产品的需求，导致公共产品供给过度。

第二节 经典文献概述

一、经典文献概述一

《公共支出的纯理论》

保罗·A. 萨缪尔森

（一）作者简介

保罗·A. 萨缪尔森（Paul A. Samuelson，1915 年 5 月 15 日—2009 年 12 月 13 日），美国著名经济学家，1970 年获诺贝尔经济学奖，美国麻省理工学院经济学教授，创立了新古典综合派（Neo-Classical Synthesis School）。他的研究涉及经济领域的诸多方向，如一般均衡论、福利经济学、国际贸易理论等。

（二）内容提要

萨缪尔森在该文中开创性地使用竞争性和排他性两个维度，将公共产品与私人产品区分开来，由此掀开了公共经济学核心理论——公共产品理论研究的新一页。

首先，萨缪尔森明确假设存在两类产品：一类是通常的私人产品（X_1，X_2，…，X_n），这些私人产品以 $X_j = \sum_{i}^{s} X_j^i$ 的关系在不同的个人（1，2，…，i，…，s）之间分配；另一类产品是公共产品（X_{n+1}，…，X_{n+m}），这类产品供所有人共同使用，从某种意义上说，任何一个人对这类产品的消费不会减少其他个人对这类产品的消费，以至于任何第 i 个个体和每单位共同消费产品同时满足 $X_{n+j} = X_{n+j}^i$。此外，他指出，在不考虑可行性的情况下，有一条代表帕累托最优点的效用最大化边界，这条边界线上的点具有这样的特性，即仅能通过使其他人境况变坏才能使某人境况变好。

其次，萨缪尔森提出了公共支出的最优化条件，即帕累托最优的效用边际，并用数学公式加以表示：

$$\frac{u_j^i}{u_r^i}=\frac{F_j}{F_r} \quad (i=1,2,\cdots,s;\ r,j=1,2,\cdots,n)$$

$$或(i=1,2,\cdots,s;\ r=1;\ j=2,\cdots,n)$$

$$\sum_{i=1}^{s}\frac{u_{n+j}^i}{u_r^i}=\frac{F_{n+j}}{F_r} \quad (j=1,2,\cdots,m;\ r=1,2,\cdots,n)$$

$$或(j=1,2,\cdots,m;\ r=1)$$

$$\frac{U_i u_k^i}{U_q u_k^q}=1 \quad (i,q=1,2,\cdots,s;\ k=1,2,\cdots,n)$$

$$或(q=1;\ i=2,\cdots,s;\ k=1)$$

再次,萨缪尔森提出了分散性自发解决的不可能性。他认为,市场价格能够提供一台"类似的计算机":只要生产函数满足规模收益不变和一般收益递减的新古典主义假设;只要个人的无差异曲线是规则的、凸的;同时,只要所有的产品都是私人的。他还提出,分散的价格体系并不利于形成最优的公共产品消费水平,必须使用其他"投票"或"信息显示"的方式。按照税收受益理论的征税根本不能解决私人产品可能的分散性方式的计算问题。

最后,萨缪尔森提出,进一步研究由公共支出产生的问题,会使我们进入社会学和福利政治学的领域,而阿罗等人已经开始了这些研究。

原文出处:*The Review of Economics and Statistics*,1954 年,第 4 期,第 387~389 页。

二、经典文献概述二

《公地悲剧》

加勒特·哈丁

(一) 作者简介

加勒特·哈丁 (Garrett Hardin,1915 年 4 月 21 日—2003 年 9 月 14 日),美国著名的生态经济学家,加利福尼亚大学圣巴巴拉分校的人类生态学教授,提出了著名的哈丁人口理论,代表性著作有《生活在极限之内:生态学、经济学和人口禁忌》等。

(二) 内容提要

这篇探讨公地悲剧的著名文章,是 20 世纪学术界引用率最高的文章之一。哈丁在文章开头提出，技术手段无法解决的问题有很多，人口问题就是这一系列问题中的一个，正如井字棋游戏（tick-tack-toe）的问题一样。接着，他从八个方面展开了分析。

第一，哈丁提出了"我们该最大化什么"这一问题。他认为，一个有限的世界只能供养有限的人口，人口增长最终必须趋于零。另外，由于数学上不能同时最大化两个或两个以上的变量，再加上生物学事实，因此，人口最大化无法实现利益最大化，即边沁的为最大多数人谋最大幸福的目标是不可能实现的。也就是说，最佳的人口数量是小于人口最大值的。但如何定义最佳数量是非常困难的。他认为，除非明确地摒弃亚当·斯密在实际的人口学领域的精神，否则在努力实现最佳人口规模方面几乎不会取得任何进展。他指出，亚当·斯密的观点促成了一种支配性的思想倾向，即认为个人做出的决定实际上是对整个社会最好的决定。他认为，如果这种思想倾向正确，那么就有理由继续实行生育自由政策；如果这种思想倾向不正确，那么就需要重新审视哪些是可以捍卫的个人自由。

第二，哈丁提出了公地自由的悲剧。他认为，公地的内在逻辑会产生悲剧。因为作为一个理性的存在，每个牧民都追求自己的利益最大化。当把过度放牧所带来的积极效用和消极效用加在一起，理性的牧民会得出结论：对自己来说，唯一明智的做法是向自己的牧群中加一个动物，再加一个，再加一个……但其他共用公共资源的理性牧民也都会得出相同的结论，所以悲剧就发生了。在一个信奉公地自由的社会里，每一个追逐个人利益的人的行为最终会使全体走向毁灭。公地自由会毁掉一切。他指出，其实也许公地逻辑早在农业诞生或者是私人产权发明时就已为人们所了解。此外，国家公园也是公地悲剧的例子。为了避免公地悲剧的发生，可以把国家公园作为私有财产卖掉，也可以作为公共财产保留。但要分配进入国家公园的权利，而分配的依据可以以财富为基础（通过拍卖系统进行），可以以美德为标准（只要建立在大家共同认可的基础上），也可以是抽签、先到先得或排队的方式。这些做法都是合理的。虽然它们都令人反感，但我们必须从中选择，否则就得放任称之为公地的国家公园不断遭到破坏。

第三，哈丁认为，在污染问题上，公地悲剧以一种相反的方式发生，如把下水道污物、放射性污染物等物质排放到水体中，将有毒废气排放到大气中，以及让人分心和不愉快的广告标志进入视线等。哈丁指出，理性的人会发现，向公共场所排放废弃物所承担的成本要小于排放废弃物前为它们做净化处理所承担的成本。由于空气和水不能轻易被隔离，因此，必须通过不同手段来防止公地成为污水坑的悲剧，如可以通过强制的法律手段或税收机制，使排污者自己处理废弃物的成本小于不做任何处理就丢掉废弃物的成本。污染问题是人口增长的结果。一个美国人如何处理他的废弃物并不重要，但随着人口密度的增加，自然环境和微生物循环不堪重负，这就需要对产权进行重新界定。

第四，哈丁提出了"如何对节制立法"这一问题。他指出，将污染作为人口密度的函数进行分析，揭示了一个未被普遍认可的道德原则，即行为的道德是行为进行时所处系统状态的函数。在地广人稀处，在公共场合排放废弃物不会伤害到普通民众，但是同样的行为在大城市里是无法忍受的。他认为，道德具有系统的敏感性，而法律遵循古代伦理模式，不适合治理一个复杂、拥挤、多变的世界。因此，周期性解决方案是用行政法来补充成文法。在具体操作中，几乎不可能一一列举出在后院焚烧垃圾或在雾霾天气驾驶汽车而又不影响他人的所有情况，所以靠法律的授权，把细节反馈到政府机关，结果就成了行政性法律。不过人们对行政性法律提出了疑问："谁来监管监管者？"因此，他认为，人们面临的巨大挑战是建立能确保监管者诚信的反馈机制，找到使监管者的监管权力和监管监管者的反馈机制合法化的方法。

第五，哈丁指出生育自由是无法容忍的。他认为，在人口问题上，公地悲剧又以另一种形式出现。过度生育的父母将有较少的后代，因为他们无法充分照顾每一个孩子。如果过度生育给自己带来了"惩罚"，那么生育就不需要从公共利益的角度加以限制。但是社会致力于福利性国家，因此面临着公地悲剧的另一个方面。在一个福利性国家里，会有一部分群体将过度生育作为一种确保自己群体壮大的方式。联合国《世界人权宣言》将家庭描述为社会的自然和基本单位，认为关于家庭规模的任何选择和决定都必须不可避免地取决于家庭本身，并且任何人无权代为定夺。哈丁认为，必须公开否认《世界人权宣言》的正确性，明确地否定生育自由这一权利的有效性。

第六，哈丁指出良知会自我消解。他认为，从长远来看，可以通过诉诸良知来控制人类的繁衍是错误的。人性各异，面对限制生育的呼吁，有的人会比其他人更积极地做出回应，而那些有较多孩子的人则很可能不予理会。良知会自我消解这个论点，前提是假定良知或者对生育孩子的欲望（不分男女）是遗传的。这个论点是在人口问题的背景下提出的，但它同样适用于其他情况，即社会呼吁使用公地的个人通过自己的良知为公共利益克制自己。社会需要通过建立一个选择性的系统，以应对人类消解的良知。

第七，哈丁提出了良知的负面作用。他认为，虽然诉诸良知的长期不利影响应该足以让人们谴责它，但这样做同样有着短期的负面影响。如果以良知的名义劝说一个剥削公地资源的人停止行动，他迟早会觉察到自己收到过两种互相冲突的信息：①（意欲传达的信息）如果你不按我们说的去做，我们会公开谴责你做的事不像是一个令人尊敬的公民所应该做的；②（意外传达的信息）如果你听从我们的建议，照我们说的去做，我们只会暗地里嘲笑你，当我们其余的人在剥削公地的时候，你会羞愧地站在一边。这样，每个人就都陷入了贝特森所说的双重束缚。尼采说过："坏的良知是一种病态表现。"哈丁还指出，几个世纪以来，似乎内疚都是文明的一个有价值的甚至是不可或缺的组成部分；但今天，我们怀疑这一点。他认为，我们不应该鼓励使用一种会导致人心理病态的政策。

第八，哈丁提出要相互强制。他认为，节制可以通过强制来实现，税收是一种很好的强制手段。当然，他推荐的唯一一种强制方式是相互强制，大多数受影响的人都同意的方式。他认为，私有财产继承的法律体系是不公正的，但我们容忍它，因为我们不相信目前有更好的制度。不公正总比毁灭要好。他还指出，每当一项改革措施被提出时，往往会因为反对者发现其中的缺陷而不被采取。但我们不能永远什么都不做，我们必须行动，也一直在行动，尽管有些行动会带来不好的结果。对于人口问题的分析，他总结得出：或许公地只有在低人口密度的情况下才能够长期存在。随着人口的增加，公地不得不逐渐消失。当人们都同意通过法律禁止抢劫时，人们会变得更自由，而不是更不自由。一旦人们看到了相互强制的必要性，就可以自由地追求其他目标。因此，他认为，面对生育的自由会给所有人带来毁灭这一问题时,宣传良知和负责任是没有用的,唯一方法是放弃生育的自由,而且要快。只有这样,才能结束这方面的公地悲剧。

原文出处:*Science*,1968年,第162期,第1243~1248页。

第三节 典型案例

一、案例正文

案例一

大山深处的"袖珍"小学

在密密匝匝的树林间穿行一小时后,到达几座山之间的平缓地带,一所"袖珍"小学就映入眼帘了。

"己路河小学,我们也称它为'三棵树'小学,源于学校里的三棵大树。20多年前,我在这里任教时,这三棵树就有碗口那么粗了。现在,我爱人李抒真也轮岗到了这里任教一年。"云南省大理市漾濞彝族自治县龙潭乡党委副书记罗崟才说。

"己路河小学建校59年,我在这里任教31年,随着乡村人口出生率降低,加上一些学生择校转学,我们己路河小学的办学规模从多年前拥有100多名在校生的村完小,缩减到现在仅有8名在校生的教学点。"己路河小学校长甫朝云介绍说。

由于生源的减少,教学点也有被撤并的可能。甫朝云表示:"这已经是我在学校教授的'第二代'学生了,他们中有些孩子的父母都是我的学生。有这所学校,村里的留守儿童就能就近上学。"31年来,甫朝云见证了许多农村孩子通过读书改变了命运。甫朝云曾有机会离开,但他选择了坚守。

"只要还有一个学生,我都会坚守到最后。"甫朝云铿锵的话语饱含着他对己路河小学的浓浓深情。

(案例来源:《大山深处的"袖珍"小学》,大理日报新闻网,https://dalidaily.com/wenhua/content/2022-11/29/content_39487.html。有改动。)

案例二

10年巨变　乡村学校向美而生

一幢幢新建、改扩建的教学楼，一间间设备齐全的功能室，一份份菜品丰富的营养午餐……乡村学校的面貌发生了翻天覆地的变化，无数乡村学校经历了一次次向美而生的蜕变。与10年前的乡村学校相比，如今的乡村学校在硬件、软件、教学内容、教学形式、教学质量上已大幅度提高。

"同学们，一个一个来，不够的可以加饭菜，但是不能浪费哟。"黔江区沙坝镇中心学校食堂，该校1500余名学生开始错峰用餐，负责打饭菜的阿姨周文素向排队的学生招呼道。

在食堂入口的小黑板上，张贴着本周的食谱，一目了然。"国家给寄宿制学生每天5元钱的补助改善伙食，学生自己花1元钱，学校每天提供不同的营养午餐。"黔江区沙坝镇中心学校校长周大华说。

走进学校的学生宿舍，每一间宿舍配有一个卫生间，里面安装了空气能热水器，随时都可以洗上热水澡。宿舍里共有8个床位，上面整齐地铺着格子被套。洗脸盆、漱口杯、热水瓶等在阳台洗漱台上摆放有序。

"我们学校是全区寄宿制学生最多的乡村学校。"周大华称，该校有900多名住宿生，其中近500人是留守儿童，年龄小的只有11岁。

"过去，学校住宿条件有限，学生都挤在大教室改造成的宿舍里，冬天冷的时候只有通过跑步来暖和身子。学校也没有专门的食堂，那时候也没有营养改善计划，学生营养得不到保证，初三年级学生走出去经常被认为是小学生。"周大华说。

从2006年以来，该校先后建起了标准化的学生宿舍、食堂、塑胶运动场，以及计算机网络教室、图书阅览室、国家二类标准的理化生实验室和科学实验室。2020年，爱心企业还援建了一栋科普楼，学校增设了科技活动室、美术教室、智慧书法室、录播室、音乐教室、标准化拳击馆等功能室。

"学校的饭菜特别香，也有很多活动项目，住校生活很充实。"八年级1班女生帅诗杨说，她家住在离学校十二三公里远的石桥村，上初中之前，父母一直担心她营养不够，长不高。没想到，一学年后，她长了接近10 cm。

（案例来源：《10年巨变　乡村学校向美而生》，载《重庆日报》，https：//baijiahao.baidu.com/s?id=1776794050196555561&wfr=spider&for=pc。有改动。）

案例三

教育"守山人"的见证：一名新华社记者十一年的大山教师采访手记

余启贵，是广西龙胜各族自治县龙脊镇江柳村翁江小学唯一的老师。翁江小学没有通水泥路之前，余启贵老师每天往返学校总是背着一个背篓。一路同行的学生背着书包走山路很吃力，他干脆把学生的书包放进背篓里帮他们背着。如果有学生走不动了，他索性把学生放在背篓里一路背到学校。余启贵由此被当地村民亲切地称为"背篓老师"。

何以"守山"："在这里，我们是孩子们的希望"。

一位戴着老花镜的老师手拿课本坐在教室门口，两名学生一左一右听他讲解，全神贯注，心无旁骛。正在辅导学生的赵洪老师，是这所教学点唯一的老师，每天给这里的6名学生上课。

这所位于大山深处的教学点，原来有40多名学生，现在变成了只有1名老师6名学生的"袖珍"学校。有人曾发问，这样的大山学校还有存在的必要吗？

灵川县兰田瑶族乡民族学校副校长涂丙旺的回答是："有必要！"

他说，如果撤销深潭教学点，教学点周边的学生就得到兰田瑶族乡民族学校就读。深潭教学点距兰田瑶族乡民族学校近40公里，虽然公路通达，但都是盘山公路，开车要1个多小时，骑摩托车花费时间更多。很多山里学生父母都在外务工，由爷爷奶奶等老人在家带着，这么远距离，不要说是老人家，就是年轻人每天早晚接送一趟都不轻松，甚至说不现实。

这是很多大山学校就算只有极少数师生也要顽强"撑着"的原因。

广西德保县东凌镇那王小学一对"夫妻档"教师黄永勇和黄秀碧，就在大山里"支撑"着这样一所学校。黄永勇老师在那王小学工作已19年，黄秀碧老师坚守那王小学已30年。

长年累月坚守大山，他们想过离开。十几年前，就在黄永勇萌生这个念头时，一位家长的一句话深深触动了他的心："你走了，我们的孩子怎么办？"

"是啊！我们走了，这里的孩子怎么办？"回到家里，黄永勇和黄秀碧一再咀嚼这句话，最终横下一条心，继续守那王。此后，面对多次调离机会，他们都毫不犹豫放弃了。"在这里，我们是孩子们的希望。"黄永勇说。

以何"守山"：如果再次选择职业，他还是想当一名教师。

在一个空旷的校园里，一名学生和一名老师正在升国旗，老师站在旗杆下拉着绳子，学生在升旗台边举手敬礼，国旗在他们头顶迎风飘扬。当时，这所学校只有老师蓝启飞和学生蓝孟源两个人。每天，蓝启飞老师按时为唯一的学生蓝孟源上课，寂静大山，书声频起。

广西环江毛南族自治县龙岩乡朝阁小学也是一所"一师一生"的学校。这所学校学生最多时超过 100 人，2019 年秋季学期只剩下唯一的老师刘显岳和唯一的学生周雄。每天，刘显岳按时按课程给这名唯一的学生上课，放学后带他回家，做饭、吃饭、辅导作业、睡觉。"我就像带自己的小孩一样，给他上课，照顾他的生活。"时年 58 岁的刘显岳老师说。

广西天等县进远乡教师农志鹏、梁碧莹夫妇，从 2010 年各自被调到不同教学点起，他们"牛郎织女"般隔山守望已经 10 多年了。

很多老师带病守望着。很多老师一守就是一辈子。

龚寿新是广西昭平县五将镇良风村小学冲尾教学点的老师。1981 年，18 岁的龚寿新走上这里的讲台成为一名教师。"来时 18 岁，现在已经 60 岁，一头黑发的小伙子熬成了白发老人。"龚寿新打趣地说。

广西融水苗族自治县汪洞乡新合村达佑教学点唯一的老师周宏军，16 岁就走上这个大山讲台。2018 年，他接受返聘又回到讲台上。他说，他在这个教学点工作了整整 46 年，教学点附近 50 岁以下的村民大多是他的学生。

"守山"何如：不仅是"80 后"们来到了大山，山里已经出现"90 后"教师的身影。

一名年轻老师在校园里，带着几名学生在玩"老鹰捉小鸡"游戏，老师挡在最前面"护着"身后的"小鸡"，一只"老鹰"正想办法突围。这名老师叫石夏月，1988 年出生，是"80 后"大山教师之一。

石夏月家住广西灵川县兰田瑶族乡兰田村。大学毕业后，她先后在广东从事幼儿教育工作，在乡政府做信息员。2019 年，她通过考试成为一名教师，并选择了东良教学点。"我喜欢自己的家乡，热爱家乡的教育事业。"这是她回大山的理由。

石夏月的家到乡政府所在地只有几公里，离这所教学点 35 公里。踏入东良教学点的第一步，她被乡亲们和孩子们的一举一动感动了。她决心把这里的学生教好。

石夏月到东良教学点时，她儿子才 3 岁多。为了兼顾学生和孩子，她决定把孩子和母亲接到学校来，把"家"安在教学点，和家人一起守望这片大山的希望。

对于这份职业，石夏月心中有着满满的获得感和责任感。"每当听到学生叫一声老师好，我心里都特别高兴，特别满足。"

现在，随着大山各类条件得到逐步改善，不仅是"80 后"的石夏月们来到了大山，山里已经出现"90 后"教师的身影，人们看到了大山教育的新活力、新希望。

（案例来源：《教育"守山人"的见证：一名新华社记者十一年的大山教师采访手记》，新华社，https：//baijiahao.baidu.com/s？id＝1776524858023013450&wfr＝spider&for＝pc。有改动。）

》 二、案例分析

1. 公共产品理论与义务教育的产品属性

公共产品理论最早由美国经济学家萨缪尔森于1954年在《经济学与统计学评论》上发表的《公共支出的纯理论》中提出，此后在公共选择和公共经济学领域中得到广泛运用。按照萨缪尔森在《公共支出的纯理论》中的定义，公共产品或服务是这样的：每个人消费这种产品或服务不会减少别人对该种产品或服务的消费。萨缪尔森在1998年修订出版的第16版《经济学》中，给公共产品下的定义是扩展其服务给新增消费者的成本为零，且无法排除人们享受的产品。

公共产品的两个特征：一是消费的非竞争性，即增加一个消费者的边际成本为零，或增加新的消费者后不会减少原有消费者的消费水平；二是消费的非排他性，即受技术或成本的限制无法排除任何人（包括不付费者）的消费。同时具有这两个特征的产品（包括服务，下同）就属于公共产品，典型的公共产品有国防、社会治安等。与公共产品相反，私人产品是同时具有消费的竞争性和排他性的产品，如食品、衣物等生活用品。介于公共产品与私人产品之间的产品，即消费上具有部分的竞争性和排他性的产品，属于准公共产品。必须强调的是，按公共产品理论对产品属性的分类，是从产品的消费特性出发的。

关于教育产品或服务的经济属性，学术界众说纷纭。如果把学校提供的教育服务看作产品属性分析对象，那么教育这种产品在消费上具有特殊性。消费效用有直接效用与间接效用之分。教育的直接消费效用，是受教育者在接受教育后知识、能力的增长，品行和价值观念的养成等，在教育经济学中叫作教育的内部产出或内部效益。教育的间接消费效用，是指知识、能力的增长及良好的品行、价值观等的形成，提高了受教育者的生产能力、创造能力和文明程度，使受教育者在劳动力市场和社会活动中获得更高的收入和地位，促进社会经济增长、社会发展和谐，这种效应在教育经济学中叫作教育的外部产出或外部效益。教育外部效益的存在，使人们将教育支出看作人力资本投资。

从直接消费效用的角度看，教育具有竞争性和排他性。增加一个学生，边际成本不为零，会降低原有学生得到的教育服务水平，如平均受教师关注的程度会降低，平均校舍面积、图书、仪器等教育资源会减少。在技术上，学校完全有能力将教育的消费者（如不付费者）排除在学校或教室之外。因此，教育的直接消费效用具有私人产品的性质。公共经济学家阿特金森和斯蒂格利茨就是从教育的直接消费效用特点出发，把教育看作公共供应的私人产品的。

从间接消费效用的角度看，教育具有部分的非竞争性和非排他性。教育使受教育者个人获得更高的收入和社会地位，这是受教育者的个人收益，他人不可分享，因而具有竞争性和排他性；教育能使社会经济更快增长、社会发展更加和谐，这是教育带来的社会经济效益，全体社会成员都可受益，对社会而言，增加消费者的边际成本为零，也无法排除其他成员得到这种利益，因而没有竞争性和排他性。所以，教育的间接消费效用具有准公共产品的性质。公共选择学派的代表人物布坎南，正是通过分析教育的间接消费效用特点，得出教育是准公共产品的结论。

从教育目的来考察，无论是受教育者个人还是社会，接受或提供教育的主要目的是获取教育的间接消费效用，即提高个人收入和社会地位，促进社会经济发展。因此，在确定教育的产品属性时，应主要依据教育间接消费效用的特征。因此，布坎南认为教育属于准公共产品的结论是正确的。

在所有的教育层级中，义务教育的外部性最大，收益面非常广，因此国家以法律形式规定了其非排他性。我国于2018年修正的《中华人民共和国义务教育法》规定："义务教育是国家统一实施的所有适龄儿童、少年必须接受的教育，是国家必须予以保障的公益性事业。"政府以法律形式规定了一定年限的基础教育的公共性——在全体适龄儿童和少年中实现基础教育的普及，这是义务教育具有普遍性的特定内涵。与非义务教育相比，义务教育的本质属性是公共性、基础性、普及性和强制性。

因此，大多数学者还是认为义务教育具备公共产品的特点，基本上属于公共产品。而公共产品的服务一般由国家政府免费提供，通过征收各种税费予以保障，我国便是以法律形式规定国家实行九年义务教育制度的。强制和免费是义务教育最基本的特征。

2. 优化我国农村义务教育发展的措施及对策建议

教育兴则国家兴，教育强则国家强。习近平总书记指出，"基础教育在国民教育体系中处于基础性、先导性地位，必须把握好定位，全面贯彻落实党的教育方针，从多方面采取措施，努力把我国基础教育越办越好"。同时，习近平总书记强调，"建设教育强国，基点在基础教育。基础教育搞得越扎实，教育强国步伐就越稳、后劲就越足"。习近平总书记还要求，"要围绕服务国家战略需要，聚焦人民群众所急所需所盼，着力构建优质均衡的基本公共教育服务体系，加快缩小区域、城乡差距"。

党的二十大报告指出，办好人民满意的教育，加快义务教育优质均衡发展和城乡一体化，优化区域教育资源配置，增强均衡性和可及性，扎实推进共同富裕。乡村小规模学校（指不足100人的村小学和教学点）和乡镇寄宿制学校是农村义务教育的重要组成部分。办好这两类学校，是实施科教兴国战略、加快教育现代化的重要任务，是实施乡村振兴战略、推进城乡基本公共服务均等化的基本要求。随着教育体制改革逐步深化，各地党委和政府都高度重视教育事业，把教育摆在优先发展的地位，不断增加教育投入，改善办学条件，农村的教育事业取得了较好的发展。

2006年修订的《中华人民共和国义务教育法》，首次以法律形式提出促进义务教育均衡发展。党的十八大以来，义务教育均衡发展加快推进。2019年，中共中央办公厅、国务院办公厅印发《加快推进教育现代化实施方案（2018—2022年）》，强调要推进义务教育优质均衡发展。2021年，《中华人民共和国国民经济和社会发展第十四个五年规划和2035年远景目标纲要》发布，明确要巩固义务教育基本均衡成果，完善办学标准，推动义务教育优质均衡发展和城乡一体化。2023年，中共中央办公厅、国务院办公厅印发《关于构建优质均衡的基本公共教育服务体系的意见》，要求各级党委和政府要把构建优质均衡的基本公共教育服务体系作为实现共同富裕的一项重大民生工程，列入党委和政府重要议事日程，进一步健全了保障义务教育优质均衡发展的政策体系，这是贯彻落实习近平总书记关于基础教育重要指示和党的二十大精神的具体举措，是坚持以人民为中心发展教育、加快完善高质量教育体系、建设教育强国的重要抓手。

因此，进一步加强农村教学点，让处于农村，尤其是山区的农村孩子共享教育公平与正义，这需要统筹治理，治理主体必须担起应有的治理责任，农村教学点必须负起应有的担当，利益相关者的利益必须得到尊重。

（1）创新教师供给机制，解决师资配置的现实矛盾。

过去，中心校优先的教师供给机制是导致农村教学点师资力量薄弱的主要原因，供给机制需要创新。要让农村教学点拥有与中心校对等的话语权和决策权，让每个学生接受高质量的教育；要充分考虑农村教学点的发展趋势和实际需求，创新农村教学点教师供给机制，为农村教学点制定适合实际的教师供给机制，推进农村教学点向"微小而精致"的方向发展。为改变农村教学点优秀教师向上单向流动、教育水平较差教师向下单向流动的状况，建立农村教学点教师配置绿色通道，新教师由县级部门直接分配到农村教学点，不经过中心校"过滤"；定期组织、选派骨干教师、特级教师等优秀教师到农村教学点定点支教。

实行教师定向培养制度，增加教师供给总量。农村教学点急需的是"全科型教师"，地方政府与高等师范院校联合公费定向培养"本土全科型教师"，增加农村教学点教师供给总量；开通地方向高等师范院校推荐本土优质生源的绿色窗口，被推荐的学生与当地政府签订协议，学习期间的培养费、生活费等由政府买单，毕业后定向在农村教学点服务一定期限。鼓励具有乡村生活背景、有乡村情怀的优秀学生报考，他们更有为乡村教育服务的责任心和使命感。

同时，为保证农村教学点教师教得好、有发展，实行中心校与农村教学点一体化的教师发展模式，由邻近农村教学点和中心校联片成立教师发展中心，由各个农村教学点教师和中心校派遣的学科骨干教师组成委员会，负责农村教学点教师的专业发展。教师发展中心可建立"农村教学点教师补给站"，根据农村教学点联片规模确定补给站教师数量，补给站教师以流动式为农村教学点教学服务，每学年充分考虑各个农村教学点教师的发展情况和实际需求，统筹安排农村教学点教师外出学习、培训时间和次数。教师发展中心还可自主组织整个联片农村教学点教师交流学习，共享优质教育资源。在联片范围内实行教师定期轮岗交流制度，利用中心校优秀教师"走教""送教""轮回教研"等方式，让中心校的优秀教师到农村教学点交流教学经验、组织教研活动，农村教学点的教师到中心校学习教学方法、技巧，补充教育教学知识。

此外，改变农村教学点单纯按照师生比配置教师的做法，"师生比"和"班师比"相结合配置，既考虑学生数量，又考虑班级现实，增加教师有效供给。师资配置过程中，第一步是核算各校在学校、班级、学生各层面上产生的教师工作量，第二步是按照各校教师工作量之比配置教师。在核算教师工作量时，既考虑教师的教学工作量，也对教师非教学工作，如在农村教学点教师落实营养餐政策时产生的工作量，予以一定的考量。

（2）依法确立各级政府农村教学点的供给地位，明确供给主体责任。

农村教学点是实施义务教育均衡发展的重要抓手。由于义务教育是公共产品，政府应该是资源的主要配置者，对农村教学点的供给负有主要责任，必须依法保证政府公共投资的责任和行为，建立农村教学点供给由各级政府共同分担机制。根据财政和税收能力依法划定各级政府在基础教育，特别是在农村教学点中的责任和负担结构，从根本上确立各级政府的投资地位，约束和规范各级政府的投资行为。合理划分中央、省、市、县各级财政在承担农村基础教育方面的投入比例，明确各主体投入的范围和数量，强化中央、省级和市级政府的投资责任，建立规范的财政转移支付制度，坚持对贫困地区、薄弱学校和困难群体进行倾斜。建立各级财政合理分担农村教学点供给的保障机制，并逐渐通过立法的形式加以完善和保障，确保农村教学点的正常运行，确保义务教育进一步普及、巩固、提高及均衡发展。

对于中心校和农村教学点，首先从管理上明确中心校与农村教学点之间的权属关系，其次从业务指导等方面明确中心校对农村教学点的指导、服务职责。为强化对农村教学点的管理，可将其部分管理权力（如人事和财政管理权）上移到县级教育行政部门，教师的选派、公用经费的分配、教学设施的供给等都改由县级教育行政部门统一掌握，单列管理和考核。

此外，虽然义务教育是公共产品，但是针对农村教学点面临的具体问题，各级教育行政部门和学校要善于发挥社会各界力量，创新办学方式，联合推进教学点发展。如建立教学点的"一对一"帮扶制度，联合高校、教育公益组织、慈善机构、基金会及企业等方面的共同力量，通过帮扶、项目合作等形式，发挥其在学校条件改善、教育教学改革、学生心理辅导等方面的作用，自下而上地推动学校的改造与发展，更好地发挥教学点在推动教育公平、提高教育质量中的作用。

（3）加强设施设备配置，改善农村教学点办学条件。

教育主管部门以及乡镇中心校除了要关注农村教学点校舍等主体建筑的建设外，还要加强对农村教学点的围墙、校园绿化、学生运动场等方面的建设，为农村教学点师生的工作和学习营造良好的校园环境。同时，加强农村教学点教学设施设备的配备工作，尤其是科学课、音体美等课程教学设施设备的配备，为农村教学点教师创造良好的课堂教学条件。2003年，我国实施农村中小学现代远程教育工程，教学点成为重点建设对象，教学点的信息化和数字教育资源建设如火如荼。在完成数字教育资源硬件设施设备配备后，做好后期保障工作，确保农村教学点设施设备功能的充分发挥，保证数字教育资源正常使用，以确保为每一个农村孩子提供公平而有质量的教育。此外，应把新型教育技术与传统的教育形式结合起来使用，而不应将其看作一种取代传统形式的独立手段。瑞典教育家托斯顿·胡森指出，不要把学校看成一个教学工厂，机器也不能代替教师。

（4）创新经费保障机制，确保农村教学点经费充足。

落实经费保障，改革资源配置方式，依据农村教学点具体规模制定办学经费投入标准。同时实行弹性拨付方式，即"基本办学经费＋激励性经费"，前者保障农村教学点基本运转，后者则根据其办学实际需求给予拨付。中心校在经费使用上适当向农村教学点倾斜，也可通过"以奖代补"的方式引导教师抓好教育教学工作。此外，在公用经费核拨方面，"学生规模不足100人的村小学和教学点按100人核定公用经费"的规定，为保障农村教学点公用经费充足提供了政策层面上的支持。在部分地区乡镇中心校渐趋小规模化的情况下，当地教育主管部门根据学校、班级、学生不同层面产生的经费需求对不同学校经费需求进行测算，核定经费，保障不同规模学校获得应有的公用经费。在公用经费管理方面，适当提高农村教学点公用经费的使用自主权，不仅为农村教学点提供物质形式的教学用品，还为农村教学点提供货币形式的公用经费，以保障农村教学点正常运转，并对农村教学点教师货币形式公用经费的实际到位情况进行监督。

参考文献

[1] 焦中明.县域人口结构变化对农村学校学生流动影响的分析——以江西省部分县（市、区）数据为个案 [J].赣南师范大学学报，2019，40（03）：96-100.

[2] 付卫东，范先佐.《乡村教师支持计划》实施的成效、问题及对策——基于中西部6省12县（区）120余所农村中小学的调查 [J].华中师范大学学报（人文社会科学版），2018，57（01）：163-173.

[3] 贾勇宏.找回农村教学点的必要性与可行性——基于全国九省（区）教师和家长的调查 [J].华中师范大学学报（人文社会科学版），2016，55（01）：149-159.

[4] 马晓玲.政策逻辑与实践路径：30年来我国农村教学点信息化演进分析 [J].昆明理工大学学报（社会科学版），2023，23（05）：121-129.

第二章习题

一、单选题

1. 个人消费公共产品并不排除他人消费同样数量的公共产品。这句话是指公共产品具有（　　）。

   A. 非排他性

   B. 非竞争性

   C. 排他性

   D. 竞争性

2. 公共产品被提供出来后，增加一个消费者不会减少任何一个消费者对该产品的消费数量和质量，其他人消费该产品的成本为零。这种性质称为公共产品的（　　）。

   A. 非竞争性

   B. 非排他性

   C. 效用的不可分割性

   D. 目的的非营利性

3. 具有非竞争性和排他性的产品属于（　　）。

   A. 私人产品

   B. 公共产品

C. 俱乐部产品

D. 共有资源

4. 具有非排他性和竞争性的产品属于（   ）。

A. 私人产品

B. 公共产品

C. 俱乐部产品

D. 共有资源

5. 现实经济生活中，客观存在着这样的一些产品——它们满足我们的共同需要，在同一时间中可使多个个体得益，并无须通过竞争来享用，这些产品叫作（   ）。

A. 私人产品

B. 混合产品

C. 公共产品

D. 集体产品

6. 在成员人数较多的情况下，自愿捐献中的免费搭车现象将导致（   ）。

A. 哈丁悲剧

B. 希腊悲剧

C. 搭车悲剧

D. 反公地悲剧

7. 当税收的征取与个人的受益无关时，有可能会导致公共产品供给（   ）。

A. 不足

B. 过度

C. 不确定

D. 刚好

8. 按受益原则确定公共产品的负担水平（也就是税收水平）时，会导致公共产品供给（   ）。

A. 不足

B. 过度

C. 不确定

D. 刚好

9. 如果每一个社会成员都按照其所获得的公共产品或服务的边际收益的大小，来捐献自己应当分担的公共产品或服务的资金费用，则公共产品或服务的供给量可以达到具有效率的最佳水平。这时候的状态叫作（   ）。

A. 纳什均衡

B. 林达尔均衡

C. 市场均衡

D. 贝叶斯均衡

10. 公共产品应该由（   ）提供。

A. 市场

B. 政府

C. 企业

D. 社会组织

11. 免费搭车是公共产品的（　　）特征导致的。

A. 非竞争性

B. 非排他性

C. 不可分割性

D. 无偿性

二、多选题

1. 公共产品的性质有（　　）。

A. 竞争性

B. 非竞争性

C. 排他性

D. 非排他性

2. 公共产品的非竞争性说明（　　）。

A. 当一种产品在增加消费者时，其消费者增加所带来的边际成本等于零

B. 一个人消费这种产品并不会减少或影响其他人对该产品的消费

C. 带给产品提供者的边际生产成本为零

D. 带给其他消费者的边际拥挤成本为零

3. 共有资源的性质有（　　）。

A. 竞争性

B. 非竞争性

C. 排他性

D. 非排他性

4. 政府提供公共产品的好处是（　　）。

A. 政府提供公共产品一定可以实现公共产品的最佳配置

B. 政府能够提供有效率的公共产品数量

C. 政府能够强制社会公众通过税收来为公共产品融资

D. 政府对公共产品的使用不收费，即在零费用条件下提供公共产品

5. 下列属于共有资源的是（　　）。

A. 公共草场

B. 公共鱼塘

C. 不拥挤、不收费的公路

D. 电影院

6. 林达尔均衡实现的前提条件是（　　）。

A. 每一个社会成员都愿意准确披露自己可从公共产品或服务的消费中获得的边际收益，而不存在隐瞒或低估其边际收益从而逃避自己应分担的成本费用的动机

B. 每一个社会成员都清楚地了解其他社会成员的嗜好及收入状况,甚至清楚地掌握任何一种公共产品或服务可给彼此带来的真实的边际收益,从而不存在隐瞒个人边际收益的可能

C. 社会成员通过讨价还价来决定各自应负担的公共产品成本

D. 社会成员通过讨价还价来决定各自应负担的公共产品成本的比例

三、判断题

1. 公共产品有效供给的条件是社会边际收益等于社会边际成本。　　（　）
2. 社会需求是个人需求的垂直加总。　　（　）
3. 所有的公共产品都应由政府来提供。　　（　）

四、论述题

1. 请根据公共产品的两个基本特征,说明国防为什么是典型的公共产品。
2. 简要阐释林达尔均衡模型。
3. 什么是公地悲剧?如何解决公地悲剧?

第二章习题参考答案

第三章 外部性理论

第一节 理论要点

外部性亦称外部成本、外部效应或溢出效应,指一个人或一群人的行动和决策使另一个人或一群人受损或受益的情况。本章要求了解和掌握外部性的概念、本质及分类,外部性与资源配置效率,外部性的解决方法,科斯定理等内容。

一、外部性的概念、本质及分类

(一) 外部性的概念

外部性是指经济行为主体不通过影响价格而直接影响他人的经济环境或利益,转移自己行为的结果,没有由自己完全承担这种结果的经济现象。

(二) 外部性的本质

在生产领域中,外部性的本质是私人边际成本(MPC)与社会边际成本(MSC)不一致;在消费领域中,外部性的本质是私人边际收益(MPB)与社会边际收益(MSB)不一致。

(三) 外部性的分类

(1) 按照外部性影响的范围划分。

① 消费外部性:一个消费者的消费行为直接影响了另一个经济行为人生产或消费的可能性。

② 生产外部性:厂商的生产影响了其他人的福利。

(2) 按照外部性的影响划分。

① 正外部性：某个经济行为主体的行为使他人或社会受益，而受益者无须付出代价。

② 负外部性：某个经济行为主体的行为使他人或社会受损，而造成外部不经济的经济行为主体没有完全为此承担成本。

二、外部性与资源配置效率

当存在外部性时，帕累托最优就无法实现，从而存在资源配置无效率。

（一）生产领域的外部性

1. 负外部性

如图3-1所示，不加干预的某产品的市场均衡在 B 点实现，此时 MPC＝MSB。该点所决定的产量水平 Q_m 并不满足 MSC＝MSB，显然不是最佳量。这就意味着有效的均衡应当在 E 点实现，此时 MSC＝MSB，对应的产量水平为 Q_0，$Q_m > Q_0$。这说明当存在负外部性时，因为私人边际成本小于社会边际成本，所以市场均衡量 Q_m 会大于社会最佳量 Q_0。

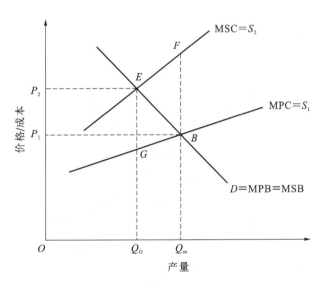

图3-1 生产中的负外部性

2. 正外部性

如图3-2所示，当存在正外部性时，因为私人边际成本大于社会边际成本，所以市场均衡量 Q_m 会小于社会最佳量 Q_0。

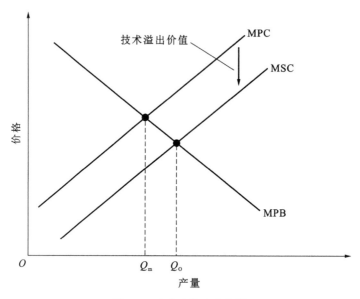

图 3-2　生产中的正外部性

（二）消费领域的外部性

1. 负外部性

如图 3-3 所示,当存在负外部性时,因为私人边际收益大于社会边际收益,所以市场均衡量 Q_m 会大于社会最佳量 Q_O。

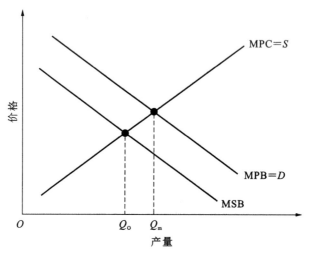

图 3-3　消费中的负外部性

2. 正外部性

如图 3-4 所示,当存在正外部性时,因为私人边际收益小于社会边际收益,所以市场均衡量 Q_m 会小于社会最佳量 Q_O。

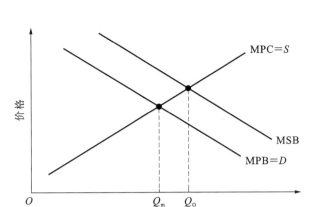

图 3-4 消费中的正外部性

三、外部性的解决方法

(一) 私人解决方法

外部性的私人解决方法主要有以下几种。① 合并。把不同类型的经营整合在一起，使外部性内在化。② 用道德约束和社会约束来解决。利用道德规范使经济行为主体考虑自己的行为对他人的影响，将外部性内在化。③ 慈善行为。如通过私人捐款筹资来保护环境；学院和大学接受校友、公司和基金会的捐赠，促进教育等。④ 利益各方签订合约。利用合约规定一方对另一方的支付，以解决外部性产生的无效率问题。

(二) 公共政策

解决外部性的公共政策主要有以下几种。① 管制。政府可以通过规定或禁止某些行为来解决外部性，如针对一些污染环境的行为制定禁止这种行为的政策。② 矫正性税收和补贴。对造成外部不经济的企业，国家应该征税，这样既增加了政府的收入又提高了经济效益。同样，对于有正外部性的活动，实施补贴，也有利于促进经济效益的提高。③ 规定财产权。许多外部性的产生是因为财产权不明确，若财产权是完全明确并能得到充分保障的，则有些外部影响就不会发生。

四、科斯定理

斯蒂格勒在 1966 年第 3 版的《价格理论》中，首先把科斯在《社会成本问题》中表述的核心思想概括为科斯定理。

科斯定理：在产权界定良好和没有交易成本的情况下，无论在开始时将财产权赋予谁，导致外部性的一方和受到外部性影响的一方之间可以通过达成契约来解决外部性问题，由此形成的资源配置是有效率的。

也就是说，在交易费用为零的情况下，不管权利如何进行初始配置，当事人之间的谈判都会导致资源配置的帕累托最优；在交易费用不为零的情况下，不同的权利界定会带来不同的资源配置。因为交易费用的存在，不同的权利界定和分配会带来不同效益的资源配置，所以产权制度的设置是优化资源配置的基础。

科斯定理的两个前提条件：明确产权和交易成本。

第二节　经典文献概述

一、经典文献概述一

《联邦通信委员会》

罗纳德·H. 科斯

（一）作者简介

罗纳德·H. 科斯（Ronald H. Coase，1910年12月29日—2013年9月2日），新制度经济学的鼻祖，美国芝加哥大学教授，芝加哥经济学派代表人物之一，法律经济学的创始人之一，曾提出科斯定理，1991年获诺贝尔经济学奖。

（二）内容提要

该文主要论述了如何解决无线电频率争用的问题。主流观点认为必须由政府出面来解决无线电间相互干扰的问题，而科斯则提出可以将无线电频谱一段一段地分开，并将产权卖出去，就能解决这一问题。科斯在文中从六个方面对此展开了分析。

第一，科斯指出，广播业受到了政府的监管。在美国，任何人不得经营广播电台，除非他首先获得联邦通信委员会颁发的许可证。这些许可证不是随意颁发的，而是由该委员会自行酌情决定颁发与否，因此，该委员会有权选择由谁来经营广播电台。

第二，科斯指出，联邦通信委员会的做法与新闻自由原则是相冲突的。他认为，如果联邦政府任命的委员会负责选择那些允许在美国的各城市、镇和乡村（出版社）出版报纸和期刊的人，那么美国广播业的情况在本质上与新闻业并没有什么不同。他指出，联邦无线电委员会（1934年联邦无线电委员会行使的权力被移交给了联邦通信委员会）坚持认为，通过发放或调换许可证来决定是否为公众的利益、方便或需要服务，必须考虑新提出的或过去的节目内容。因此，从最严格的意义上来说，新闻自由显然是受到影响的。不过遗憾的是，联邦无线电委员会试图对节目内容施加影响的做法，除了遭到广播业界的两次强烈抗议外，几乎没有反对者。

第三，科斯分析了当时制度的基本原理。他指出，法兰克福特法官似乎相信联邦管制是必要的，因为无线电频率在数量上极其有限，并且人们的需求超过了它的供给量。但是经济学常识告诉我们，几乎所有在经济体系中使用的资源数量都是有限的，因而都是稀缺的，但这并不必然要求政府进行管制。他还指出，希普曼教授似乎把政府进行管制前存在的混乱，归因于私人企业和竞争制度的失败，但其实这一问题的真正原因是没有在这些稀缺的无线电频率中建立产权。因此，科斯认为，产权建立后，任何人想要用这一资源的话，就必须付钱给资源所有者，这样，混乱就消失了。政府只需要以法律体系来确定产权和调解争端，而不需要进行管制。

第四，科斯分析了定价制度和无线电频率分配的问题。他指出，其实利奥·赫策尔在1951年曾建议应该用价格机制来分配无线电频率，并建议无线电频率应该发放给出价最高的投标者。但是，在无线电频率分配中运用私有财产和定价制度的想法，对大多数关心广播政策的人而言仍然是完全陌生的。科斯认为，资源配置应该由市场决定，而不是由政府来决定。因为一个试图取代价格机制作用的行政机构将会遇到两大障碍：一是缺乏本应由市场决定的收益和成本的精确货币量化标准；二是就事物本质而言，行政机构不可能拥有每一个企业经营者使用或可能使用无线电频率的所有相关信息，更不可能了解消费者对各种运用无线电频率进行生产的商品和服务的偏好。所以，联邦通信委员会的决议在经过很长的时间后才会做出，经常一拖就是几年。于是，为了简化业务，联邦通信委员会采用随心所欲的行事态度。也就是说，完全采用定价机制分配无线电频率的效率更高。但是，科斯指出，由于这个做法意味着这些无线电频率使用率很高的各级政府机构也必须为使用无线电频率而支付费用，因此，保护政府无线电频率所有权的愿望与不愿意政府为使用无线电频率付钱的想法使一些人拒绝使用定价机制，哪怕是通过竞标或为广播电台许可证的各类申请者按优先级排序进行招标也不受欢迎。

第五，科斯提出了私人产权与无线电频率分配的问题。科斯强调，如果无线电频率的使用权可以转让，那就必须精确界定这种使用权的性质。制定法律制度的目的之一是明确界定权利，使权利能在界定明确的基础上通过市场进行转让和重组。就无线电而言，应该使那些获得使用某一无线电频率的人能自行决定与其他人合用该无线电频率，并且经双方商定后可任意调整工作时间、功率、位置和发射机种类等；或者当最初获得的权利是无线电频率共用权时（在某些情况下，联邦通信委员会只允许共享使用），应该允许一个使用者买下其他使用者的权利以独占使用权。在详细分析了斯特吉斯诉布里奇曼案之后，科斯指出，无线电行业所面临的问题是，一个人发送的信号可能会干扰另一个人发送的信号，而解决办法就是界定每个人所拥有的权利。至于这种权利的界定在多大程度上是严格管制的结果，在多大程度上是市场交易的结果，这是一个只有根据实践经验才能回答的问题。但在当时体系下完全依赖管制，私有财产和定价制度不起任何作用，这并不是最好的解决方案。此外，科斯还指出，在界定产权时有必要考虑无线电频率使用的国际协定。

第六，科斯分析了当时的境况。他指出，在无线电行业使用定价机制的想法在当时受到冷遇。争论从是否存在公共频率产权转向是否应维护频率产权赋予的节目干预权。但是，正如我们所看到的，没有理由认为不应有私有频率产权。

科斯最后指出，这篇文章的责任，就是要表明广播业界所提出的问题并未要求对适用于其他行业的法律和经济规范进行任何根本性的变动。广播业的管制历史表明了新发展初期的事件对决定长期的政府政策至关重要；同时说明了律师和经济学家不应在尚未确定是否确有必要的情况下，被出现的新技术搞得不知所措而去改变现行的法律和经济制度。

原文出处：*Journal of Law and Economics*，1959年，第2期，第1~40页。

二、经典文献概述二

《外部性》

詹姆斯·M. 布坎南　克雷格·斯塔布尔宾

（一）作者简介

詹姆斯·M. 布坎南（James M. Buchanan，1919年10月—2013年1月），美国著名经济学家，1986年获诺贝尔经济学奖，公共选择学派的创始人，被称为公共选择之父；在近代财政理论上也有特殊贡献，包括对公共产品性质的认定、外部效应的更正，以及俱乐部产品理论的建立等。

克雷格·斯塔布尔宾（Craig Stubblebine），曾是布坎南在弗吉尼亚大学研究生班的学生。

（二）内容提要

外部性一直是新古典主义用来批判市场组织的核心。外部性以其各种形式——外部经济和外部不经济，社会边际成本和私人边际成本或产品背离效应、溢出效应、邻里效应，集体或公共产品，主导着福利经济学理论，在某种意义上，也主导着一般的经济政策理论。尽管外部性很重要，但在很多文献中并没有对这一概念本身的严格定义。正如西托沃斯基所指出的那样，外部经济的定义很少，而且不令人满意。该文章在第一部分精确阐明了外部性的概念，区分了边际外部性和超边际外部性、潜在相关外部性和潜在不相关外部性，以及帕累托相关外部性和帕累托不相关外部性等；在第二部分用一个简单的描述性例子说明了外部性的基本要点；在第三部分讨论了所用方法的含义。

首先，文章界定了外部性的概念，并对外部性进行了分类。文中用效用函数表达外部性：$U^A = U^A(X_1, X_2, \cdots, X_m, Y_1)$。个体 A 的效用依赖于完全由自己控制的活动 $(X_1, X_2, \cdots, X_m)$，但也依赖于另一项活动 Y_1。根据定义，活动 Y_1 受第二个个体 B 的控制，而 B 被假定为同一社会群体的成员。在正常情况下，A 的效用可能受除 Y_1 之外 B 的其他活动的影响，也受其他各方活动的影响。然而，为了分析的简单性，可以把注意力集中在一个特定活动 Y_1 的影响上。文章假设，一般情况下 A 以实现效用最大化行事，这受制于 Y_1 外部确定值，并且随着 Y_1 的变化，A 将改变 X 的值，以保持均衡状态。文章又区分了边际外部性和超边际外部性、经济和非经济，得出外部性存在边际外部经济、边际外部不经济、超边际外部经济、超边际外部不经济四种类型。同时，文章指出，外部性被认为具有潜在相关性，即当活动已达到能够实际执行的程度时，外部受益（受损）方会希望通过贸易、说服、妥协、协议、公约、集体行动等方式改变有权采取行动的一方的行为。如果外部性在实际开展的活动中，没有产生上述影响，则被认为不具有相关性。因此，外部性又可以分为潜在相关的边际外部经济和潜在相关的边际外部不经济。此外，文章还提出可以根据帕累托相关性和帕累托不相关性进行外部性的划分。

其次，文章举了一个简单的例子。A 和 B 两个人，他们拥有相邻的住宅单元。在一定的限度内，每个人都重视隐私，这可以用一个单一的标准来量化衡量，如沿着公共边界线建造的栅栏的高度。我们假定 B 对隐私的渴望有相当大的限度，他的效用随着栅栏高度的增加而增加，直到一个合理的高度。在一定的最小高度之前，A 的效用也会随着栅栏高度的增加而增加。然而，一旦达到这个最小高度，A 对隐私的渴望就被认为得到了充分满足。在第二个范围内，A 的总效用不会随着栅栏高度的变化而变化。超过一定限度后，随着围栏的升高，A 看 B 住宅后面那座山的视线会逐渐被遮挡。因此，在第三个范围内，随着栅栏高度的增加，A 的效用就会降低。最后，当 A 的视线被完全挡住时，他对栅栏高度的微小变化漠不关心。

图 3-5 描述了 A 和 B 的边际评价曲线，这是根据他们的偏好区间得出的，并加入了一些合并成本。

在 H_5 之前，B 的边际评价为正值，直到在 H_5 处变为零。对于受外部影响的一方 A 来说，可以独立于对 B 实际行为的任何预测来评估 B 在建造栅栏方面的潜在活动。因此，B 的活动将：① 在 $O \sim H_1$ 范围内施加潜在相关的边际外部经济；② 在 $H_1 \sim H_2$ 范围内施加超边际外部经济，这显然是不相关的，因为 B 在此活动范围内的行为变化不会增加 A 的效用；③ 在 $H_2 \sim H_4$ 范围内施加可能与 A 相关的边际外部不经济；④ 在 H_4 之后的范围内施加超边际外部经济或不经济，影响的方向取决于隐私带来的总效用变化与遮挡视野带来的总效用变化之间的比率。在任何情况下，外部性都具有潜在的相关性。

最后，文章指出，除了外部性的一般分类之外，这里的方法可以得出某些可能没有被一些福利经济学家充分认识到的含义。分析表明，外部性即外部效应，即使在完全的帕累托均衡中也可能存在。也就是说，尽管在边际上，一个人的活动会对另一个人的效用产生外部影响，但这种情况仍可被归类为帕累托最优或有效。这一点具有重

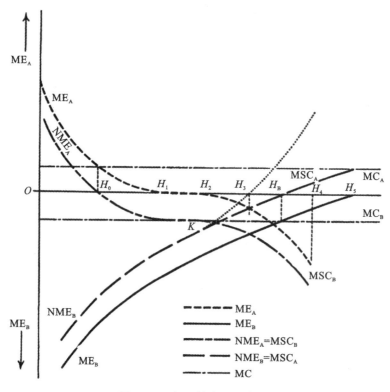

图 3-5 A 和 B 的边际评价曲线

要的政策意义,因为它表明仅对外部效应的观察不能为判断对现有事态进行某些修改是否可取提供依据。因此,其重要含义是,在所有边际外部性都消除之前,通过单方面征税和补贴,永远无法实现完全的帕累托均衡。如果要引入一种税收(补贴)的方法,而不是交易,它应该涉及双边税收(补贴)。在这种双边税收(补贴)方案中,必要的帕累托条件很容易得到满足。总而言之,只要边际外部性存在,帕累托均衡就不可能实现,除非那些从改变中受益的人需要为获得收益付出一定的代价。此外,文章讨论的帕累托均衡解决方案与萨缪尔森在其公共支出理论中提出的解决方案相似,实际上是相同的。文章的分析也有助于明确科斯提出的观点。科斯认为,只要市场过程顺利进行,无论产权结构如何,任何外部性关系都会出现同样的解决方案。严格地说,科斯的分析只适用于企业间的外部性关系,只有当企业调整到由竞争决定价格时,才会出现相同的解决方案。在文章的参照对象中,由于效用函数的不可比性,这种相同的解决方案并不适用。然而,无论行动方采取何种行动,帕累托均衡位置的基本特征都保持不变。

原文出处: *Economica*,1962 年,第 116 期,第 371~384 页。

第三节 典型案例

一、案例正文

 案例一

外卖垃圾数量大

生活在北京的"90后"高阳是外卖的忠实用户,几乎每天都会订外卖。这天上午不到10点,高阳又打开手机APP,花24元点了一份肉夹馍和一碗馄饨。全部吃完后,高阳特地留意了一下,虽然食物就是简单的肉夹馍和馄饨,但吃完留下的垃圾不少,木质的筷子、牙签,纸质的所有外包装、餐盒、纸巾,塑料的盖子、勺子,有些甚至没有使用,比如牙签和多余的纸巾,但都统统进了垃圾桶。

伴随每一次外卖下单,都会产生如餐盒、餐具、外包装袋这样的垃圾,考虑到庞大的外卖用户基数,产生的外卖垃圾规模更是不可小觑。截至2023年12月,我国网上外卖用户规模已达5.45亿个,占网民整体的49.9%。在线外卖市场规模超过1.1万亿元,在全国餐饮业收入中的占比达到25.4%。这意味着,每日送达消费者手中的餐盒等外卖包装数量至少是千万级别的。

根据北京盒利活环保科技有限公司的实地统计,每份外卖中至少有3个一次性塑料餐盒。该公司曾经跟北京一座写字楼下的拾荒者合作,把每天从物业收过来的垃圾进行分拣,结果发现,写字楼产生的生活垃圾中,外卖垃圾的质量比例至少达到40%,有时甚至达到50%,体积占比能达到60%~70%。

(案例来源:《我们吃出了多少外卖垃圾?》,载于《人民日报·海外版》,http://paper.people.com.cn/rmrbhwb/html/2019-08/27/content_1943409.htm;《制止餐饮浪费,长沙多举措规范外卖营销》,长沙市人民政府网,http://www.changsha.gov.cn/jdhy/hygq/hygq/202405/t20240531_11461105.html;《白色污染泛滥,看看他们的绿色解决方案》,搜狐网,https://www.sohu.com/a/362869566_120414193;《外卖行业成垃圾分类大户?》,载于《中国城市报》,https://baijiahao.baidu.com/s?id=1641206467422469433&wfr=spider&for=pc。有改动。)

案例二

外卖包装待减量

如何在外卖包装减量上有所助力?针对筷子、勺子等餐具,不少外卖平台设置了可勾选是否需要餐具的选项,但在实际使用中,还存在一些问题。据业内人士介绍,在很多商家门店,外卖包装都是提前与餐食搭配准备好的,尤其在午餐时段,可能2小时内要出三四百份外卖,为了赶订单,商家往往不会一一区分哪些需要餐具、哪些不要餐具。虽然一两份看起来不费精力,但当订单集中到达时,商家根本顾不上区分。

在餐盒方面,一些消费者表示,因为食物要经过几公里的运输,餐盒等容器和外包装必不可少,但是商家可以尽量避免过度包装。比如有时候为了防止漏洒,商家会在餐盒外面缠很多层保鲜膜,既浪费材料造成环境污染,也给消费者带来了不方便。此外,还有一些类似腰封、过度厚实的一次性塑料餐盒、餐具包装等,观赏功能大于使用价值,应该减少这种过度包装的使用。

(案例来源:《餐盒餐具外包装袋,我们吃出了多少外卖垃圾?》,环球网,https://baijiahao.baidu.com/s?id=1642983626986702709&wfr=spider&for=pc。有改动。)

案例三

加大外卖垃圾的源头治理和回收利用

外卖行业塑料污染,应该如何治理?餐盒能不能也像吸管一样,用可降解材料替代呢?除了从源头减少因使用塑料制品而产生的塑料垃圾,能不能对这些餐盒等加大回收利用呢?国内多地在积极展开试点探索。

记者调查后发现,目前可降解的一次性吸管已经逐步普及,可降解餐盒却不多见。专家介绍,可降解塑料存在耐热性和力学性能较差、产能不足、销售价格居高不下等问题,导致在餐盒市场的接受度不高。

专家表示,外卖行业从源头减塑,首先是要减少一些不必要的一次性塑料消耗,要加大对平台中"无需餐具"功能的宣传,引导更多公众选择"无需餐具"。据统计,截至2023年4月,超过3.27亿个美团外卖平台用户使用过"无需餐具"功能。饿了么外卖平台的"无需餐具"订单则超过14亿单。

此外,加大外卖塑料垃圾的回收利用,也在一些地方试点推行。2023年年初,深圳启动商务写字楼外卖包装垃圾分类回收项目,在试点写字楼里增设了

"外卖包装垃圾"专用垃圾桶。员工将外卖食物残渣倒进厨余垃圾桶后,所有外卖包装都被收集,送去回收利用。

早在2020年7月,厦门市修订了《生活垃圾低附加值可回收物指导目录》,外卖餐盒被列入低值可回收物。在试点小区,居民外卖里的塑料餐盒、餐具和塑料袋都会被集中回收,无须人工分拣,全部进入智能化分选平台。

(案例来源:《外卖塑料污染怎么"降"如何"解"?一文了解》,环球网,https://baijiahao.baidu.com/s?id=1770532887342135526&wfr=spider&for=pc。有改动。)

二、案例分析

1. 外卖垃圾的负外部性问题分析(结合外部性理论)

(1) 外部性理论阐述。

外部性理论的内涵:外部性是一种成本或收益,它是由经济活动产生的一种副产品,同时又是在市场体系之外配置的;它是指经济行为主体不通过影响价格而直接影响他人的经济环境或利益,转移自己行为的结果,没有由自己完全承担这种结果的经济现象。外部性的存在是由于私人边际成本和私人边际收益同社会边际成本和社会边际收益发生偏离。根据外部性的影响来划分,可将其分为正外部性和负外部性。正外部性(外部经济)指某个经济行为主体的行为使他人或社会受益,而受益者无须付出代价。负外部性(外部不经济)指某个经济行为主体的行为使他人或社会受损,而造成外部不经济的经济行为主体没有完全为此承担成本。

外部性理论的产生与发展:① 马歇尔首次提出外部经济。外部性一词源于马歇尔1890年写就的《经济学原理》中首次出现的外部经济,马歇尔所指的外部经济主要是指一个部门内部的各个厂商之间的关系。② 庇古发展了外部性理论。庇古全面接受马歇尔提出的内部经济和外部经济的概念,并且在此基础上充实了内部不经济和外部不经济的概念,提出的边际产值是指最后单位生产要素的产值,提出国家干预必要性的论点。

(2) 外卖垃圾问题。

伴随着我国互联网经济的发展,外卖餐饮市场不断发展,截至2023年12月,我国网上外卖用户规模已达5.45亿个,一些外卖平台的单日外卖订单量峰值突破6000万单,外卖在给人们带来方便的同时,大量一次性的外卖垃圾增加了城市垃圾处理的负担,加剧了环境问题;外卖的过度包装不仅浪费资源,也加剧了环境问题。

(3) 结合负外部性分析外卖垃圾问题带来的影响。

外卖的生产与消费属于一种经济行为,这种经济行为给他人及生态环境造成损失,而其他人却不能得到补偿,外卖生产厂家和外卖消费者也不需要承担这种外部成本,从而导致社会边际成本大于私人边际成本。

外卖生产和消费产生的负外部性包括以下几个方面。① 因外卖消费产生的外卖餐饮垃圾增加城市垃圾处理的成本。本章案例一中提到我国外卖市场庞大，每天会产生大量的一次性外卖餐饮垃圾，并且由于外卖餐盒的过度包装，使得这部分垃圾更多，加剧了城市垃圾处理负担。② 因外卖消费产生的外卖餐饮垃圾增加环境治理的成本，每增加一单位的外卖垃圾给环境治理带来的边际成本都在增加。另外，材料以塑料为主的外卖餐饮垃圾，降解周期较长，需要几百年的时间，所以它不仅会影响到当代人的生存环境和生命健康，而且还会影响到今后几代人的生存环境和生命健康。前者打破了不同社会群体之间的帕累托均衡和林达尔均衡，后者则产生了代际公平问题。

接下来通过成本-收益图对外卖消费行为的外部性进行分析，如图3-6所示，外卖消费的社会边际收益等同于外卖的需求，即 MSB＝D；而点外卖的私人边际成本是指人们点外卖支付的价格，等同于外卖的私人供给，即 MPC＝S；外卖消费的外部边际成本是指外卖消费之后产生的餐饮垃圾对社会、对他人产生的外部边际成本；所以外卖消费的社会边际成本应该是私人边际成本与外部边际成本之和，即整个外卖消费或者生产的机会成本。如果将外部边际成本加进去，那么外卖行业的最佳产量应该是 Q_1，外卖的最佳生产成本或者消费价格应该是 P_1。

由于外卖的负外部效应，外卖商家使用了一种无须付费的投入，也生产了过多的产品；外卖消费者支付的外卖价格是较低的价格，因此产生的外卖需求偏多。如果将外部成本也计入外卖商家的成本以及外卖价格中，外卖的价格就会从 P_2 变成 P_1，外卖的产量也会从 Q_2 变成 Q_1。

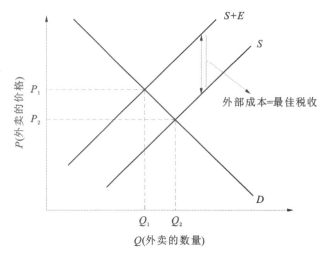

图3-6 外卖消费的负外部性

2. 针对外卖垃圾问题，我国政府出台的相关政策

外卖垃圾问题已引起社会各界的高度关注，近几年，各级政府部门已陆续出台了相关的政策法规。例如在中央层面，相关政府部门已经出台了《关于进一步加强塑料污染治理的意见》《"十四五"塑料污染治理行动方案》《商务领域经营者使用、报告一次性塑料制品管理办法》等；在地方层面，《北京市生活垃圾管理条例》对主动向消费者提供一次性餐具的餐饮经营者等进行处罚，上海市再次要求落实《上海市生活垃圾管理条例》，餐饮堂食服务和餐饮外卖领域不得主动向消费者提供一次性筷子、调羹等餐具，广东省明确要加大餐饮外卖、展会活动、宾馆酒店禁限塑的监督管理力度，重庆市要求餐饮经营者对外卖包装实行明码标价等。政府已出台的相关政策法规，有助于解决外卖垃圾及其造成的污染问题。

（1）中央层面相关政策。

由于外卖垃圾主要是塑料垃圾，因此，为有效推动塑料污染治理，2020年1月，经国务院同意，国家发展和改革委员会、生态环境部出台了《关于进一步加强塑料污染治理的意见》。其中规定，到2020年底，全国范围餐饮行业禁止使用不可降解一次性塑料吸管；地级以上城市建成区、景区景点的餐饮堂食服务，禁止使用不可降解一次性塑料餐具。到2022年底，县城建成区、景区景点餐饮堂食服务，禁止使用不可降解一次性塑料餐具。到2025年，地级以上城市餐饮外卖领域不可降解一次性塑料餐具消耗强度下降30%。

2021年9月，在充分总结过去塑料污染治理经验和规律的基础上，国家发展和改革委员会、生态环境部又制定并印发了《"十四五"塑料污染治理行动方案》，提出了主要目标，其中之一是到2025年，在源头减量方面，商品零售、电子商务、外卖、快递、住宿等重点领域不合理使用一次性塑料制品的现象大幅减少。

2023年，商务部、国家发展和改革委员会联合制定并发布了《商务领域经营者使用、报告一次性塑料制品管理办法》，鼓励减少使用一次性塑料制品，科学稳妥推广应用替代产品，引导公众积极参与塑料污染治理。商品零售、电子商务、餐饮、住宿、展览等商务领域经营者应当遵守国家有关禁止、限制使用不可降解塑料袋等一次性塑料制品的规定。

（2）地方层面相关政策。

各级地方政府根据中央层面的各种法规，积极出台了相关政策。以下仅列举部分地方政府出台的相关法规。

2020年，经上海市人民政府同意，上海市发展和改革委员会等十部门联合印发了《上海市关于进一步加强塑料污染治理的实施方案》，要求落实《上海市生活垃圾管理条例》，餐饮堂食服务和餐饮外卖领域不得主动向消费者提供一次性筷子、调羹等餐具。到2020年底，全市范围餐饮行业禁止使用不可降解一次性塑料吸管。餐饮堂食服务禁止使用不可降解一次性塑料餐具。到2025年底，全市餐饮外卖领域不可降解一次性塑料餐具消耗强度下降30%以上。

2020年9月，最新版《北京市生活垃圾管理条例》通过，其中规定，餐饮经营者、餐饮配送服务提供者或者旅馆经营单位主动向消费者提供一次性用品的，由城市管理综合执法部门责令立即整改，处5000元以上10000元以下罚款。

2020年12月，北京市发展和改革委员会、北京市生态环境局印发的《北京市塑料污染治理行动计划（2020—2025年）》规定，到2020年底，全市餐饮行业禁止使用不可降解一次性塑料吸管；本市建成区外卖（含堂食打包）服务禁止使用不可降解塑料袋；本市建成区、景区景点堂食服务禁止使用不可降解一次性塑料餐具，鼓励餐饮堂食服务采用可清洗消毒、重复使用的餐具。到2021年6月底，全市餐饮行业禁止使用不可降解一次性塑料咖啡搅拌棒。同时，鼓励餐饮企业使用符合性能和食品安全要求的秸秆覆膜餐盒替代一次性塑料餐盒，使用符合相关卫生、安全标准的直饮杯、可重复使用的吸管等替代一次性塑料吸管，使用可重复利用的购物袋替代不可降解塑料袋，减少一次性塑料制品使用量；鼓励餐饮企业使用循环包装箱（盒）购置食材。此外，鼓励外卖平台在点单环节设置"无需餐具"等选项，并给予积分等形式的奖励；鼓励外卖平台加大宣传力度，树立主动减少一次性塑料餐盒（具）使用量餐饮企业履行生态环保责任的良好形象，并通过发放平台"专属绿色优惠券"等措施引导消费者选择。

2022年8月，广东省发展和改革委员会、广东省生态环境厅制定并印发的《广东省塑料污染治理行动方案（2022—2025年）》规定，要进一步规范集贸市场塑料购物袋的销售和使用，加大餐饮外卖、展会活动、宾馆酒店禁限塑的监督管理力度；督促指导电子商务、外卖等平台企业和快递企业按照国家要求制定一次性塑料制品减量规则。

2023年5月，重庆市发展和改革委员会、重庆市市场监督管理局印发《进一步加强商品过度包装治理2023年工作要点》，提出要避免销售过度包装商品，督促指导餐饮经营者对外卖包装实行明码标价，依法查处不按规定明码标价的行为。

3. 外卖垃圾负外部性问题的成因分析

针对负外部性问题，斯蒂格利茨主张建立一套有效的解决外部性的法律系统，必须建立严格定义的稳定不变的产权关系。通过立法来定义产权以解决和处理现代社会产生的各类外部性有两个优点：一是它不受利益集团压力的影响；二是它可以通过审判过程得到恰当的阐述。针对外卖垃圾问题缺乏较明晰的产权界定和法律规范，这也是外卖垃圾负外部性产生的主要原因。

市场主体的权责界定不清晰。科斯定理阐述了在没有交易成本的情况下，资源配置将独立于财产权的归属。从科斯定理出发，外卖垃圾的负外部性来自外卖垃圾产权界定不明。外卖垃圾生产涉及的责任主体有包装物生产制造厂商、餐饮商、消费者、垃圾处理厂等，相对完善的外卖包装回收体系尚未建立，不少外卖垃圾处理与一般固废垃圾处理采取相同的方式。

相关利益主体追求利益最大化。企业的利益最大化使得企业有更大的生产动力，只着重考虑私人成本的补偿，而对企业产生的负外部效应不重视，这是环保性一般甚至是不环保的外卖包装继续存在的主要原因。有些餐盒材料厂商、外卖商家出于利益最大化的考虑，会使用环保性一般的包装材料。如果外卖商家使用更环保的包装材料，生产外卖的边际成本增加，出于利益追求商家会通过提高价格来保持原有的利益，这种情况下消费者的需求会下降，导致商家利益受损。由于市场利益主体继续使用低价包装能获取更大的利益，因此，某些市场利益主体选择忽视产生的负外部效应继续获利。

消费者缺乏环保意识。线下服务与互联网平台相结合的O2O（online to offline）商业模式的出现与发展，契合了快节奏的城市生活下人们对便利的消费方式的需求，基于此，外卖市场活跃。但是消费者对购买环保型包装的在线餐饮外卖的意识尚未完全建立，且不能有效识别哪些是绿色外卖包装；此外，消费者良好的垃圾处理习惯正在养成之中，由此给垃圾处理和分拣带来了较大的困难，而外卖消费者负担的外卖价格不包括外卖垃圾污染所带来的外部成本，因此消费需求维持在较高水平。

4. 基于外部性理论的解决外卖垃圾负外部性问题的政府应对措施

庇古首次用现代经济学的方法从福利经济学的角度系统地研究了外部性问题。庇古认为，既然在私人边际收益与社会边际收益、私人边际成本与社会边际成本相背离的情况下，依靠自由竞争是不可能达到社会福利最大的，就应由政府采取适当的经济政策措施，消除这种背离。政府应采取的经济政策措施是对私人边际成本小于社会边际成本的部门实施征税，即存在外部不经济效应时，向企业征税；对私人边际收益小于社会边际收益的部门实行奖励和补贴，即存在外部经济效应时，给企业以补贴。庇古认为，通过这种征税和补贴，就可以实现外部效应的内部化。这种政策建议后来被称为庇古税。科斯是新制度经济学的鼻祖，发现和阐明了交易费用和财产权对经济的制度结构和运行的意义，并在庇古理论的基础上，提出了科斯定理。如果交易费用为零，无论权利如何界定，都可以通过市场交易和自愿协商达到资源的最优配置；如果交易费用不为零，制度安排与选择是重要的。这就是说，解决外部性问题可以用市场交易形式，自愿协商替代庇古税手段。斯蒂格利茨主张通过立法来定义产权以解决和处理现代社会产生的各类外部性问题，即建立一套严格定义的稳定不变的产权关系。结合以上理论，我们可以看到，外部性的消除对策主要包括：① 运用经济措施，即税收和补贴；② 建立产权交易规则；③ 采取法律手段，即制定规则与法律约束；④ 采取行政手段，由政府进行管制和指导。

数量庞大的外卖消费行为导致外卖包装"垃圾围城"现象，原因在于治理主体缺失。要从根本上解决外卖垃圾污染等问题，就要让相关责任主体承担相应的责任。政府通过制定和实施积极有效的公共政策，整合外卖餐饮行业和社会各方资源，形成打造"环保外卖"的合力。

（1）制定补偿税收标准，加大研发补贴力度。

2016年12月，国务院办公厅印发了《生产者责任延伸制度推行方案》，对我国生产者责任延伸制度体系的构建做出了全面部署。本着"谁受益，谁付费"的原则，外卖平台、供应链上的商家各方为外卖垃圾处理"买单"，政府有效推动生态保护补偿。

逐步建立健全垃圾分类回收处理体系及补贴机制。在学生和上班族相对集中的公共区域，有针对性地开展外卖垃圾分类回收，初步实现分类收集后，指定专业公司进行统一回收处理。政府通过提供补贴或其他优惠政策方式引入更多从事餐饮垃圾处理的企业，对外卖垃圾等进行回收利用。同时，由于废弃物回收资源化处理一般前期需要投入巨大的人力、物力和财力，而其收益又存在滞后性，为提高各主体的参与热情，政府在不同时期采取不同的政策措施，一般遵循前期加强引导和刺激，中期逐渐放权发挥各主体的主观能动性，后期弱化监管依靠市场调节回收产业链运行的原则。

逐步建立健全外卖垃圾回收治理的基础设施。对回收网点选址进行合理规划，降低消费者参与成本；同时，回收设备的便利性及回收行为的经济性也会影响消费者的回收意愿，因此，政府督促企业建立健全回收设施，完善回收服务，如企业进行的预约上门回收等。

加强回收技术革新方面的激励，针对此问题加大科技投入、设立重点攻关科研专项课题，鼓励科研人员寻找成本低且能快速降解餐具垃圾的新方法、新型易降解餐具替代品或可回收利用的新型餐具制品，从源头上减少废弃物的产生，提高回收率。

（2）加快立法统一建设，完善制度约束监管。

外卖垃圾外部性是一种特殊的外部性。由其本质特征可知，外卖垃圾外部性较其他外部性更复杂，涉及面更广，后果也更严重。现实中，由于交易成本高，成本传递和转移往往不能有效实现。因此，对于垃圾外部性，直接的庇古税可能未必完全有效，必须针对各责任主体设计独特化、具体化、精细化、针对性的管制政策。从长期看，整合使用多种管制政策，形成一体化的政策组合将成为垃圾外部性管制的趋势。

在法律法规层面，国家提高相应规范文件的法律地位和效力；国家制定和规范外卖餐饮垃圾监管标准和制度，明确生产者的延伸责任制，充分结合污染者付费的治理理念，明确生产者的治理责任，同时明晰餐饮企业、消费者和其他主体相应的责任，协调不同主体之间的职责与权益关系，将遏制和治理外卖污染纳入制度化、法治化轨道；从包装源头制定和规范外卖包装材质使用标准和政策，提升包装环保等级，制定餐饮垃圾回收分类办法。

此外，相关部门监管加强，执法严格。例如，餐饮服务提供者或餐饮配送服务提供者主动向消费者提供一次性餐具的，市场监管部门会责令限期改正并处以相应的罚款。

（3）加强环保宣传力度，引导居民消费习惯。

一方面，政府加强对相关主体环保餐具科普知识的宣传力度，通过广播、网络、自媒体等多种方式，向消费者和企业普及外卖垃圾的具体情况，包括外卖垃圾的类型、对人类和环境的危害、回收方式等信息，使其认识到保护环境的重要性；通过对垃圾资源化的宣传，强化主体参与意识。其中，白领和大学生目前是外卖的消费主体，写字楼、学校等成为外卖垃圾"重灾区"，针对这两大群体开展减少一次性餐具、塑料袋的使用等一系列宣传。

另一方面，引导市民转变生活观念和生活方式，养成良好的垃圾处理习惯：尽量购买环保型包装的餐饮外卖，减少外卖垃圾的制造量，根据自己的饭量点外卖，尽量做到不剩饭菜，同时做好垃圾分类投放，以避免环境污染等。例如，在小区设立专门的餐具垃圾回收处，消费者可拿废弃餐具去换取购物袋等生活日用品，形成可复制推广的餐具生活垃圾分类模式。

5. 进一步解决外卖垃圾外部性问题的市场可行策略

从外卖行业的全产业链来分析，市场参与主体主要包括包装物生产制造厂商、餐饮商、外卖平台、物流商、消费者、垃圾处理厂等，其应承担共同但有区别的环境责任，为构建外卖垃圾回收产业链协同治理共同发力。

（1）建立产权交易规则，加强相关行业自律。

首先，包装生产企业应形成行业自律，从技术上努力突破和创新，尽量生产性能可靠、成本低廉的环保产品；在商品包装上贴上绿色标志，方便消费者分类投放和专业公司分类回收。

其次，餐饮外卖企业应优先使用可降解的环保型包装，而且外卖包装盒应能完全密闭，保证在送餐过程中不会受到外界污染，要尽量避免过度包装。外卖平台应创新管理及服务模式。例如，将"无需餐具"等选项纳入商家美誉度评价指标；提高商家入驻门槛、对餐饮企业使用环保餐盒做出严格规定等。外卖平台对使用环保包装的消费者减免收费，或者实行"虚拟奖励"，如在积分政策上予以照顾，消费者每少使用一次或一个餐饮包装，就奖励相应积分。

最后，包装回收企业要采取合理的方式处理餐饮包装，借助互联网平台加强再生资源的回收利用，加强生活垃圾分类回收与再生资源回收的衔接。除此之外，包装回收企业还要合理利用政府给予的各类垃圾处理资金，做到专款专用，严禁挪作他用。

（2）转移外部边际成本，明确环境治理责任。

对消费者（或下游厂商）而言，参与回收治理获取的经济收益较小，刺激也较小，但其对经济损失的感知程度要高于收益，因此可对消费者实行押金返还制度，即消费者在进行外卖这一消费行为时支付一定的押金，退还废旧产品或包装容器时获得押金返还的一种垃圾外部性管制政策。押金返还制度本质上是对庇古税的修正、补充或替代。而在押金返还制度下，无须政府或其他第三方对个人的负外部性行为进行直接的监控和记录证实，而是通过负外部性制造者个人主动展示良好行为。如果说庇古税是对不良行为的惩罚，那么押金返还制度则是对良好行为的奖赏。这种行为主体及责任的转移显然节约了交易成本。

此外，为弥补私人不经济行为造成的社会成本提高，加快构建绿色外卖包装逆向物流回收渠道，设计可循环餐盒。考虑到消费者的时间分配与便利程度，商家在用餐高峰期的效率问题以及消费者对可循环餐盒的卫生状况的重视，可根据实际情况选用以下较为可行的四种方案：送餐到达后即刻回收餐盒模式、制定外卖餐盒回收预约系统模式、分区域定点回收模式、分区域建立回收清洗站模式。

参考文献

[1] 谢斌，宋伟．在线餐饮外卖发展、城市环境负外部性与垃圾监管［J］．陕西师范大学学报（哲学社会科学版），2018，47（06）：79-88.

[2] ［美］林德尔·G．霍尔库姆．公共经济学：政府在国家经济中的作用［M］．北京：中国人民大学出版社，2012.

[3] 沈满洪，何灵巧．外部性的分类及外部性理论的演化［J］．浙江大学学报（人文社会科学版），2002（01）：152-160.

[4] 温宗国，张宇婷，傅岱石．基于行业全产业链评估一份外卖订单的环境影响［J］．中国环境科学，2019，39（09）：4017-4024.

[5] 王宁．减少消费的负外部性［J］．人民论坛，2019（14）：32-33.

[6] 朱莹，姜晓红，朱梦娇，等．可循环外卖餐盒的回收方案设计［J］．物流工程与管理，2019，41（09）：147-149＋126．

[7] 王颖，郭姝辰，王梦．外卖垃圾治理影响维度研究——基于扎根理论的探索性分析［J］．中共天津市委党校学报，2019，21（04）：89-95．

[8] 杨家慧．外卖废弃物回收治理演化博弈与政策仿真研究［D］．北京：中国矿业大学，2019．

第三章习题

一、单选题

1．能为社会和其他个人带来收益或能使社会和个人降低成本的外部性称为（   ）。

A．正外部性

B．负外部性

C．生产外部性

D．消费外部性

2．（   ）属于典型的负外部性的例子。

A．海上灯塔

B．汽车尾气

C．企业对资源的配置

D．义务教育

3．当一个人在一个拥挤的城区购买了一辆汽车，这可能会引起（   ）。

A．有效率的市场结果

B．技术溢出效应

C．正外部性

D．负外部性

4．为了使负外部性内在化，适当的公共政策的反应将是（   ）。

A．禁止所有引起负外部性的产品的生产

B．补贴这种产品

C．政府控制引起外部性的产品的生产

D．对这种产品征税

5．在公共场所某人的吸烟行为属于（   ）。

A．生产的外部经济

B．生产的外部不经济

C．消费的外部不经济

D．消费的外部经济

6．用税收来纠正污染的优点在于（   ）。

A．社会性问题导致集中式决策

B. 把污染的成本强加在对污染负有责任的人身上
C. 可导致污染控制的分散化
D. 可要求每个厂商采取相同的方法去治理污染

7. （　　）矫正负外部性需要知晓企业减排的边际成本。

A. 庇古税
B. 许可证制度
C. 排污费
D. 政府管制

8. 如果市场上某种产品的供给量于其社会最优产量而言相对不足，则说明市场上存在着该产品的（　　）。

A. 正外部性
B. 固定成本
C. 信息不完全
D. 负外部性

9. 可用（　　）来描述一个养蜂主与邻近的经营果园的农场主之间的影响。

A. 外部不经济
B. 外部经济
C. 外部损害
D. 以上都不是

10. 某项生产活动存在外部不经济时，其产量（　　）帕累托最优产量。

A. 大于
B. 等于
C. 小于
D. 以上三种情况都有可能

11. 当正外部性发生在某一种产品的生产过程中时，（　　）。

A. 太多资源被分配给该产品的生产
B. 社会边际收益超过私人边际收益
C. 产品生产过剩
D. 社会边际收益小于私人边际收益

二、多选题

1. 某一经济活动存在外部不经济是指该活动的（　　）。

A. 私人成本大于社会成本
B. 私人成本小于社会成本
C. 私人收益大于社会收益
D. 私人收益小于社会收益

2. 某一经济活动存在外部经济是指该活动的（　　）。

A. 私人成本大于社会成本
B. 私人成本小于社会成本

C. 私人收益大于社会收益

D. 私人收益小于社会收益

3. 解决负外部性的公共对策有（　　）。

A. 庇古税

B. 许可证制度

C. 排污费

D. 政府管制

4. 关于外部性的表述中，正确的选项有（　　）。

A. 正外部性的存在，通常会使市场主体的活动水平低于社会所需求的水平

B. 外部不经济的存在，会给其他经济主体带来巨大损失

C. 外部经济和外部不经济的存在，都意味着资源配置未能达到最优

D. 外部性的存在，在很大限度上是由产权不清晰引起的

5. （　　）产生的外部性可以通过明确产权的方式加以矫正。

A. 发明创造

B. 大气污染

C. 植树造林

D. 修路架桥

三、判断题

1. 为降低污染而使用的庇古补贴是指对每单位产量进行一定的补贴。庇古税比排污费更能促进技术的更新和发展。　　（　　）

2. 当存在外部不经济时，厂商的私人成本低于社会成本。　　（　　）

3. 当存在外部经济时，厂商的私人成本高于社会成本。　　（　　）

4. 在存在外部经济的情况下，私人活动水平常常要高于社会所要求的最优水平。　　（　　）

5. 对产生外部经济行为的企业或个人应采取征税或罚款的措施。　　（　　）

6. 在存在外部性的情况下，竞争性市场的结果仍会是帕累托最优的。　　（　　）

四、论述题

1. 外部性的存在是如何干扰市场对资源的配置的？

2. 如何消除外部性？

3. 什么是科斯定理？科斯定理能否消除外部性影响？

第三章习题参考答案

第四章 公共选择理论

第一节 理论要点

公共选择理论以微观经济学的基本假设（尤其是理性人假设）、原理和方法作为分析工具，来研究和刻画政治市场上的主体行为和政治市场的运行。本章要求了解和掌握公共选择的概念、公共选择理论的研究假设、政治市场结构、投票悖论、投票交易、中间投票者定理、政府失败等内容。

一、公共选择理论概述

（一）概念

公共选择是指在市场经济条件下，以个人利益最大化为内在动力，通过民主程序投票等实现的对公共经济的理性决策。

公共选择理论是经济学对政治科学的渗透，是对政府决策过程的经济分析，研究选民、政治家，以及政府官员们的行为。

（二）研究假设

公共选择理论的研究假设——经济人假设。经济人假设认为在政治领域中的人，即选民、政治家、政府官员及其他国家（政府）代理人同市场经济中的人是一样的，都是"经济人"，均以追求个人利益最大化为目标。

（三）政治市场的三级结构

公共选择理论把政治活动视为交易活动。经济交易的对象是私人物品，政治交易的对象是公共物品。

1. 初级政治市场

政治家"出售"政策给选民,选民为合意的政策"支付"选票。

2. 政策供给市场

官员向当选政治家提供政策选项和实施政策的手段,政治家向官员提供预算。

3. 政策执行市场

官员向选民提供公共产品和服务,选民向政府纳税。

二、公共选择的基本内容

(一)投票悖论

以投票的多数规则来确定社会或集体的选择会产生循环的结果,在这些选择方案中,没有一个能够获得多数票而通过。

(二)单峰偏好与多峰偏好

单峰偏好:在给定的一组备选方案中,个体有一个自己最为偏好的选项,而对于这个选项以外的其他方案,个体的偏好程度会随着与首选方案距离的增加而逐渐降低。

多峰偏好:投票者的偏好有两个或两个以上的峰值,意味着投票者最理想的结果不止一个。

(三)阿罗不可能定理

阿罗认为在满足5个基于人类理性与道德原则的必要条件下,把个人偏好加总成社会偏好的理性方法,要么是强加的,要么是独裁性的。换言之,最理想的投票规则是不存在的,即如果众多的社会成员具有不同的偏好,而社会又有多种备选方案,那么在民主制度下不可能得到令所有人都满意的结果。

政治含义:民主政治并非完美无缺,而是有内在弊端的。

(四)投票交易

前提:偏好有差异且公开,与提案有关的效益与损失不对称,投票交易才会发生。

形式:互投赞成票、操纵投票(将不相关的提案捆绑投票)。

影响与结果:增加了某些方案获得通过的可能性;会影响资源配置效率,可能降低效率,也可能提高效率。

（五）中间投票者定理（中位选民定理）

中间投票者：也叫中位选民，是指对某一提案持中间立场的投票人，偏好正好处于所有投票者最偏好的结果的中间状态。

中间投票者定理表明：在个人偏好满足单峰偏好的简单多数规则下，在投票中获得胜利的方案将是中间投票者所最为赞成的方案。争取中间投票者是解决投票悖论的方法之一。

中间投票者定理的政策含义：多数竞争下的公共选择结果（政策）不一定是社会福利最大化的，却是社会福利损失最小的。

三、政府失败

（一）政府失败的具体表现与原因

1. 政府公共政策的偏差

表现：政府难以制定和实施完全符合公共利益的政策。
原因：目标偏差、决策体制偏差、信息不完备、选民与政治的短视效应。

2. 公共产品供给的低效率

表现：政府机构在提供公共产品、消除外部效应、管制自然垄断、维护市场秩序等功能方面，往往难以做到高效和最优。
原因：公共产品估价与评价困难，缺乏竞争、激励和监督。

3. 政府部门的自我扩张

表现：政府机构、人员、支出不断增加，最终导致预算膨胀。
原因：政府、立法者与利益集团相互勾结；税收的分散性与受益的集中性。

4. 寻租与腐败的存在

表现：滥用权力，权钱交易。
原因：制度漏洞为自利动机者提供了权钱交易的土壤。

（二）规避政府失败的根本指导思想

可以通过改进技术、完善制度来规避政府失败，其中最重要的是完善制度。
完善制度的途径有以下方面。
① 在宪政层面上严格限制，并明确规定政府的权力范围：让政府退出政府本身做不好或容易滋生腐败的领域，减少政府对社会和经济的干预和管制。

② 严格监督政府权力行使的过程：制定强化可操作的监督手段和途径，如宪政分权、政治竞争、行政公开与程序约束等。

③ 引入竞争与激励机制：充分考虑到政府官员、政治家和选民等的自利性，将自利与公利有机结合。

结论：以有限政府规避政府失败。

第二节　经典文献概述

一、经典文献概述一

《论集体决策原理》

邓肯·布莱克

（一）作者简介

邓肯·布莱克（Duncan Black，1908年5月23日—1991年1月14日），英国北威尔士大学的经济学教授。他于1948年发表的《论集体决策原理》一文为公共选择理论奠定了基础。

（二）内容提要

若一项决定是通过投票达成的，或者是由一个全体成员意见不完全一致的群体达成的，则经济理论中没有适用的部分。该文旨在弥补这一缺陷，提供有助于工会、企业和卡特尔理论发展的推理类型，为税收或公共支出的均衡分配理论提供依据。布莱克在文中提出了著名的单峰偏好理论，并且指出，如果对个人的偏好进行适当的限制，使其适合于某一种类型，那么多数决策结果就满足可传递性假定。该文主要从以下四个方面展开。

第一，布莱克分析了一般假设的情况。布莱克提出，假设一项决策将由委员会投票决定，委员会的每个成员都按一定的优先次序给各项议案进行排序，尽管成员的偏好曲线可能是任意形状，但有理由认为，在一些重要的实际问题中，实际进行的评价将倾向于采用单峰曲线上孤立点的形式。在这种情况下，委员会成员在就这一问题形成意见时，通常会试图判断对他本人来说最佳议案是什么；一旦他确定了最佳议案，任何议案一方或另一方偏离得越远，他就越不赞成它。那么，委员会成员进行的评价就会以单峰或倒U形曲线上孤立的点的形式进行。这些曲线连续向上倾斜到顶点，并从该顶点连续向下倾斜。任何曲线顶点所对应的议案就是成员的最偏好议案，也是对他来说的最佳议案。

随后,布莱克指出,委员会在表决时采用简单多数的方式:如果提出两项议案,将进行一次表决;如果提出三项议案,将进行两次表决;如果提出 m 项议案,将进行 $(m-1)$ 次表决。据此,他提出了假设:在一个委员会中,有 m 个议案被提出,每个委员对所有议案都进行评价,在表决中每个议案相互对立,如果有的话,委员会将能够获得以简单多数方式通过的议案,以此作为它的决议。经过论证,布莱克指出,可以证明最多只有一项议案能够以简单多数的方式通过。

第二,布莱克分析了委员会成员的偏好都是单峰曲线的情况。图 4-1 显示了一个委员会的 5 名成员的偏好曲线,他们所寻求的是一个至少能以简单多数的方式击败其他议案的议案。至少 3 个委员的偏好曲线从 O_3 向左下方倾斜,并且至少 3 个委员的偏好曲线从 O_3 向右下方倾斜。因此,O_3 对应的议案可以至少以简单多数的方式击败整个范围内的其他值所对应的议案。委员会通过的议案必须是与 O_3 对应的议案。

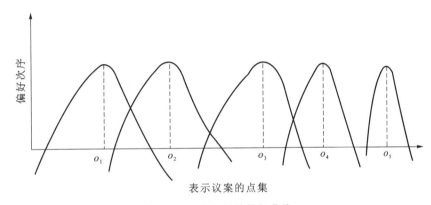

图 4-1 5 个委员的偏好曲线

同时,布莱克分别讨论了委员会成员人数是奇数和偶数的情况。假设委员会中有 n 个成员,其中 n 为奇数。假设水平轴上代表议案的点存在一个顺序,使得所有委员的偏好曲线都是单峰的。如图 4-2 所示,$O_{\frac{n+1}{2}}$ 对应的议案可以获得简单多数票,以击败任何较低的与其相对立的值所对应的议案。同样,它可以获得简单多数票来反对任何更高的值。

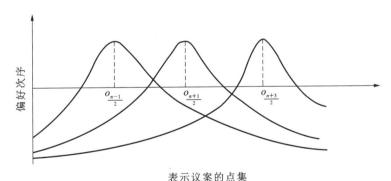

图 4-2 委员偏好的最佳中值

当委员会成员人数 n 为偶数时,投票可能会出现平局;万一平局的话,委员会主席有权投出决定性的一票。假设委员会主席偏好的最优值是 $O_{\frac{n}{2}}$ 或较低的值之一,可以看出，$O_{\frac{n}{2}}$ 对应的议案能够击败任何更低的值所对应的议案（见图 4-3）。在平局的情况下，当委员会主席偏好的最优值等于或小于 $O_{\frac{n}{2}}$ 时，$O_{\frac{n}{2}}$ 对应的议案将能够以简单多数的方式通过。同样，当委员会成员人数 n 为偶数时，委员会主席偏好的最优值等于或大于 $O_{\frac{n}{2}+1}$，可以证明，$O_{\frac{n}{2}+1}$ 对应的议案将能够以简单多数的方式通过。

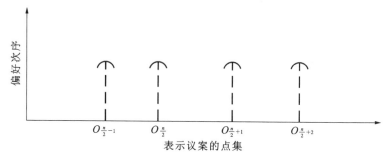

图 4-3　委员会主席的最优值

据此，布莱克指出，只要给出一个最优值，委员会所采取的决议就变得确定。无论委员个体的偏好曲线或最优值如何改变或移动，如果给定的最优值仍然不变，那么委员会的决议肯定保持不变。也就是说，如果所有委员都按照假设的那样投票，那么委员会通过的议案就是最优值所对应的议案。此外，布莱克还指出，当委员的偏好曲线为单峰时，可以证明不同议案之间的投票服从传递性。

第三，布莱克分析了委员的偏好曲线不受限制的情况。他指出，当委员的偏好曲线不是单峰变化时，只要提出的议案数量是有限的，任何问题都可以通过数学方式解决。仍然假设投票的每一项议案都是与其他议案相对立的，通过构造投票矩阵，可以很容易得到一系列的投票结果。从图 4-4 所示的一组偏好及其群矩阵中可以发现，当议案 $a_1,\cdots,a_6$ 彼此之间相互对立、两两配对投票时，正如所假设的，是 a_3 而不是提出的其他议案能够获得简单多数票。在这个委员会中，a_3 就是通过的决议。

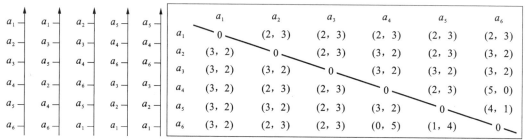

图 4-4　一组偏好及其群矩阵

据此，布莱克指出，如果存在这样一种议案，即当委员们直接根据自己的偏好次序表投票时，它能够获得超过其他议案的简单多数票，那么，不允许任何委员或委员集团以其他方式投票，使得一项在所有委员的偏好都处于较高位置的议案成为委员会的决议。在进行 $\dfrac{m(m-1)}{2}$ 次表决时，如果有一项议案至少能超过提出的其他议案而获得简单多数票，那么就可以像之前一样证明，当委员们直接按照他们的偏好次序表进行投票时，即使只进行了（$m-1$）次表决，这项议案也必然是获得通过的议案。

但是，布莱克指出，当委员的偏好曲线不是单峰的时候，就不需要存在能获得简单多数票的议案了。没有任何议案能获得简单多数票的这种情况绝非特例。当没有一项议案能够获得简单多数票时，一个只拥有（$m-1$）票的委员会的程序就会通过某项议案；而如果要求一项议案能够获得简单多数票，那么就不会通过任何议案。委员会按照惯例程序通过某一议案，将取决于该议案在表决过程中较早或较晚出现的偶然性。那么，如果只进行了（$m-1$）次表决，而且没有任何一项议案能够获得简单多数票，就不能直接从矩阵中得到委员会做出的决议。也就是说，当偏好曲线的形状不受限制时，传递性并不一定成立。

第四，布莱克得出了结论：无论议案涉及的议题是什么，文章中的方法都适用。它们可能涉及价格、数量或其他经济现象，也可能涉及大学课程结构等提出的议案。只要所做的假设与现实相符，该理论就适用于任何通过投票方式做出的决定。另外，还可以扩大假设的范围，例如，包括互补评价的情况，考虑时间因素等。随着这些假设的扩展，该理论适用的领域将会扩大。事实上，这一理论似乎为发展纯粹的政治科学奠定了基础，而且能促使经济学中与群体决策有关理论的发展。

原文出处：*Journal of Political Economy*，1948 年，第 1 期，第 23～34 页。

二、经典文献概述二

《选民选择——评估可选的政治方案》

杰佛瑞·布伦南　詹姆斯·M. 布坎南

（一）作者简介

杰佛瑞·布伦南（Geoffrey Brennan，1944 年 9 月 15 日—2022 年 7 月 28 日），是从事经济学、政治学、道德和政治哲学交叉研究的经济学家，著有五本书，其中两本与布坎南合著，曾任国际公共选择协会主席。

詹姆斯·M. 布坎南（James M. Buchanan，1919 年 10 月—2013 年 1 月），美国著名经济学家，1986 年获诺贝尔经济学奖，公共选择学派的创始人，被称为公共选择之父。

（二）内容提要

公共选择理论是现代经济学方法和分析工具在政治过程研究中的应用。这一理论的一个组成部分是假设政治进程中的参与者"理性地"行事，即有目的地行事。该文章详细阐述了以下两个方面的内容：一是关于政治过程中的主要参与者——大量的多数选举中的选民的假设是存在巨大问题的，即基于选民根据其利益投票这一假设的任何选民行为预测理论，在逻辑上都是武断的；二是对基于选民理性假设的规范性命题持怀疑态度：多数决策不能被认为是足够好地反映公民对其他选举结果偏好的手段。基于此，文章先从一个简单的类比开始，然后展开了重点分析，讨论了对公共选择的影响，最后进行了简要总结。

第一，文章提出了一个简单的类比。观看体育赛事的人可能不太在乎谁赢，但他们也许会通过站队来激发观赛兴趣，然而观众们在比赛中强烈的心理参与并不会影响比赛结果。虽然将之与投票行为的类比绝非完美，但是，在一些重要方面，投票和观看体育赛事的活动却非常相似。选民们确实参与了选举过程，而且他们关心政治结果；但事实上，任何个体选民的投票与选举结果之间的关系几乎可以忽略不计。选民投票是因为他们想投票，他们想怎么投票就怎么投票。无论是投票的行为还是投票的方向，都不能被解释为实现某一特定政治结果的手段，就像观众观看比赛不能被解释为确保球队获胜的手段一样。其实，任何一个选民对选举结果的影响都微不足道，这一事实早已为公共选择学者所认可。因此，投票行为不能被解释为确保某些期望的政策变化的手段。虽然人们去投票站可能是出于道德责任感，或者因为他们喜欢把参与政治过程当作观看体育运动，但是可以假定他们是完全基于经济利益投票的。然而，文章认为上述说法本质上是错误的。

第二，文章展开了正式分析。文章提出了关于选民"理性"的定义，即将{S}看作是任何选民行使其投票权的所有结果的集合，第 i 个选民是"理性的"，会将选票投给 s^* ($s^* \in S$)。在某种程度上，只要能确定谁从特定政策中受益，谁从中遭受损失，就能预测特定个人将如何投票。然而，文章认为选民的严格理性并不完全意味着会根据定义那样表现和行动，并给出了一个有两个选项（如候选人 a 和候选人 b）的例子。假设第 i 个选民更喜欢候选人 a，h 是第 i 个选民成为决定性投票者的概率。那么，备选结果价值的感知差异必须有多大，才能使投票给候选人 a 的第 i 个选民的预期回报 R 不可忽略？文章举例说，在美国总统选举中，在选民大约为 1 亿人的情况下，候选人 a 必须比候选人 b 多给每个选民大约 12000 美元，才能使每个选民从投票给候选人 a 中获得的预期经济利益达 1 美元。而如果投票的概率是随机的甚至是非常小的，当选民的数量很多时，$2n$ 个选民中出现完全平局的概率会急剧下降。假设候选人 a 的预期获胜差额是每 1000 张票中多获得 1 票，那么，为了使每个选民预期回报 R 达到 1 美元，$[U_i(a) - U_i(b)]$ 的值必须达到 6×10^{25} 美元，超过世界总产品的消耗量。基于此，文章总结出一个普遍性观点，在几乎所有涉及大量选民的选举中，每个选民有理由认为其具有决定性的先验概率是非常小的，可能可以忽略不计。如果认真对待选民理性行为的假设，就必须认识到，无论是投票行为还是投票对象的选择，都不能仅仅根据选民对结果的偏好来解释，甚至不能主要根据选民对结果的偏好来解释。当第 i 个选民选择投票给候选人 a 而不是候选人 b 时，在许多情况下，这一决定取决于结果相关项 $U_i(a)$ 和 $U_i(b)$ 之间关系的可能性可以忽略不计，这与理性行为的定义完全相悖。

第三，文章分析了市场选择、显性偏好和政治选择之间的关系。公共选择学者将理性行为的概念应用于投票，是源于个人在给定预算的情况下，在市场上的消费项目中进行选择的直接外推。实际选择的物品直接或间接反映了个人偏好，即这些选择揭示了个人的基本偏好。与此相对应的是，选民在投票站两个手柄中选择拉哪一个。文章认为,我们可以假设选民效用函数的最终参数包括政治选择的对象(无论是可选的政策方案还是可选的候选人)。也就是说,我们可以假设个人关心投票过程中出现的结果。但这并不允许我们假设选民在投票站的选择反映或符合其对结果的偏好,因为选民不是在结果之间做出选择:选民是在拉动手柄(或在卡片上做标记)之间做出选择,并是在充分认识到所拉的特定手柄与最终出现的政治结果只有微弱关系的情况下做出这一选择。因此,文章指出,在任何意义上,我们都不能认为拉动手柄之间的选择——投票行为必然揭示选民对集体选择对象的偏好。从这个根本意义上讲,市场中的消费者选择和政治机制中选民的选择是完全不同的。在市场上,个人要为某种偏好而付出全部代价。相比之下,在投票站里,选民可以通过投出相应的一票来表达对候选人 a 的偏好,但同时也认识到没有义务接受候选人 a,因为这一票对决定最终结果方面的意义相对较小。

第四,文章分析了公共选择的含义。现代公共选择理论有两个截然不同的分支:一个是致力于提出一种政治预测科学,另一个则致力于对替代性体制安排进行规范性评估,以及设计可能产生优越社会结果的体制安排。对于纯粹积极的、预测性的政治科学来说,关于个人投票的理论显然至关重要。因为这种政治科学试图解释的是,任何假设个人根据对政治结果的评估进行投票的理论都是有问题的。投票给哪位候选人或哪项政策方案,绝大多数取决于表露偏好的"品味",而几乎不取决于对结果的评估;投票行为可能被理解为"象征性的"或"仪式性的"。同时,文章强调,在政治机构中,追求财富最大化的个人有一种独特的互动机制,通过游说者以直接贿赂、实物支付或竞选捐款等方式直接从政治家/官僚那里"购买"特定政策,基于这一机制的政治进程运作的假设仍然完全不受个人投票基础的影响。此外,虽然选民不一定会根据对结果的偏好进行投票,但不能否认他们确实会这样做,毕竟选民很可能倾向于选择那些重新分配对他们有利的候选人。基于这种理解,理性投票行为并不是基本理性假设的逻辑延伸,而是一个"假设"命题:如果从这种假设中得出的预测与事实相当吻合,那么选民理性的假设就是"事实"所证明的。因此,如果行为和偏好之间的联系本身存在风险,就很难得知如何对这种联系进行决定性的实证检验。尽管如此,政治结果在某种程度上仍然反映了选民利益。

第五,文章强调,揭示偏好的制度环境会对揭示的内容产生影响。市场中存在的个人选择与个人对替代方案的选择偏好之间严格的逻辑联系,在人数众多的多数选举中基本上是不存在的。公共选择理论,简单地假设选民的行为是理性的,其行为方式类似于市场代理人的运作方式,因此完全有逻辑上的风险。而且,尽管纯粹的逻辑可能不足以使我们拒绝公共选择命题,但在(公共选择意义上的)理性投票之前,必须收集更多的经验证据。集体非理性可能会发生,与其说是因为投票循环等问题,不如说是因为选民偏好显示的潜在非理性。归根结底,这种非理性是投票所处的制度环境的一个特征,因此,必须承认简单的多数政治进程是不能令人满意的,至少应该使用规范性标准来计算选民的偏好。

原文出处:*American Behavioral Scientist*,1984 年,第 2 期,第 185~201 页。

第三节 典型案例

一、案例正文

案例一

对拉票贿选坚持"零容忍"

为期一天的十二届全国人大常委会第二十三次会议,审议通过了全国人大常委会代表资格审查委员会关于辽宁省人民代表大会选举产生的部分第十二届全国人大代表当选无效的报告,依法确定45名拉票贿选的全国人大代表当选无效;审议通过了关于成立辽宁省第十二届人民代表大会第七次会议筹备组的决定。

严肃依纪依法查处拉票贿选案,充分彰显了以习近平同志为核心的党中央坚持全面从严治党、全面依法治国,严肃党纪国法,坚决惩治腐败的鲜明态度和坚定决心。

辽宁拉票贿选案是新中国成立以来查处的第一起发生在省级层面、严重违反党纪国法、严重违反政治纪律和政治规矩、严重违反组织纪律和换届纪律、严重破坏人大选举制度的重大案件。其涉案人数众多、性质恶劣、情节严重。

《中华人民共和国全国人民代表大会和地方各级人民代表大会选举法》(简称《选举法》)明确规定,以金钱或者其他财物贿赂选民或者代表,妨害选民和代表自由行使选举权和被选举权的,其当选无效。此次全国人大常委会确定45名拉票贿选的全国人大代表当选无效,决定成立辽宁省人民代表大会下一次会议筹备组,于法有据,程序严密。

对拉票贿选案的处理,充分体现了党中央对拉票贿选"零容忍"的坚定决心。坚定不移惩治腐败,是我们党依法执政的必然要求。党纪国法面前人人平等,不论涉及什么人,不论涉及多少人,只要触犯了党纪国法,都将一查到底,绝不姑息迁就。党的十八大以来,在惩治腐败问题上,党中央的态度一直非常坚决,坚持有腐必反、有贪必肃。习近平总书记多次强调,反腐败高压态势必须继续保持,坚持以"零容忍"态度惩治腐败。只有彻底查清选举领域的违法腐败行为,并依纪依法严肃处理,才能赢得民心,才能维护我们党在人民群众心中的地位和威信。

辽宁拉票贿选案再一次给我们敲响了警钟。做好换届选举工作,对于坚定不移走中国特色社会主义政治发展道路,巩固党的执政地位,保障人民当家作主,具有十分重要的意义。人大代表作为国家权力机关组成人员,代表人民的利益和意志依法参加行使国家权力。这种光荣的使命,绝不能用金钱来换取。绝不允许金钱渗透到人民代表大会制度中,绝不允许通过任何手段干扰破坏人大代表的选举。

(案例来源:《人民日报评论员:对拉票贿选坚持"零容忍"》,新华网,http://www.xinhuanet.com//politics/2016-09/13/c_1119561214.htm。有改动。)

案例二

辽宁41名涉拉票贿选人员被依法惩处

2017年3月28日至30日,沈阳、鞍山、抚顺15个基层人民法院分别对辽宁41名涉拉票贿选人员做出一审宣判。审理法院综合考虑各案被告人的犯罪事实、犯罪情节以及悔罪表现等因素,对营口港务集团有限公司原董事长高宝玉等41名被告人分别以破坏选举罪、贪污罪、受贿罪、行贿罪判处有期徒刑等刑罚。

经审理查明,高宝玉等41名被告人在辽宁省第十二届人民代表大会第一次会议召开前和会议期间,为当选全国人大代表,以贿赂的方式给出席会议的多名省人大代表送钱送物。2016年9月13日,第十二届全国人民代表大会常务委员会发布公告,确定上述被告人全国人民代表大会代表当选无效。审理法院认为,高宝玉等41名被告人在选举全国人大代表时,以贿赂的手段妨害代表自由行使选举权,情节严重,构成破坏选举罪,其中,高宝玉等9名被告人还涉贪污、受贿、行贿犯罪,应予依法惩处。

(案例来源:《辽宁41名涉拉票贿选人员被依法惩处》,中国政府网,https://www.gov.cn/xinwen/2017-04/01/content_5182814.htm。有改动。)

案例三

辽宁省人大常委会原副主任王阳一审获刑十六年半

2017年5月31日,黑龙江省大庆市中级人民法院公开宣判辽宁省人大常委会原副主任王阳受贿、破坏选举一案,对被告人王阳以受贿罪判处有期徒刑十五年,并处没收个人财产人民币300万元,以破坏选举罪判处有期徒刑二年,决定执行有期徒刑十六年零六个月,并处没收个人财产人民币300万元;对王阳受贿所得赃款赃物及其孳息予以追缴,用于破坏选举犯罪的财物予以没收,上缴国库。

经审理查明：2006年底至2013年1月，被告人王阳先后利用担任辽宁省抚顺市人民政府代市长、市长，中共鞍山市委副书记，辽宁省鞍山市人民政府代市长、市长及中共阜新市委书记等职务上的便利，为相关单位和个人在企业经营、项目建设、职务调整、当选人大代表等事项上提供帮助，直接或通过其亲属非法收受他人财物，共计折合人民币超6291万元。

2012年12月至2013年1月，王阳为当选辽宁省第十二届人大常委会副主任，采取给予人大代表财物的方式进行拉票，并利用担任中共阜新市委书记等职权和影响，直接或通过他人向人大代表打招呼等方式拉票，其拉票、贿选行为，情节严重，社会影响恶劣。

大庆市中级人民法院认为，被告人王阳身为国家工作人员，利用职务上的便利，为他人谋取利益，非法收受他人财物，数额特别巨大；以贿赂、打招呼等手段破坏选举活动，情节严重，其行为分别构成受贿罪、破坏选举罪，依法应当数罪并罚。鉴于王阳到案后，能够如实供述自己的罪行，主动交代办案机关尚未掌握的部分受贿犯罪事实，认罪、悔罪，全部退赃，依法可对其从轻处罚。法庭遂做出上述判决。

（案例来源：《辽宁省人大常委会原副主任王阳一审获刑十六年半》，载《检察日报》，https：//www.spp.gov.cn/zdgz/201706/t20170602_192048.shtml。有改动。）

二、案例分析

1. 本章案例所反映的问题

人民代表大会制度是我国的根本政治制度，通过人民代表大会制度选举人大代表来履行代表职能是我国的一项重要的制度性安排。各级人大都由民主选举产生，对人民负责，受人民监督。民主选举是民主集中制的基础。选举权和被选举权是人民行使国家权力的重要标志。选民（在直接选举中）或选举单位（在间接选举中）有权依照法定程序选举代表，并有权依照法定程序罢免自己选出的代表，这对于保证各级人大代表真正按照人民的意志、代表人民的利益行使国家权力，是非常重要的。

贿选一般是指被选举人或其他人以增加被选举人选票数量为目的向选举人或对选举有影响的其他人转移可支配财产的行为。贿选破坏选举秩序，降低选举竞争的公正性，背离民主本质，扭曲选民的偏好表达，败坏政治生态，是世界各国急需有效治理的顽症。在我国民主政治建设的历史进程中，贿选也在一定范围内存在。在人大代表换届选举中的贿选就是竞选者在选举中通过给予选民一定的物质利益或承诺给予其他回报等不正当方式，贿赂选举委员会成员或选民，以达到自己顺利当选的目的。实施贿选的主体是将要或正在参与竞选的个人或团体；贿选的对象是享有投票表决权的选举代表或选民；贿选的主要表现有购买选票、送礼请客、动用关系网拉选票、利益承诺、精神或感情上的回报等不正当竞争方式。

在本章案例二中，审理法院认为，高宝玉等41名被告人在辽宁省第十二届人民代表大会第一次会议召开前和会议期间，为当选全国人大代表，以贿赂的方式给出席会议的多名省人大代表送钱送物，妨害代表自由行使选举权。在本章案例三中，辽宁省人大常委会原副主任王阳从2006年底至2013年1月，先后利用职务上的便利，为相关单位和个人在企业经营、项目建设、职务调整、当选人大代表等事项上提供帮助，直接或通过其亲属非法收受他人财物，共计折合人民币超6291万元；2012年12月至2013年1月，王阳为当选辽宁省第十二届人大常委会副主任，采取给予人大代表财物的方式进行拉票，并利用担任中共阜新市委书记等职权和影响，直接或通过他人向人大代表打招呼等方式拉票。

辽宁拉票贿选案件说明，一些代表候选人利用资本操纵选举，明目张胆拉票贿选；一些人大代表目无法纪，把收受代表候选人钱物视为潜规则；一些人大领导干部和工作人员知法犯法，为代表候选人拉票穿针引线。候选人无论是以赠与、宴客，还是以其他形式的非法手段为自己拉取选票，这些行为都是在贿赂选民。由于选举的公正和平等是人们一直以来追求的目标，所以贿选被认为是一种不正当的竞争行为，是一种违法行为，严重危害了人大代表选举的顺利进行与我国人民民主制度的健康发展。因此，必须对辽宁拉票贿选案件依法依纪予以严肃处理，这堪称是一次正本清源的行动，它维护的是人民代表大会制度的权威和尊严，也是社会主义法治的权威和尊严。

本章案例一则说明了党中央对拉票贿选的"零容忍"和坚决打击。《中华人民共和国全国人民代表大会和地方各级人民代表大会选举法》第五十八条明确规定，以金钱或者其他财物贿赂选民或者代表，妨害选民和代表自由行使选举权和被选举权的，其当选无效。此次全国人大常委会确定45名拉票贿选的全国人大代表当选无效，于法有据，程序严密。同时，本章案例一也说明了党中央对反腐败工作的高度重视。党的十八大以来，党中央高度重视反腐败工作，打击贿选是反腐败的正面战场之一。坚定不移惩治腐败，是我们党依法执政的必然要求。党纪国法面前人人平等，不论涉及什么人，不论涉及多少人，只要触犯了党纪国法，都将一查到底，绝不姑息迁就。党的十八大以来，在惩治腐败问题上，党中央的态度一直非常坚决，坚持有腐必反、有贪必肃。习近平总书记多次强调，反腐败高压态势必须继续保持，坚持以"零容忍"态度惩治腐败。

辽宁拉票贿选是在关键政治环节中的权钱交易，其危害比围绕工程项目的权钱交易更大。因此，尽管此案涉案人数众多，"法不责众"绝非依法治国的现实逻辑；尽管事关一级组织，"法外开恩"也绝非从严治党所能允许。决不姑息迁就，依法依规严肃处理，才能树正风，也才能得民心、顺民意，这是一条越来越有现实基础的硬道理。可见，依纪依法彻查和处理这起案件，充分体现了以习近平同志为核心的党中央坚定不移推进全面依法治国、全面从严治党的鲜明态度和坚定决心。

2. 运用公共选择理论分析出现贿选的可能原因

公共选择理论将"经济人"作为其研究假设前提，即人具有自利性、理性，是理性行为者。一方面，自利性表现为人的行为是受个人利益的驱使并以追求个人利益最大化为目标，如果把人类社会分成经济市场和政治市场，那么在经济市场中，人们一般通过"货币选票"来选择能给其带来最大效能的物品；在政治市场中，人们一般通过"民主选票"来选择能给其带来最大利益的公共产品（包括政治家、政策、法律制度等），因此在政治领域中的人，即选民、政治家、政府官员及其他国家（政府）代理人同市场经济中的人是一样的，都是"经济人"，均以追求个人利益最大化为目标。选举活动作为政治活动的典型代表，也属于政治领域的范畴，而选举活动中的人，如本章案例二中的高宝玉等41名被告人，无论他们采取的贿选方式如何，这些贿选人都是从"自己能够顺利当选为人大代表"的个人利益出发，进而采取贿选行为，都是政治领域里的"经济人"。

另一方面，"经济人"的理性表现为在行动时必然会进行成本收益分析。美国著名经济学家布坎南曾经说过，对于任何一种"真正的"民主理论来讲，最关键的条件是必须把价值源泉归结为个人，这样，政治就成为不同的个人自由表达偏好、相互交易的场所。既然政治是一个个人自由表达偏好和相互交易的场所，在交易的过程中就会有成本和收益的比较，即成本收益分析，指以货币单位为基础对投入与产出进行估算和衡量的方法。它是一种预先做出的计划方案，从事经济活动的主体，从追求利益最大化的前提出发，总要力图用最小的成本获取最大的收益，最终个人的决定自然是其认为值得追求的目标或有价值的东西。

唐斯在《民主的经济理论》中提出这样的假说：候选人也是理性的"经济人"，他和生产者、消费者具有同样的行为动机，他们与经济中追求利润的企业家是类似的，为了达到他们的个人目的，他们采取其认为将能获得最多选票的措施，正像企业家生产其认为将能获得最多利润的产品一样。为了获得政治支持，候选人就会针对不同的对象采取不同的措施，力图在成本最小化的情况下争取选票，当他们运用正常方式无法达到其目的的情况下，就可能采取其他非法手段，贿赂选民就是其中最常使用的方法。

3. 我国在反贿选方面所采取的系列措施

公共选择理论认为，必须改善或改革规则与制度，决策规则的选择比决策的选择更关键。坚持制度治党、依规治党，对党的建设具有重大理论和实践意义。在民主政治建设过程中，加强反腐制度建设，就是众多治党制度建设中的一个重要方面。因此，为了有效解决贿选问题，推进民主政治建设，我国出台和完善了相关法律，完善了民主政治制度及相关的配套组织机构等。

（1）完善和细化相关法律条文。

选举人大代表，是人民代表大会制度的基础。我国首部《选举法》于1953年制定，为产生各级人民代表大会，特别是全国人民代表大会，确立人民代表大会制度这一根本政治制度，提供了重要法律基础，标志着我国人民民主选举制度的正式确立。1979年修订的《选举法》，将直接选举扩大到县一级，改等额选举为差额选举，改革代表候选人的提出方式，规定一律实行无记名投票，在减少和规范代表名额方面迈出重要一步，为调动选民积极性、扩大人民民主、加强政权建设发挥了重要作用。1982年以来，《选举法》又经过了七次修正，将党的领导明确为法律的具体规定，并对选举机构、代表名额、选区划分、代表候选人的提出、选举程序，对代表的监督、罢免、辞职、补选，以及对破坏选举的制裁等事项，做出了与时俱进的修改和完善。我国《选举法》颁布实施以来，在70多年里先后经历一次全面修订和7次局部修正，为社会主义国家民主政治的健全完善提供了重要法制保障。

(2) 完善民主制度，增强人大代表选举的竞争性和公正性。

我国在增强人大代表选举的竞争性和公正性上采取了多项措施。例如，扩大直接选举的范围。直接选举相对于间接选举而言，是一种直接民主，其民主形式更为完备，民主程度更高。我国《选举法》将直接选举扩大到县一级范围；建立健全竞选性选举制度，在选举制度的设计上，正逐步尝试由非竞争性选举转变为竞争性选举；引入预选制度，预选制度的优点是体现了程序化、透明度、竞争性、公正性，防止直接选举中出现"暗箱操作"，引入预选和鼓励选举人参与，提高选举的竞争性和公正性。

这些措施的实施有助于提升选举的透明度、竞争性和公正性，更好地实现人民民主权利的行使。

(3) 建立并完善相关配套的选举组织和监督问责机制。

中国在建立并完善相关配套的选举组织和监督问责机制方面采取了一系列措施。例如，明确选举程序，明确规定了选举的程序和要求，包括代表的产生、委员会的产生、选举的实施等，确保选举过程的规范性和有序性；强化监督问责，通过一系列相关法规，明确了问责主体、问责情形、问责内容、问责对象，确保问责工作的严肃性和有效性，强化了对选举工作的监督，确保选举的公正性；规范问责程序，建立健全规范问责工作的相关程序和制度，要求从问责的启动、调查、报告、审批、实施等全过程坚持集体讨论、严格把关，形成责任分解、检查监督、倒查追究、结果运用的完整链条。

参考文献

[1] 詹姆斯·M. 布坎南. 自由、市场与国家——80年代的政治经济学 [M]. 平新乔，莫扶民，译. 上海：上海三联书店，1989.

[2] 安东尼·唐斯. 民主的经济理论 [M]. 姚洋，等，译. 上海：上海人民出版社，2005：295.

[3] 蒋劲松. 人大代表贿选案的代议法学反思 [J]. 法学，2017 (04)：28-38.

[4] 唐皇凤，梁玉柱. 我国人大代表贿选的制度和生态分析——基于辽宁和衡阳贿选案的案例研究 [J]. 江汉论坛，2017 (09)：81-87.

[5] 王少泉. 20世纪末以来人大选举贿选现象演变机理与消除途径 [J]. 人大研究，2017 (10)：4-9.

[6] 王世涛. 论人大选举制度之革新——从辽宁贿选案切入 [J]. 法治现代化研究，2017，1 (06)：81-94.

[7] 童策. 贿选刑事制裁的经验研究 [J]. 法律和社会科学，2018，17 (02)：58-84.

[8] 李霄. 对辽宁、衡阳贿选案处理措施的宪法评析 [D]. 天津：天津商业大学，2019.

[9] 孟李. 把贿选案"失利者"当"受害者"实在荒谬 [J]. 中国纪检监察，2019 (01)：53.

[10] 黄峰，姚桓. 构建新时代地方人大选举的新生态——以"衡阳贿选案"为例 [J]. 中共杭州市委党校学报，2019 (02)：28-34.

[11] 吴向芸. 人大代表选举中的贿选问题研究 [D]. 上海：华东政法大学，2020.

[12] 姜雨奇. "贿选"的司法界定及立法完善 [J]. 中国检察官，2020（12）：41-45.

第四章习题

一、单选题

1. 公共选择理论认为，政治家追求的是（　　）。

A. 选票最大化

B. 预算最大化

C. 权力最大化

D. 投票净利益最大化

2. 公共选择理论认为，官员追求的是（　　）。

A. 选票最大化

B. 预算最大化

C. 权力最大化

D. 投票净利益最大化

3. 公共选择理论认为，选民追求的是（　　）。

A. 选票最大化

B. 预算最大化

C. 权力最大化

D. 投票净利益最大化

4. 根据中位选民定理，下列说法正确的是（　　）。

A. 在选举中，各政党会制定出一个代表全体选民意见的政治纲领

B. 在选举中，各政党会制定出一个代表关键选民意见的政治纲领

C. 在选举中，各政党会制定出一个代表大多数选民意见的政治纲领

D. 在选举中，各政党会制定出一个代表本政党大多数人意见的政治纲领

5. 公共选择理论是关于（　　）的理论。

A. 政府失灵

B. 市场失灵

C. 政府决策

D. 公共物品

二、多选题

1. 公共选择理论是对政府决策过程的经济分析，研究（　　）的行为。

A. 选民

B. 政治家

C. 政府官员

D. 生产者

2. 公共选择理论把政治市场分成了（   ）三级市场。

A. 初级政治市场

B. 政策供给市场

C. 政策执行市场

D. 选票市场

3. 根据公共选择理论的观点，下列表述正确的是（   ）。

A. 政治家追求选票最大化

B. 选民追求投票净利益最大化

C. 执行决策的政府官员追求预算最大化

D. 执行决策的官员追求决策的正确执行

4. 尼斯坎南提出的官僚预算最大化理论认为，官僚机构通常以（   ）方式扩大其预算规模。

A. 他们千方百计让政府相信他们确定的产出水平是必要的

B. 利用低效率的生产技术来增加生产既定的产出量所必需的投入量，这时的效率损失来源于投入的滥用

C. 政府部门的投资效率偏低导致政府支出规模不断扩大

D. 两部门的劳动生产率提高的幅度不同，而工资要求以同比例提高，导致公共支出增加

5. 投票悖论可以通过（   ）方式解决。

A. 多峰偏好改为单峰偏好

B. 争取中间投票者

C. 宣传动员

D. 取消投票

三、判断题

1. 阿罗不可能定理认为，如果众多的社会成员具有不同的偏好，而社会又有多种备选方案，那么，在民主的制度下不可能得到令所有的人都满意的结果。（   ）

2. 互投赞成票有可能促进效率，也有可能降低效率。（   ）

3. 多峰偏好的存在是导致投票悖论出现的原因之一。（   ）

四、论述题

1. 阐述公共选择理论的基本内容。

2. 简述私人选择和公共选择的区别。

3. 结合实际并运用公共选择理论，论述如何矫正政府失灵。

第四章习题参考答案

第五章　政府预算及预算制度

第一节　理论要点

政府预算是政府的财政收支计划。它反映政府的财政收支状况，也反映政府活动的范围、方向和政策。本章要求了解和掌握政府预算的概念和原则、政府预算的类别、我国预算制度改革等内容。

一、政府预算概述

（一）政府预算的概念

政府预算，亦称国家预算，是各级政府依据法律和制度规定编制，并经法定程序审核批准的政府年度收支计划，是政府组织和规范财政分配活动的重要工具，在现代社会，它还是政府调节经济的重要杠杆。

我国的政府预算是国家有计划地集中和分配资金，调节社会经济生活的主要财政机制。

（二）政府预算的原则

1. 完整性

完整性原则要求政府全年的全部预算收支项目都必须纳入预算，受预算机制约束，不允许存在预算外的其他财政收支和财政活动。完整性原则包括两方面含义：一是政府预算应当完整地反映政府全部的财政收支活动，涵盖全部政府资金；二是政府预算内容要完整，所有政府收支信息、全部资产负债信息、绩效信息、风险信息等都必须纳入预算文件。

2. 可靠性

可靠性原则要求政府预算必须依据可靠的资料、信息进行预测和编制,运用科学的方法正确地估计各项预算收支数字,不得假定或编造。预算信息的真实可靠,是实施预算科学管理和有效监督的前提要件。

3. 公开性

公开性原则要求政府预算及其执行情况必须采取一定的形式公之于众,让公众了解财政收支状况,并置于公众的监督之下。政府预算涉及的是公共的资金,目的是满足社会公共需求,政府有义务向社会公众公开有关公共资金筹集和使用的所有信息(涉密信息除外)。政府预算公开透明是保证政府资金安全、有效使用的重要前提。

4. 法治性

法治性原则要求政府预算的成立和执行结果都要经过立法机关审查批准。预算执行过程中因情况变化而导致预算变动,需要调整、修正或补充预算的,政府部门都必须提请立法机关审批。法治性原则体现了立法机关代表社会公众对行政机关财政权力的监督和制约,旨在维护政府分配的合理性、规范性和严肃性。

5. 年度性

年度性原则是指政府必须按照法定的预算年度编制预算,反映全年财政收支活动,不允许将不属于本年度财政收支的内容列入其中。预算年度是预算收支起讫的有效期限,通常为一年。

6. 统一性

在分级财政体制中,中央和地方各级政府都应统一预算科目、统一口径、统一程序计算和填列,编制统一的预算。

(三)预算年度

预算年度,一种是历年制预算年度,即从每年1月1日起至同年12月31日止。目前采用历年制的国家最多。我国实行的就是历年制。另一种是跨年制预算年度,即人为地确定一个预算年度的起止日期,从每年某月某日开始至次年某月某日止,中间历经12个月,但跨越了两个年度,如美国联邦政府预算年度是从每年的10月1日开始,到次年的9月30日止。

(四)政府预算的类别

1. 普通预算和特别预算

普通预算又称为经费预算,是指政府编制的一般财政收支项目(科目)的预算;特别预算是指政府对某些具有特别意义的项目(特别事业、特殊用途的收支)另行安排的预算。

2. 总预算、部门预算和单位预算

总预算是各级政府的财政收支计划,由各级政府的本级预算和下级政府总预算组成;部门预算是由政府各个部门编制,反映政府各部门所有收入和支出情况的预算,部门预算的总和构成政府本级预算;单位预算是部门预算的基本组成部分,是各政府部门直属机关及其所属行政事业单位的年度收支预算。

3. 中央政府预算和地方政府预算

中央政府的预算即中央政府的财政收支计划;地方政府的预算就是地方政府的财政收支计划。

4. 正式预算、临时预算和追加预算

政府依法就各个预算年度的预计收支编成预算草案,经立法机关审核通过后即宣告正式成立预算,就是正式预算或称本预算;为解决预算成立前的政府经费开支,先编制暂时性的预算,作为在正式预算成立前进行财政收支活动的依据,就是临时预算;而正式预算在执行过程中,由于情况的变化需要增减正式预算收支时,须再编制一种预算作为正式预算的补充,就是追加预算或修正预算。

5. 增量预算、零基预算和绩效预算

增量预算,指财政收支计划指标是在以前预算年度的基础上,按新的预算年度的经济发展情况加以调整之后确定的;零基预算,指财政收支计划指标的确定,只以社会经济的预算发展为依据,不考虑以前的财政收支状况;绩效预算强调预算投入与产出的关系,即政府通过公共产品服务与成本的比较,要求以最小的投入取得最大的产出。

(五)政府预算的编制形式

1. 单式预算

单式预算的做法是在预算年度内,将全部的财政收入与支出汇集编入单一的总预算内,而不去区分各项或各种财政收支的经济性质。

2. 复式预算

复式预算的做法是在预算年度内,将全部的财政收入与支出按经济性质汇集编入两个或两个以上的收支对照表,从而编成两个或两个以上的预算。

(六)我国政府预算的组成体系

1. 一般公共预算

一般公共预算是对以税收为主体的财政收入,安排用于保障和改善民生、推动经济社会发展、维护国家安全、维持国家机构正常运转等方面的收支预算。

2. 政府性基金预算

政府性基金预算是对依照法律、行政法规的规定在一定期限内向特定对象征收、收取或者以其他方式筹集的资金，专项用于特定公共事业发展的收支预算。

3. 国有资本经营预算

国有资本经营预算是对国有资本收益做出支出安排的收支预算。

4. 社会保险基金预算

社会保险基金预算是对社会保险缴款、一般公共预算安排和其他方式筹集的资金，专项用于社会保险的收支预算。

（七）政府预算过程

1. 预算编制

预算编制是整个预算工作程序的开始，也是一个预算过程运作的基础。预算编制除了要遵守前述所列原则之外，往往还要考虑当时的经济状况、政府的政策目标以及以前年度预算的执行状况等因素。政府预算在未经立法机关审批之前称为预算草案。政府预算草案编制的核心内容，就是确定各个收支项目的具体数额，即确定预算指标数。

2. 预算审批

预算草案编制完成之后必须提交立法机关审议。立法机关审批预算是现代预算的本质特征。在我国，中央政府预算由全国人民代表大会审查和批准，地方各级政府预算由本级人民代表大会审查和批准。

3. 预算执行

预算执行是整个预算工作程序的重要环节。政府预算草案在立法机关审批后即成为正式法案，进入执行阶段，由政府组织实施。预算执行的基本要求有两个：一是严格按立法机关审批的预算执行；二是根据立法意图及时调整预算。预算执行包括收入征缴、指标审核、支出资金拨付和预算调整等几个环节。

4. 政府决算

政府决算是整个预算工作过程的总结。政府要对年度预算执行结果进行总结，决算报告也须经过法定程序批准。决算与预算相对应，有一级预算，就应当有一级决算。编制决算有助于评估预算的执行情况，总结预算执行的经验，为政府部门未来决策提供重要的参考依据。此外，决算也须先编制决算草案。

二、我国预算制度改革

(一) 部门预算改革

1. 部门预算的概念

部门预算是由政府各部门编制，经财政部门审核后报立法机关审议通过，反映部门所有收入和支出的预算。部门预算保证了预算的完整性，预算编制更为细化科学，而且要求预算编制、执行与监督相分离，有助于消除预算分配权分散化、部门收支行为不规范、预算约束软化等种种弊端。

2. 部门预算的内容

从编制范围看，部门预算涵盖了部门或单位所有的收入和支出。

从支出角度看，部门预算包括了部门或单位所有按支出功能分类的不同用途的资金。

从编制程序看，部门预算是汇总预算，它是基层预算单位编制，逐级审核汇总形成的。

从细化程度看，部门预算既细化到了具体预算单位和项目，又细化到了按预算科目划分的各支出功能。

从合法性看，部门预算必须在符合国家有关政策、规定的前提下按财政部核定的预算控制数编制。

3. 部门预算的编制原则

合法性原则：要符合《中华人民共和国预算法》和其他法律法规，充分体现党和国家的方针政策。

真实性原则：各项收支要符合部门的实际情况，要有真实可靠的测算依据，不能人为扩展开支范围和提高开支标准。

稳妥性原则：部门预算的编制要稳妥可靠、量入为出、收支平衡，不得编制赤字预算。

重点性原则：优先保证重点支出，应先保证基本支出，而后保证重点、急需项目支出，再保证一般项目支出。

科学性原则：程序设置、编制方法、测算过程、定额设置、支出结构、项目评审要科学，以保证预算编制的质量。

透明性原则：建立完善科学的预算支出标准体系，以提高预算分配的规范性和透明性；建立健全部门预算信息披露制度和公开反馈机制，推进部门预算公开；主动接受监督。

绩效性原则：树立绩效管理理念，健全绩效管理机制，追踪问效，提高资金使用效益。

4. 部门预算的编制流程

部门预算的编制流程可概括为"二上二下"。"二上二下"的编报办法：由部门编制预算建议数上报财政部门（一上）；财政部门与有预算分配权的部门审核部门预算建议数后下达预算控制数（一下）；部门根据预算控制数编制本部门预算报送财政部门（二上）；财政部门根据人民代表大会批准的预算批复部门预算（二下）。

（二）政府收支分类改革

为完整、准确地反映政府收支活动，并为进一步深化各项财政管理改革，防止腐败，建立健全公共财政体系创造有利条件，在前期广泛试点并征求意见的基础上，从2007年起我国开始全面实施政府收支分类改革。

此次政府收支分类改革，建立了一套包括收入分类、支出功能分类和支出经济分类在内的完整规范的政府收支分类体系，建立了我国政府收支分类体系的基本框架，并保持相对稳定。

（三）国库集中收付制度改革

国库集中收付制度是建立、规范国库集中收付活动的各种法令、办法、制度的总称，是以国库单一账户体系为基础，所有财政性资金（包括预算内外资金）都纳入国库单一账户体系管理，逐步推进各级政府预算统一管理，资金缴拨以国库集中收付为主要形式的财政国库管理制度。

（四）政府采购改革

政府采购是指各级政府及其所属机构为了开展日常政务活动或为公众提供服务的需要，在财政的监督下，以法定的方式、方法、程序，对货物、工程或服务的购买行为，以及包括采购政策、采购程序、采购过程及采购管理等内容的公共采购管理制度。

1999年，财政部制定发布了《政府采购管理暂行办法》，这是我国有关政府采购的第一部规章，明确了我国政府采购试点的框架体系。

2003年，《中华人民共和国政府采购法》颁布实施，标志着我国政府采购由试点阶段转向全面推行阶段。

2015年，《中华人民共和国政府采购法实施条例》公布，自2015年3月1日起施行。

（五）全口径预算改革

1998年，我国提出了构建公共财政体制框架目标，要求规范政府收支，将政府所有收支都纳入预算管理，接受全体社会成员的监督。

2003年10月，党的十六届三中全会通过了《中共中央关于完善社会主义市场经济体制若干问题的决定》，首次提出实行全口径预算管理。

《国务院关于 2005 年深化经济体制改革的意见》中指出,改革和完善非税收入收缴管理制度,逐步实行全口径预算管理。

2010 年 6 月,财政部印发了《关于将按预算外资金管理的收入纳入预算管理的通知》,决定从 2011 年起,全面取消预算外资金,把中央和地方的所有预算外资金管理的收入纳入预算管理,标志着"预算外资金"概念成为历史,是我国推进全口径预算改革的一个重大突破。

2014 年修订的《中华人民共和国预算法》为我国全口径预算改革提供了法律保障。

《国务院关于加强地方政府性债务管理的意见》(国发〔2014〕43 号)规定,地方政府债务分门别类纳入全口径预算管理。一般债务收支纳入一般公共预算管理,专项债务收支纳入政府性基金预算管理。

(六)预算监督体系改革

1. 人大监督

1998 年 12 月,全国人民代表大会常务委员会设立预算工作委员会(简称预工委)。

2006 年,《中华人民共和国各级人民代表大会常务委员会监督法》特别加强了各级人民代表大会对预算的审查和监督责任,强化了人民代表大会对预算的监督和控制。

2013 年 11 月,党的十八届三中全会提出"加强人大预算决算审查监督、国有资产监督职能"。

2017 年 12 月,中共中央印发《关于建立国务院向全国人大常委会报告国有资产管理情况制度的意见》,开启了预算监督由流量到存量、由流到源的监督模式。

2018 年 3 月,中共中央办公厅印发《关于人大预算审查监督重点向支出预算和政策拓展的指导意见》,加强了人大对支出预算和政策的审查监督,提高了人大监督的针对性和有效性。

2021 年 11 月,党中央印发《关于新时代坚持和完善人民代表大会制度、加强和改进人大工作的意见》,对加强国有资产管理情况监督等提出要求。

2. 审计监督

1999 年 6 月,审计署代表国务院在第九届全国人大常委会第十次会议上提出《关于 1998 年中央预算执行情况和其他财政收支的审计工作报告》,首次向社会公布了审计结果。自此,预算执行审计年度化、制度化、公开化,在预算监督中发挥着重要作用。

3. 社会监督

预算必须公开透明,接受社会广泛监督,这也是建设阳光政府、责任政府的需要。近年来,我国已初步形成了以《中华人民共和国预算法》《中华人民共和国政府信息公开条例》为统领,涵盖政府预算、部门预算和转移支付预算多层次、多方位、具有中国特色的预算公开法治模式,为社会监督提供了充分的条件和基础。

第二节 经典文献概述

一、经典文献概述一

《威尔达夫斯基论预算改革》

劳伦斯·R. 琼斯

（一）作者简介

劳伦斯·R. 琼斯（Lawrence R. Jones），美国海军研究生院（蒙特利）商业和公共政策研究生院杰出教授，出版了《面向21世纪的公共管理体制改革》等著作。

（二）内容提要

文章介绍了威尔达夫斯基的预算改革方面的观点。威尔达夫斯基是美国公共行政学、政策科学和政治学领域的大师级学者，美国耶鲁大学政治学博士，在加州大学伯克利分校任政治学教授，曾任美国政治学会主席。文章主要从以下六个方面介绍了威尔达夫斯基关于预算改革的观点。

第一，文章在引言中指出，威尔达夫斯基研究预算过程长达三十多年，他告诉我们预算编制就是政治，并提醒我们政治是可能的艺术，民主预算就是妥协，而妥协的预算必然是渐进的。因此，一个民主的预算是一个能够尽可能平均分配令所有人不满的预算。威尔达夫斯基告诫我们不要进行激进的改革，不仅在支出和税收政策方面，也在预算过程本身。尽管如此，威尔达夫斯基还是倾向于一些程序性的预算改革，这些改革维持和加强了美国的宪法秩序，而宪法将财政权力赋予了国会。

第二，文章介绍了威尔达夫斯基关于规范性建议和实证科学方面的观点。威尔达夫斯基没有试图回答凯伊提出的"在什么基础上决定将 X 美元分配给活动 A 而不是活动 B？"他认为凯伊的问题其实应该是"如何决定将 X 美元分配给活动 A 而不是活动 B？"威尔达夫斯基强调，预算与政治制度密不可分。他认为首要目标是建立一个能够解释"预算过程运作和结果"的理论。由于干预变量的影响，包括服务需求的变化、战争和其他灾难、科学知识的进步等超出了一个机构的控制，所以他承认基数变化是衡量机构绩效的一个不完美指标。威尔达夫斯基对良好预算理论的定义确定了他通过研究预算过程最终寻求实现的目标。他认为，良好的规范模式必须建立在良好的积极预算过程模式的基础上。

第三，文章介绍了威尔达夫斯基关于全面预算改革的失败与政策分析的前景方面的观点。文章指出，在20世纪60年代和70年代，威尔达夫斯基以批评行政预算改革而闻名，这些行政预算改革包括绩效预算、PPBS（计划项目预算）、零基预算、成本效益分析等。威尔达夫斯基阐明了这些改革的目标，解释了改革为什么会失败。他认为，这些改革是错误的，因为它们没有建立在对预算过程令人满意的理解的基础上。威尔达夫斯基还特别批评了一些预算改革，如PPBS，告诉一个机构采用计划项目预算就意味着告诉它要找到更好的政策，但并没有这样做的方法。他认为，人们可以（也应该）谈论衡量效率、估算成本和比较替代方案，但这与制定更好的政策相去甚远。

第四，文章介绍了威尔达夫斯基关于指导预算改革举措的有效方法。文章指出，大约在1975年，威尔达夫斯基完成了他的预算行为研究，此后倾向于对策研究。威尔达夫斯基给出的对策在一定程度上可以描述为对美国宪法秩序和年度支出预算的捍卫，他相信激进的渐进式改革可以满足国会的需求，同时提高预算程序对美国公众偏好的响应能力。威尔达夫斯基的激进渐进主义有两个要素：持续预算和年度支出增量。基于预算编制的适应性和渐进性，威尔达夫斯基进一步建议国会承诺每年以固定的百分比增加总支出，并在限制范围内进行调整。随后，威尔达夫斯基提议将年度支出增量与名义GDP增长挂钩。威尔达夫斯基还分析了如何防止绕过宪法支出限额的行为。不过到20世纪80年代末，威尔达夫斯基对通过宪法修正案实现平衡预算的热情有所减弱，他与约瑟夫·怀特的合作使他认识到，赤字不仅是入不敷出趋势的一种表现形式，还反映了真正的价值冲突，所以他们提出了一个关于赤字的温和建议。

第五，文章指出，威尔达夫斯基去世前编纂了一套控制联邦支出快速增长的规则，具体包括以下六个方面。① 福利支出的增长速度不应超过GDP的增长速度。② 分项最高限额至关重要，所以应为联邦预算可自由支配部分的每个主要支出账户设定基于GDP增长的分项最高限额。③ 1990年《预算执行法》中通过的PAYGO规则应当被严格遵守。威尔达夫斯基指出，PAYGO规则的目的是扭转以增额来编制预算的旧观念；如果这一规则被采纳并执行多年，可能会形成新的、不同的政治联盟，即可能促进形成以提高生产力为中心的政治联盟。④ 取消自动编制。威尔达夫斯基从根本上反对当时的服务预算，他认为预算规则应使支出利益发生冲突，而自动编制减少了这些冲突，使支出控制问题几乎不可能解决。⑤ 国会必须重新获得对福利支出的年度控制权。威尔达夫斯基认为，政府将税收和福利指数化意味着支出开始超过收入，结果是剥夺了政府预算的灵活性，并剥夺了民选官员实现收支平衡所需的政治影响力和资源。⑥ 每年应该只有一份预算，并对其进行整体投票表决。威尔达夫斯基认为，这将提高预算对公众的可见度，从而增强国会的责任。

第六，文章对威尔达夫斯基关于传统预算编制原则的看法进行了总结。威尔达夫斯基认为，预算编制的特点是演进式变化和渐进式改革，这是一个不断进行党派谈判和相互调整的过程。威尔达夫斯基将政府支出解释为一系列涉及策略和技巧的博弈的产物。此外，威尔达夫斯基捍卫了预算编制的经典原则——全面性、统一性、排他性、特定性、年度性、准确性、清晰性和公开性，因为这些原则行之有效，而且符合预算过程参与者的需求。文章认为，威尔达夫斯基所倡导的改革（例如，对预算整体进行投票表决）可视为贯彻或恢复这些原则的一种手段。由于威尔达夫斯基坚持认为预算必然是渐进的，必须零敲碎打地编制，因此他所倡导的改革也可视为促进谈判和妥协、建立立法联盟、利益交易、投票交易以及阻止立法渎职的手段。

原文出处：《预算过程中的新政治》，中国人民大学出版社，2014年，第39～43页。

二、经典文献概述二

《中国预算改革：未来的挑战》

马骏　林慕华

（一）作者简介

马骏，美国内布拉斯加大学（奥马哈）公共行政学院博士，出版了《中国公共预算改革：理性化与民主化》《国家治理与公共预算》《公共预算：比较研究》《治国与理财：公共预算与国家建设》等著作。

林慕华，管理学博士，主要研究公共预算与财政管理、人大制度、公务员制度、公民参与、国家治理等。

（二）内容提要

从20世纪80年代到20世纪90年代，中国处于一种表面上有预算但实质上没有预算的"前预算时代"。1999年，中国启动了一场意义深远的预算改革，目标是建立现代公共预算制度。这一改革主要包括部门预算改革、国库集中收付制度改革、政府采购改革等。十余年的预算改革，成绩显著，中国建立了现代公共预算制度的基本框架。然而，建立现代公共预算制度是一项复杂的工程。根据2003年到2009年在八省五市的实地调研以及各种公开的文件和数据资料，文章分析并提出了中国预算改革面临的十大挑战及应对策略。

第一，文章认为应继续理顺权力结构，夯实制度基础。文章指出，预算改革以来，中国的预算权力结构开始发生改变，一个符合现代公共预算的预算权力结构已经初具格局。然而，为了建立现代公共预算制度，中国仍需重塑预算权力结构，理顺各个国家机构及其内部的权力关系：首先，进一步落实人大的预算监督权力；其次，完善国家审计制度，独立的审计是现代公共预算不可缺少的一个部分；最后，提高财政部门地位，将其建成真正的核心预算机构。

第二，文章认为应深化全口径的综合预算，落实预算全面性原则。现代公共预算要求将所有的政府资金全部纳入预算，这就是预算全面性原则。预算改革以来，在推进部门预算改革的过程中，我国一直狠抓综合预算改革，将各类预算外收入逐步纳入预算控制的"笼子"，为建立现代公共预算制度奠定了坚实的基础。然而，综合预算改革仍未完成，仍有一部分公共资金未纳入预算管理。因此，需彻底落实预算全面性原则，建立全口径的公共预算体系：首先，严格实施全面取消预算外资金的改革，对按规定必须纳入预算管理的各种资金加强管理，杜绝"小金库"现象；其次，扩大、完善国有资本经营预算，建立大口径的国有资本经营预算；最后，尽快启动社保预算的编制。

第三，文章认为应整合计划、政策与预算。文章指出，为了提高公共资源配置效率，必须将中长期计划、政策与预算整合起来。部门预算改革的推进，增强了部门预算的计划性和政策性。然而，在整合计划、政策与预算方面，我国预算体制存在着比较大的缺陷，计划和预算的衔接程度不是很高。基于此，我国需要在预算资金分配方面引入一个计划性强的新模式，如计划项目预算；同时，需加强政策与预算的衔接程度，提高预算年度与财政年度的匹配，如将预算年度设置为某年的4月1日到次年的3月31日（或7月1日到次年的6月30日）。

第四，文章认为应建立总额控制机制。文章指出，20世纪80年代开始，越来越多的国家开始建立财政收支总额的控制机制，通过法律和制度的形式对政府支出的增长率或比重、政府债务（尤其是余额）的规模和比重、赤字的规模和比重等进行限制。如果考虑国家层面的或有负债和地方政府的负债（尤其是各种或有负债），我国存在财政风险。为了防范财政风险，未来应考虑建立总额控制机制来约束政策制定，规范政府的借债：首先，应修改《中华人民共和国预算法》，允许地方政府发行债券（编者注：我国已于2014年对此进行修改）；其次，应在法律中明确设置财政收支总额控制标准，并通过制度明确财政收支总额对政策制定和预算分配的硬约束；最后，每级政府都应建立一个专门的紧急基金，并修订《中华人民共和国预算法》，以法律形式明确规定这个基金的管理模式和每年必须存入这个基金的比例等。

第五，文章认为应推进绩效预算改革。文章指出，现代公共预算的第一个目标是通过预算控制确保公共资金只能用于公共目的，并通过绩效预算确保公共资金支出后实现预期的政策目标。2004年开始，中国各级政府开始试点支出绩效评价，一些地方已经开始向绩效预算转型。然而，建立绩效预算是一项非常具有挑战性的改革。首先，在推行绩效预算的过程中，财政部门应依靠各个部门去开发测量支出绩效的指标体系，并逐步提高绩效信息的质量。其次，在绩效信息的质量提高后，应逐步提高绩效信息对资金分配的影响。再次，绩效预算非常强调战略性地配置资源。最后，在公共部门试点并逐步推广成本会计。

第六，文章认为应完善现金与债务管理。文章指出，在预算执行的财政管理中，现金管理和债务管理是基础。国库集中收付制度改革的推进，有助于加强财政部门对现金流进行监控，但也要求加强现金管理。现金管理要求在制定各个部门的用款计划或者预算执行计划时能够有效率地组织和管理现金流，将收入流和支出流有效率地匹配起来，在保证各个部门用款的同时，减少闲置现金，将暂时多余的现金余额投资出去获取收益。因此，我国需拓展现金管理的规模，提高现金管理水平。同时，我国应建立并完善正式的债务管理体系，尤其是地方层面。

第七，文章认为应全面启动政府会计改革。文章指出，良好的政府会计体系也是财政透明及实现财政问责的前提条件。同时，现行的预算会计制度不利于防范和降低财政风险和提高政府供给公共服务的能力。因此，我国应逐步并全方位地启动政府会计改革，建立适合于现代公共预算的政府会计体系：首先，明确政府会计的财政问责定位；其次，应改革、整合预算会计体系；再次，应拓宽会计基础，在完善现金制会计的同时，逐步推行权责发生制会计；最后，应建立政府财务报告制度，经独立审计机构审计后，向立法机构和社会公布。

第八，文章认为应建立内控体系和以部门为基础的财政问责体系。文章指出，随着国库集中收付制度、政府采购等改革的推进，我国逐步在预算执行中建立起由财政部门对各个部门收支行为进行监督的外部控制体系。这是一种事前监督体系，但我们不应长期、过度地依赖外部控制，应在继续完善外部控制的同时，在各个部门建立标准化的内部控制体系，并逐步从外部控制过渡到内部控制。一旦过渡到主要以内部控制为主的控制体系，就要相应地建立起以部门为基础的财政问责体系。当然，即使在主要依靠外部控制的阶段，也应开始建立以部门为基础的财政问责体系。

第九，文章认为应加强资产管理，推进预算管理与资产管理的结合。文章指出，资产管理是预算管理的基础。只有将预算管理建立在良好的资产管理之上，才能提高资源配置效率，并有效地防止公共资源的私用。一方面，在行政事业单位资产上，应尽量采取集中办公的方式，降低资产购置、维护等方面的支出，然后应对这一类资产进行整合、调剂，在各个部门之间公平地分配资产。另一方面，对于服务于公民的公共设施，应借鉴国外许多国家地方政府的资本预算模式，要求地方政府基于资产管理制定三至五年的资本预算。

第十，文章认为应继续推进预算公开，逐步推广公民参与预算。文章指出，预算公开是现代公共预算的基本要求，任何监督都不如公开有效。预算公开后，权力的使用就置于人民的监督之下，权力就在"阳光"下运作。同时，应该在基层推广公民参与预算。作为一种预算民主形式，公民参与预算有助于确保公共资金用于公共目的，用于解决公民最关心的问题，从而提高公民对政府的信任；同时，它也为公民的政治参与提供了一个渠道。

原文出处：《中国行政管理》，2012年，第6期，第7~12页。

第三节　典型案例

一、案例正文

案例一

年底突击花钱顽疾待解　分类施策避免一刀切

一些政府部门、单位年末突击花钱现象总体好转，但仍有相关问题待解决。

一些省级行政区公布当地2020年度省级预算执行和其他财政收支的审计工作报告（简称审计报告），指出一些部门、单位存在突击花钱问题。

北京市审计报告称，有的单位还存在突击花钱的现象，为规避结余资金管理规定，个别单位一次性预存燃气费400万元，足够该单位使用2年。还有部分项目在项目尚未验收的情况下提前支付合同款。

山东审计报告指出，17个部门、单位未按合同约定，提前支付工程款、维修费、采购货款等2279.89万元。6个部门、单位年底突击充值加油卡、ETC卡等69.75万元。2家省级医院在项目未开工或设备未验收入库的情况下，提前支付工程款和货款7400.51万元。

海南审计报告指出，2个部门通过在年底提前支付合同款的方式，突击支出124.01万元。

上海财经大学教授邓淑莲表示，突击花钱现象破坏预算的平稳执行，不利于公共产品的平稳供给，不利于公共资金效率提高，甚至容易造成公共资金的浪费性使用。

中国政府部门、单位的预算编制方法主要采取基数预算。如果年底政府部门、单位预算资金没有花完，在政府大力盘活财政存量资金的背景下，这笔结转结余资金将被政府收回，而且可能削减下一年部门、单位的预算资金基数。这也导致一些部门、单位在年末突击花钱。

邓淑莲认为，突击花钱的根本原因在于预算管理不精细、不完善。比如一些部门在编制预算时，倾向于高估预算，使得申请的资金多于实际需要的资金；预算编制不细致，没有采用科学的预算方法，不少项目都是大致估算，而没有根据实际需求科学预算，从而使得预算数与实际需求脱节。

邓淑莲表示，预算执行过程中，一些部门、单位自身的进度控制存在问题。由于一些项目预算需要人大批准才能执行，有不少项目预算开始执行时，预算年度时间已过去一半了，一年的项目预算要在半年甚至更短时间内执行完毕，难度较大，集中在年底花钱就不可避免了。

中央财经大学政府预算管理研究所所长李燕表示，导致突击花钱现象既有主观原因，又有客观原因。主观原因如预算编制不科学，申请了超出资金实际需求可能的"大预算"，年度花不出去又怕被收回，因而突击花钱。客观原因是有些预算资金须经过法定程序后下达的时间，一些项目须经过前期可行性研究及招投标程序后的实际开工时间，项目完工后的验收、绩效评价及结算时间，执行中的政策变化需要调整，预算的规范化管理等带来的约束。

李燕认为，根治突击花钱问题，须根据其产生的主客观原因来分类施策。她建议，对现行有关预算结余资金管理办法进一步细化完善，充分考虑不同类别支出的客观规律。要建立科学的分类预算支出标准，为科学编制预算打好基础。加强项目库建设，做好支出前置准备工作，实现预算及支出指标下达后能快速形成实际支出。

邓淑莲也认为，财政部门要仔细审查资金结余的原因，如果属于客观原因，如执行周期是一年，而实际上只有半年的执行时间，则应根据实际情况放松结余资金的管理，使管理措施与实际情况相符。

财政部也在不断强化监管。比如2020年底财政部发文，要求各地不得违规使用财政资金举办年会、庆典、发放福利等，财政支出应保尽保、能压尽压、可省尽省，部分年底前难以用完的资金可结转至下年使用。

（案例来源：《年底突击花钱顽疾待解 分类施策避免一刀切》，第一财经，https：//baijiahao.baidu.com/s?id=1707828508730344563&wfr=spider&for=pc。有改动。）

案例二

坚决防治突击花钱

元旦、春节将至，中共中央办公厅、国务院办公厅印发《关于做好2024年元旦春节期间有关工作的通知》，强调要及时防治年底突击花钱现象，抓早抓小、防微杜渐。中共中央纪委印发《关于做好2024年元旦春节期间正风肃纪工作的通知》，要求坚决防治年底突击花钱搞"四风"现象。

年底突击花钱的问题，广大干部群众十分关注。现实中，有的部门和单位存在"有钱不花，过期作废"的错误认知，以预算内的支出没有用完为借口突击花钱，造成大量资金浪费。这种"为花钱而花钱"的做法与党中央倡导的厉行勤俭节约的要求背道而驰，偏离财务预算本意，违反财经纪律，还容易助长不正之风甚至滋生腐败。近年来，随着各级财务制度更加规范、监督更加有力，这一问题得到改善，但通过违规先行拨付支付方式"套现""提现"，重复施工，巧立名目乱发津补贴等途径突击花钱的行为依然存在，极易形成劳民伤财的形式主义官僚主义问题、群众反映强烈的违反中央八项规定精神问题，造成恶劣影响，必须下大力气纠治。

因此，要从严从实地治理年底突击花钱现象，严防走形变味。一方面需要强化制度建设。各地各部门要严格遵守中央关于预算执行和财务管理的制度，拒绝铺张浪费乱花钱、违规安排支出突击花钱。另一方面需要各级党组织坚持"露头就打"。对屡教不改、我行我素的单位和部门，一定要发现一起、惩治一起，形成震慑效应。此外，也要注重监督。相关部门要通过资金拨付审核把关和跟踪检查，让各单位部门不敢、不想、不能年底突击花钱。

（案例来源：《坚决防治突击花钱》，中央纪委国家监委网站，https：//www.ccdi.gov.cn/pln/202312/t20231227_317416.html；《警惕年底"突击花钱"隐形变异》，中工网，https：//baijiahao.baidu.com/s?id=1786413177904097062&wfr=spider&for=pc。有改动。）

》》二、案例分析

1. 本章案例所反映的问题分析

本章两个案例都说明了近年来随着各级财务制度更加规范、监督更加有力，年底突击花钱的情况明显减少。但在极个别地方，每到年底，隐形变异的突击花钱依然未绝迹。

年末突击花钱是一个广受社会关注的财政现象。所谓突击花钱现象，主要是指每年的第四季度尤其是12月份的财政支出占全年比例过高，其实质是预算执行进度"前低后高"。

本章案例一指出，虽然一些政府部门、单位年末突击花钱现象总体好转，但仍有相关问题待解决。一些省级行政区公布的当地2020年度省级预算执行和其他财政收支的审计工作报告，指出一些部门、单位存在突击花钱问题。如个别单位一次性预存燃气费400万元，足够该单位使用2年；有部分项目在项目尚未验收的情况下提前支付合同款；17个部门、单位未按合同约定，提前支付工程款、维修费、采购货款等2279.89万元；6个部门、单位年底突击充值加油卡、ETC卡等69.75万元；2家省级医院在项目未开工或设备未验收入库的情况下，提前支付工程款和货款7400.51万元；2个部门通过在年底提前支付合同款的方式，突击支出124.01万元；等等。而年底突击花钱现象的产生既有客观原因，又有主观原因，应该根据其产生的主客观原因来分类施策，以根治年底突击花钱现象。

本章案例二指出，随着各级财务制度更加规范、监督更加有力，近年来年底突击花钱的情况明显减少，但通过违规先行拨付支付方式"套现""提现"，重复施工，巧立名目乱发津补贴等途径突击花钱的行为依然存在。因此，《关于做好2024年元旦春节期间正风肃纪工作的通知》等要求坚决防治年底突击花钱搞"四风"现象,强调要及时从严从实地治理年底突击花钱,既需要强化制度建设,各地各部门要严格遵守中央关于预算执行和财务管理的制度,又需要各级党组织坚持"露头就打",发现一起、惩治一起,形成震慑效应。

年底突击花钱带来了负面影响。本章案例一指出,突击花钱现象给老百姓一种花钱不够科学、合理的印象,甚至可能存在乱花钱问题,破坏了预算的平稳执行,不利于公共产品的平稳供给,不利于公共资金效率提高,甚至容易造成公共资金的浪费性使用。本章案例二指出,突击花钱现象造成了大量资金浪费,这种"为花钱而花钱"的做法与党中央倡导的厉行勤俭节约的要求背道而驰,偏离财务预算本意,违反财经纪律,还容易助长不正之风甚至滋生腐败,而且极易形成劳民伤财的形式主义官僚主义问题、群众反映强烈的违反中央八项规定精神问题。

2. 年底突击花钱现象产生的原因

结合本章案例和学界相关研究,年底突击花钱现象产生的原因主要有以下四个方面。

(1) 预算周期和立法周期的偏离。

我国当前采用历年制预算年度,即从公历1月1日起至当年的12月31日止。然而在立法周期上,法律规定,中央预算由全国人民代表大会审查和批准,地方各级政府预算由本级人民代表大会审查和批准。这意味着中央预算批复起码在3月之后,而且预算拨付到具体使用单位时,很可能出现预算使用期限已经过去一半的情况。事实上,除了少数项目是因为上年7—8月申报,10月评审,11—12月确定,本年1月开始执行,基本不存在突击花钱现象以外,其他资金年初大都没有具体到项目。由于2月才开始征集项目,经过专家评审以及公示等程序,到7—8月才能确定具体项目,9—10月开始拨付,再通过一级一级的拨付路径,真正到地方手上时可能已经到年底了,如果不突击花钱,就会导致资金结转,这也是地方财政资金"沉淀"的主因。财政资金批复和拨付的时滞导致了财政资金使用前紧后松,不但会出现年底突击花钱现象,而且第一个季度财政支出份额相对偏低。

(2) 预算编制方法不够科学。

我国预算编制采用传统的基数预算法,即下一年的预算编制以上一年的预算执行为依据,下一年预算额度由本年度收支情况决定。这也就意味着,当年的预算资金花不完,下一年的预算就可能被核减。于是,把本年度的钱在年底前突击花完,在某种意义上就成了一项重要的任务。正如本章案例一所指出的,我国政府部门、单位的预算编制方法主要采取基数预算,一般以上一年支出为基数,适当考虑一定增长比例分配资金。如果年底政府部门、单位预算资金没有花完,在政府大力盘活财政存量资金的背景下,这笔结转结余资金将被政府收回,而且可能削减下一年部门、单位的预算资金基数。因此,预算资金使用者出于事后考虑,在预算期限结束前突击花掉预算资金的行为也就不足为奇了。

(3) 预算编制内容不够科学精细。

本章案例一指出,突击花钱现象的根本原因在于预算管理不精细、不完善。比如一些部门在编制预算时，倾向于高估预算，使得申请的资金多于实际需要的资金；预算编制不细致，没有采用科学的预算方法，不少项目都是大致估算，而没有根据实际需求科学预算，从而使得预算数与实际需求脱节。各级政府向人大报告的总预算和本级预算草案中，从预算编制的内容来看，预算报告中呈现了按功能分类的类、款、项三级。如2018年度中央本级总预算分列了20多类，其中教育支出类1700多亿元；往下四五个款中，普通教育1450多亿元，占教育支出的85%以上；再往下六七个项中，高等教育一项达到1407亿元，占普通教育的97%以上。但是，这1407亿元具体是怎么分的，就没有清晰列出了。而按照经济性质分类，也看不出来具体的划分，只能看到1407亿元的高等教育支出分为基本支出、项目支出两款，未再细化到下一级的项；其中，教育类的基本支出和科技、环保等类别"捏在一块"，统一编在一张表里。

(4) 预算监督质量有待进一步提高。

本章案例一指出，财政部近些年在不断强化监管。但是，由于预算编制内容不够精细，透明度较低，预算指标不够具体，难以为预算监督提供确切依据，从而造成了预算监督质量不高，降低了预算监督的效能。同时，财政管理和预算监督法律法规有待完善，削弱了预算监督的权威性与严肃性，再加上预算频繁调整，约束软化，年度预算作为法律文件的权威性被削弱。

3. 根治年底突击花钱现象的措施

(1) 改革预算编制和执行期限。

由于历年制预算年度容易导致预算先期执行（将未经人代会审批的预算付诸执行），预算资金下达过晚而导致突击花钱，因此，建议可以实施跨年制预算年度改革，如考虑到我国每年3月召开全国"两会"，建议预算年度改为每年4月1日至次年3月31日，或者是从每年7月1日到次年6月30日，以纠正预算周期和立法周期的偏离，避免预算执行与预算编制、审批在时间上的重叠。当然，调整预算年度会牵一发而动全身，涉及政府的会计年度、企业的纳税年度等多方面因素，如果操作不当甚至可能导致财经秩序混乱，因此需要综合判断，审慎斟酌。

(2) 综合采用多种预算编制方法。

建议综合采用多种预算编制方法，如在增量预算的基础上，加入绩效预算和零基预算。所谓绩效预算，就是以项目的绩效为目的、以成本为基础而编制的预算。具体而言是政府各部门先制定有关的事业计划或工程规划，然后通过计算每项计划的成本和效益，择优把项目列入预算。所谓零基预算，就是指在编制预算时，一切从零开始（但不排斥有的项目借鉴以前的数据），即要重新审核每项工作计划和安排，并由此而测定所需的经费开支。零基预算是从总体上控制政府财政支出的一种预算组织形式，其基本特征是不受以往预算安排和预算执行情况的影响，一切预算收支都建立在成本效益分析的基础上，根据需要和可能，一切从零开始编制预算。同时，建议改变项目制治理方式，增加基本支出比重，减少项目支出比重；制定三至五年的预算支出规划，从而保证预算既着眼于现在，又能兼顾长远利益。

(3) 提高预算编制的科学化和精细化水平。

科学精细的预算编制有利于预算执行。预算编制要结合现实情况，做好预算编制前期调研，把好预算编制各环节的质量关，提高预算编制的科学化与精细化水平。在预算编制前，切实梳理各单位的实际情况，在深入调研的基础上，结合单位上报的预算资金需求，明晰预算支出的定员定额。在预算编制过程中，关注预算编制是否与前期调研偏离，细化每一项预算科目，清算预算的内容、数额等。同时，建议延长预算编制时间，建立参考依据，以当年度预算执行情况与效果为标准，做好前后年度的预算衔接，以确保预算编制的科学合理性。

(4) 加强各主体的全过程监督。

强化事前、事中、事后的全过程监督。对上一年度的预算执行与编制之间的偏差情况进行分析，并结合现实情况以及对未来发展的科学预测，做好预算编制，实现事前控制。而在预算执行环节的事中监管，就需要关注预算执行过程中可能会出现的不规范现象，甚至是预算挪用的现象。当一项预算编制得到执行后，科学系统地分析和评价预算执行及产生的影响，为后续的预算执行做好预防工作，以达到事后控制。

加快参与式预算改革的进程。要减少公众对突击花钱的疑虑，必须加大财政公开力度。细化预算公开既可以增加公众对预算的了解程度，起到监督作用，也可以遏制不合理的开支及突击花钱现象，有助于提高财政资金使用效率。只有公众及其代表参与到预算整个过程中，全面了解如何制定预算，即预算制定过程也公开，才能真正实现预算全面公开。

参考文献

[1] 张平，诸葛安东，燕洪."突击花钱"如何影响政府绩效评价？——基于微观和省际面板数据的实证研究 [J]. 公共管理与政策评论，2023，12（05）：31-46.

[2] 康锋莉."突击花钱"降低财政支出效率了吗？[J]. 财贸研究，2020，31（10）：62-70.

[3] 汪德华，李琼."项目治国"与"突击花钱"[J]. 经济学（季刊），2018，17（04）：1427-1452.

[4] 李香菊，刘浩. 基于突击花钱视角的我国预算制度改革研究 [J]. 西安财经学院学报，2016，29（02）：5-11.

[5] 汪德华，李琼. 美国联邦政府治理年末"突击花钱"的经验与启示——兼论国家审计如何促进年末"突击花钱"的治理 [J]. 审计研究，2016（02）：16-21.

[6] 汪德华. 盘活财政存量资金，告别年末"突击花钱"[J]. 中国经济周刊，2015（05）：24.

[7] 马蔡琛. 预算管理视野中的年终突击花钱问题——年终突击花钱的类型分布、形成机理及改革路径 [J]. 华中师范大学学报（人文社会科学版），2014，53（06）：40-46.

[8] 李燕. "年终突击花钱"的原因分析及因应之策 [J]. 中央财经大学学报，2012 (01)：9-14.

[9] 胡望舒. 从岁末突击花钱看财政预算编制与预算管理 [J]. 财政监督，2012 (01)：50-52.

[10] 卢华立. 论政府年底突击花钱现象的制度原因与对策 [J]. 黑龙江省政法管理干部学院学报，2014 (02)：31-33.

第五章习题

一、单选题

1. 从财政收支的内容上看，（　　）是国家财政的核心。

   A. 政府预算

   B. 政府债务

   C. 国家主权

   D. 政府补贴

2. 我国预算年度是（　　）。

   A. 4月1日至第二年的3月31日

   B. 1月1日至当年的12月31日

   C. 10月1日至第二年的9月30日

   D. 5月1日至第二年的4月30日

3. 在我国，（　　）是审查、批准预决算的权力机关。

   A. 各级政府

   B. 各级人民代表大会

   C. 财政部门

   D. 国务院

4. （　　）以部门为依托，一个部门一本预算，将预算落实到每一个具体部门。

   A. 部门预算

   B. 总预算

   C. 单位预算

   D. 基层预算

5. 在整个政府预算管理工作程序中，（　　）是预算管理最重要的一环。

   A. 预算编制

   B. 预算执行

   C. 单位预算

   D. 决算

6. 在我国，（　　）是政府预算执行的具体负责和管理机构，是执行预算收支的主管机构。

A. 国务院

B. 税务部门

C. 财政部门

D. 海关

7. 预算年度指预算收支的起讫时间，通常为一年。我国的预算年度形式是（　　）。

A. 历年制

B. 跨年制

C. 历年制与跨年制结合

D. 阴历年制

8. （　　）对每个项目每年初都要进行重新评估，以达到有效使用资源的目的。

A. 计划规划预算

B. 零基预算

C. 绩效预算

D. 复式预算

9. （　　）最常见的划分方式是将预算划分为经常预算和资本预算两个部分。

A. 单式预算

B. 复式预算

C. 增量预算

D. 政府预算

二、多选题

1. 从横向分，政府预算管理体制的组成体系可分为（　　）。

A. 总预算

B. 部门预算

C. 单位预算

D. 基层预算

2. 部门预算编制的原则有（　　）。

A. 合法性原则

B. 真实性原则

C. 稳妥性原则

D. 重点性原则

3. 政府预算周期的构成环节一般应包括（　　）。

A. 预算编制

B. 预算审批

C. 预算执行

D. 决算编制

4. 我国预算管理制度改革内容包括（　　）。

A. 部门预算改革

B. 政府采购改革

C. 国库集中收付制度改革

D. 政府收支分类改革

三、判断题

1. 预算编制是整个预算工作程序的总结和终结。（　）

2. 预算执行是整个预算工作程序的开始。（　）

3. 单式预算是将财政收入和支出汇编在一个预算内，形成一个收支项目安排对照表，而不区分各项收支性质的预算组织形式。（　）

4. 我国目前各级政府预算按复式预算的形式进行编制。（　）

5. 零基预算是指在编制预算时对预算收支指标的安排，根据当年政府预算政策要求、财力状况和经济与社会事业发展需要重新核定，而不考虑指标以前年度收支的状况或基数。（　）

6. 绩效预算强调预算投入与产出的关系，即政府通过公共产品服务与成本的比较，要求以最小的投入取得最大的产出。（　）

四、论述题

1. 从不同角度谈谈你对政府预算的认识。

2. 试述政府预算的原则。

3. 阐述部门预算的内容。

第五章习题参考答案

第六章 财政支出的规模与结构

第一节 理论要点

财政支出（一般情况下也称公共支出、政府支出）是指政府为履行职能而消耗的一切费用的总和。财政支出的规模和结构反映了政府介入经济生活和社会生活的范围、领域和力度。本章要求了解和掌握财政支出的主要类型、财政支出的规模、影响财政支出规模扩张的因素、财政支出结构的类型、财政支出结构的理论解释等内容。

一、财政支出的概念和主要类型

（一）财政支出的概念

从静态来看，财政支出是指各级政府通过预算形式安排、支配的资金量，这个资金量是指一个预算年度终了时政府所累积支出的总量。

从动态来看，财政支出是各级政府在一个预算年度内持续分配预算资金的活动过程。

政府安排财政资金的根本目的是满足其履行职能的需要，因此，财政支出规模是否适度、财政支出结构安排合理与否，直接关系到政府能否充分、有效地履行其职能。

（二）财政支出的主要类型

1. 按政府职能分类

国际货币基金组织按政府职能类别把公共支出（财政支出）分为一般公共服务、国防、公共秩序和安全、经济事务、环境保护、住房和社会福利设施、医疗保健、娱乐、文化和宗教、教育、社会保障等支出。

在我国，财政支出中的一般公共预算支出按政府职能类别主要分为一般公共服务、外交、国防、公共安全、教育、科学技术、文化旅游体育与传媒、社会保障和就业、卫生健康、节能环保、城乡社区、农林水、交通运输、资源勘探工业信息等、商业服务业等、金融、援助其他地区、自然资源海洋气象等、住房保障、粮油物资储备、灾害防治及应急管理、债务付息、债务发行费用等方面的支出。

2. 按经济性质分类

（1）购买性支出。

购买性支出又称消耗性支出，直接表现为政府购买商品和服务的活动，包括购买进行日常政务活动所需的或用于国家投资所需的商品和服务的支出。其特点是付出了资金的同时购得了商品和服务，它所体现的是政府的市场性再分配活动。

购买性支出包括一般消费性支出和投资性支出。前者包括国防支出、行政管理类支出、科教文卫支出等，后者包括各级政府公共投资支出等。政府只有购买这些商品和服务，才能产出公众所需的公共产品和服务。购买性支出表明的是政府对经济资源的一种消耗，因此又称为消耗性支出。

（2）转移性支出。

转移性支出直接表现为资金无偿的、单方面的转移，这类支出主要有社会保障支出、补贴支出、捐赠支出和债务利息支出。其特点是付出了资金，却无任何所得，它所体现的是政府的非市场性再分配活动。

社会保障支出是指政府通过财政向由于各种原因而导致暂时或永久性丧失劳动能力、失去工作机会或生活面临困难的社会成员提供基本生活保障的支出。补贴支出是指通过影响相对价格结构，从而可以改变资源配置结构、供给结构和需求结构的政府无偿支出。

3. 按行政级次分类

按照行政级次可将财政支出分为中央财政支出和地方财政支出。我国有五级政府，根据《中华人民共和国预算法》中"一级政府一级预算"的原则，财政支出也分为五级，分别为中央财政支出，省、自治区、直辖市财政支出，设区的市、自治州财政支出，县、自治县、不设区的市、市辖区财政支出，以及乡、民族乡、镇财政支出。后四级财政支出通常统称为地方财政支出。

二、财政支出规模

（一）财政支出规模的含义

财政支出规模是指在一定时期（预算年度）内，政府根据国民经济发展状况和政府职能实现的要求等因素，安排和使用的财政资金的绝对量与相对量。

从概念上讲，财政支出规模有预算支出规模和决算支出规模两种形式。前者是指政府在编制年度预算时,根据支出的预算要素测算出的年度支出数;后者则是指预算年度内政府财政实际完成的支出总量。

(二)财政支出规模的衡量指标

衡量财政支出的指标通常有绝对指标和相对指标两类。

绝对指标即财政支出的绝对规模,是指以一国货币单位表示的、预算年度内政府实际安排和使用的财政资金的数量总额。

相对指标是指在预算年度内政府实际安排和使用的财政资金的金额占相关经济总量(一般指国内生产总值)的比率。此外,还有财政支出增长率、财政支出增长弹性和边际财政支出倾向等指标。

不同国家的财政支出增长情况各不相同。但从长期和整体看,财政支出规模的不断增长构成了发展总趋势。

(三)财政支出规模增长的理论解释

1. 政府活动扩张论(瓦格纳法则)

瓦格纳认为,当国民收入增长时,财政支出会以更大的比例增长。他认为政府职能的扩张和经济的发展,要求保证行使这些职能的财政支出不断增加。

2. 梯度渐进增长论

英国经济学家皮考克和魏茨曼在研究后提出:正常年份,财政支出呈现一种渐进的上升趋势,但当社会经历激变时,财政支出会急剧上升;当这种激变时期过后,财政支出水平将下降,但不会低于原来的趋势水平。

3. 非均衡增长理论

鲍莫尔把经济部门分为两大类:进步部门和非进步部门(如公共部门)。两部门的劳动生产率提高的幅度不同,而工资要求以同比例提高,导致财政支出增加。

4. 官僚预算最大化理论

美国经济学家尼斯坎南认为,机构规模越大,官僚们的权力越大,因此官僚机构的目标是机构规模的最大化。这导致财政支出规模不断扩大,甚至使财政支出规模超出了公共产品最优产出水平所需的支出水平。

5. 经济发展阶段论

经济发展阶段论由马斯格雷夫和罗斯托提出。他们认为,在经济发展的不同阶段都有增加财政支出的客观要求,因此,财政支出呈不断增长的趋势。

(四) 影响财政支出规模扩张的因素

影响财政支出规模扩张的因素主要包括经济发展对财政支出规模扩张的刺激作用、国家职能的扩张和社会活动规模的扩大与复杂化、国家干预经济的需要、人口增长与环境保护压力、社会福利的改善、国际关系的复杂化,等等。

三、财政支出结构

(一) 财政支出结构的类型

1. 按政府职能分类的财政支出结构

按政府职能分类的财政支出所呈现出的结构状态,即各项支出占全部财政支出的比重恰恰能够反映政府职能的侧重点。从财政各项支出占财政总支出的比重看,无论是发达经济体还是转轨或发展中经济体,排在前五位的财政支出均为一般公共服务、经济事务、医疗保健、教育、社会保障。对于转轨或发展中经济体,一般公共服务和经济事务支出明显排位更靠前。

2. 按经济性质分类的财政支出结构

按照经济性质的不同,财政支出可以分为购买性支出和转移性支出。

从部分国家购买性支出和转移性支出结构变化看,购买性支出总体呈现下降趋势,而转移性支出则呈现出明显的上升趋势。

3. 按行政级次分类的财政支出结构

不同级次的政府所承担的财政支出情况,能够看出各级政府在财政支出中的责任。

从当前 OECD 主要国家中央和地方财政支出占比情况不难发现,多数国家地方财政支出均占全国财政支出的 50% 以上,而且比例相对稳定,变化幅度不是很大。

(二) 财政支出结构的理论解释

1. 经济发展阶段论

马斯格雷夫和罗斯托认为,在经济发展的不同阶段,财政支出侧重点不同。

(1) 经济发展早期阶段的财政支出特征。

在经济发展早期阶段,财政支出中用于公共投资部分的比例很大,增长的速度也很快。政府的消费性支出需求不大,转移性支出也不大。

(2) 经济发展中期阶段的财政支出特征。

在经济发展中期阶段,此时私人资本积累开始上升,公共积累支出的增长率就会下降,从而投资性支出在国内生产总值中的占比下降。政府的消费性支出增加,其在整个财政支出中的占比相应提高,转移性支出开始增加。

(3)经济发展成熟阶段的财政支出特征。

在经济发展成熟阶段,政府投资性支出又呈现增长势头,表现为一种对私人消费品的补偿性公共投资。但总体上,公共性投资占国内生产总值的比例呈现不断下降的趋势。消费性支出占社会总消费支出的比例上升,转移性支出将会大幅度增加。

2. 内生增长理论

20世纪80年代中期,保罗·罗默和罗伯特·卢卡斯提出内生增长理论。在引进技术创新、专业化分工和人力资本之后,内生增长理论得出以下结论:技术创新是经济增长的源泉,而劳动分工程度和专业化人力资本的积累水平是决定技术创新水平的最主要因素;政府实施的某些经济政策对一国经济增长具有重要的影响。

第二节 经典文献概述

一、经典文献概述一

《公共支出范围:分析与界定》

刘尚希

(一)作者简介

刘尚希,经济学博士,出版了《公共风险论》《中国改革开放的财政逻辑》《新中国70年发展的财政逻辑》《财政风险及其防范问题研究》《地方政府或有负债:隐匿的财政风险》《公共风险视角下的公共财政》《公共债务与财政风险》等著作。

(二)内容提要

文章建立一个新的理论假设——政府存在的天然合理性在于防范和化解公共风险,并以此为逻辑起点,提出了两个基本观点:一是公共风险决定公共支出;二是公共支出的使命是防范和化解公共风险。在此基础上,文章构建了界定公共支出范围的两种基本方法:风险归宿分析法和反向假设分析法。具体而言,文章从以下五个方面展开了分析。

第一，文章提出了一个重要问题，即公共支出范围是由什么来决定的？从政府与市场的关系进行分析是一个有益的观察视角。亚当·斯密最早界定了政府的职能，并运用排除法和经验观察认为只有市场无法发挥作用的领域，才是政府活动的范围，也就是公共支出配置的范围。西方财政学的发展基本上都沿着亚当·斯密的这个逻辑，只是充实了两个方面的内容：一是从社会福利最大化的角度，承认自由市场经济不能达到帕累托效率，需要政府来干预，借此回答政府应该干什么以及公共支出应该配置到什么范围；二是公共产品的非竞争性和非排他性两个特征决定了公共产品不可能由市场来生产和提供，只能由政府来完成。那么，公共产品的形成是由什么决定的？或者说，为什么会存在公共产品？对此，文章认为，公共产品是由公共风险决定的，或者说公共产品是防范和化解公共风险的一种结果。因此，公共风险是推动公共产品更新换代的原动力。

第二，文章分析了我国公共支出范围的基本情况。文章认为，从政府的支出项目上来看，公共支出既有用于一般公共服务的，也有用于经济建设的。无论中央，还是地方，公共支出的范围几乎一样，只是在支出结构上有一些差别。剔除政府之间的支出流动这个因素，文章认为，公共支出范围整体上至少表现出以下三个特点：一是支出重心摆在经济建设方面；二是范围宽泛，看不出明显的边界，"统支"的色彩很浓；三是没有统一的规则，各项支出存在或扩增的依据各不相同，导致公共支出很难有效地进行控制。文章指出，公共支出范围的这些特点是在特定历史背景下形成的。随着市场化改革的推进，政府变为一个"有限的政府"。因此，政府干什么或不干什么需重新界定。

第三，文章对我国公共支出做了简要的评价。文章通过数据分析，发现1978年改革开放以来，政府的支出规模不断扩大，支出结构也发生了一些变化，但整个支出范围还是基本没变，与计划经济时期大同小异：经济建设费、国防费的占比在下降，社会文教费、行政管理费的占比在上升。公共支出占比的变化，预示着公共支出范围的变迁，但还处于量变的阶段，公共支出范围并没有实质性的改变。在市场化改革不断推进的过程中，公共支出范围调整滞后，使因市场化而显现出来的许多矛盾和风险难以及时解决和化解，已呈现出以下三大问题：替代市场，妨碍市场竞争，突出表现在政府直接投资办企业和给予各种各样的补贴上；不利于社会公正与社会公平；不利于经济、社会的可持续发展。因此，公共支出范围的调整显得更为急迫。

第四，文章提出应重新认识公共支出的性质。文章认为，公共支出的性质决定其配置的范围。西方国家对公共支出的认识，是以市场失灵为逻辑起点的，并以此界定公共支出的范围。如果假设政府配置资源具有天然存在的合理性，那么市场就只有在政府失灵的领域才有存在的必要。而传统经济学认为政府是不会失灵的（或者说失灵的范围很小），以这种逻辑可以推断：政府的支出责任是无限的。文章还指出，对于市场解决不了的问题，如果政府不承担相应的支出责任，那么，社会可能会陷入一片混乱之中，存在公共风险。文章总结道：不是市场失灵，而是公共风险，使公共支出有了终极存在的合理性和必要性；公共支出是公共风险要求的一种结果，公共支出又是化解公共风险的手段或工具。

第五，文章提出应以公共风险为导向来调整公共支出的配置范围。文章认为，社会风险可以分为私人风险和公共风险。私人风险可以由市场机制来承担和化解，公共支出无须涉足。而公共风险具有很强的外部性，具有内在关联性（或传染性）、不可分割性和隐蔽性等特征，因此，公共风险只能由政府来防范和化解。也就是说，在市场经济社会，私人风险与市场相匹配，公共风险与政府相匹配。这种对应关系是调整公共支出范围的基本出发点。此外，文章指出，可以用以下两种方法来分析公共支出范围的界定过程：一是风险归宿分析法，包括四个步骤；二是反向假设分析法。这两种方法不是截然分开的，而是互补的；还可以扩展应用到其他方面，如用来进行公共支出的效率分析。

原文出处：《经济研究》，2002年，第6期，第77~85页和第96页。

二、经典文献概述二

《一个关于地方支出的纯理论》

查尔斯·蒂布特

（一）作者简介

查尔斯·蒂布特（Charles Mills Tiebout，1924—1968年），美国经济学家，提出了著名的"蒂布特模型"和"用脚投票"理论。

（二）内容提要

文章讨论说明了马斯格雷夫和萨缪尔森的分析对联邦支出是有效的，但对地方支出并不一定是适用的。文章的基本思路是：首先，重述两位学者的假设以及他们所研究的核心问题；其次，在研究联邦与地方的关键性区别之后提出一个简单的模型，以便为地方公共产品的支出水平提供解决办法；再次，放宽该模型的假设，以便理解其含义；最后，讨论一些政策建议。文章总共包括以下八个方面的内容。

第一，文章提出了理论问题。萨缪尔森将公共产品定义为集体消费品（X_1+1，…，X_n+n），即每个个体对这种产品的消费并不会减少其他个体对其的消费。一个有别于萨缪尔森且更简单的定义是：公共产品是一种应该被生产但没有可行的方法向消费者合理收费的产品。文章认为，马斯格雷夫和萨缪尔森考虑的核心问题都关系到具有消费者和投票者双重身份的人（简称双重身份者）表达他们对公共产品的偏好的机制问题。如果能迫使所有的双重身份者表明自己对公共产品的真实偏好，那么所需提供的公共产品的数量和相应的受益税都能被确定下来。然而，事实是没有能迫使双重身份者表明自己真实偏好的机制；"理性的"消费者会故意把自己的偏好报小一些，以便既能享用公共产品又少纳税。这一问题是通过政治机制来解决的，但效果并不理想。一个"典型选民"的支出需求在某种程度上是被构想出来的。从公共财政理论的角度而言，应强制投票者披露自己的偏好，能够像私人产品市场一样满足他们的需求以及有依据地对他们征税。

第二，文章讨论了地方支出。马斯格雷夫和萨缪尔森都假设支出是由联邦政府来操作的。然而有些政府服务并不一定由联邦政府来提供，如治安、消防、教育、医疗、司法等。这些产品中有很多往往是由地方政府提供的。而且在历史上，地方支出一直超过了联邦政府支出。在地方政府这一层面，是否存在某种运行机制，使得花费在公共产品上的支出接近于适当的水平？对于那些即将迁往郊区的城市居民而言，公共设施和服务的可得性与质量，如沙滩、公园、治安、道路和停车设施等，可能都将被纳入决策过程。文章认为中央和地方在提供公共产品上存在重大差别。在中央层面，那些双重身份者的偏好是既定的，政府尽量去适应这些偏好模式。然而在地方层面，各个政府的收入-支出模式或多或少是既定的。由于收入-支出模式既定，因此双重身份者会迁往那些最能满足其偏好模式的地方政府下辖的社区。社区数量越多，不同社区的差异就越大，消费者就越能满足自己的偏好。

第三，文章提出了一个地方政府的模型。文章认为，可以通过设立一个极端的模型来揭示以上讨论的含义，具体包括以下七个假设：① 双重身份者能够充分流动，他们将迁往那些能够最好地满足他们偏好模式的社区；② 双重身份者被认为对各地收支模式的差异完全了解并能做出反应；③ 有大量的社区可供双重身份者选择；④ 不考虑就业机会的限制，假定所有人都是依靠股息收入来维持生活的；⑤ 各个社区所提供的公共服务不存在外部经济或外部不经济；⑥ 每个社区的服务模式都是由城市管理者根据社区原有居民的偏好设置的，其存在着一个最优的社区规模，这个最优值是指由能够以最低平均成本为其提供服务的居民数量；⑦ 未达到最优规模的社区将试图吸引新的居民以降低平均成本，超出最优规模的则反之，而正处于最优规模的社区将试图保持人口数量不变。鉴于流动性和上述假设，双重身份者将从超过最佳规模的社区迁至未达到最优规模的社区，以满足其偏好模式。搬迁或选择留下的行为非常关键，其揭露了双重身份者对于公共产品的需求。因此，每个地区的收支模式都反映了其居民的期望。

第四，文章提出了一个比较模型。文章认为，将上述模型的结论与一个更严格的模型的结论进行比较，从而找出这些结论与标准的市场结果存在哪些差异，是有意义的。严格的模型一开始就假定不存在公共产品，只有私人产品。对这些产品的偏好能被描述成 n 个模式中的一个，并假定任何一个社区的所有居民都必须将他们的货币按照社区规定的模式进行消费。给定假设①到假设⑤，并且假定消费者流向那些能满足他们偏好模式的社区，那么他们能实现自己的最优消费。相应地，n 个社区将派人去市场上为各自社区内的双重身份者购买产品。若只考虑公共产品的情形：假定附加服务的成本视为常数，人口倍增就意味着所需服务的数量也要倍增，并且社区的数量是无穷多的，每个社区在公共产品的支出上都采用不同的模式；同时将"空社区"定义为不能满足任何人偏好模式的社区。文章认为，给定上述情形再加上前文的假设①到假设⑤，双重身份者将选择那些正好能满足他们偏好模式的社区。n 个社区的需求总和反映了双重身份者对区域化的公共服务的需求。在这一模型中，该需求与正常市场力量决定的需求正好相同。

第五，文章对地方政府模型进行了再审视。从假设①到假设⑦所描述的第一个模型没有达到最优状态。文章举例说，在某一个既定的偏好模式下，假设一个社区的最优人口数量为13000人，而其他人虽然愿意，但是不能迁入该社区，因此只能接受次优结果。这种情况下，如果能找到理想的替代社区，就不会产生任何问题；但如果不能找到理想的替代社区，那就不能达到最优的偏好状态，只能接受或多或少偏离了最优状态的次优结果。因此，这个模型所表述的问题不是唯一的。在生产方面，假定要么由于城市管理者的高效率，要么由于存在来自其他社区的竞争，社区被迫将成本降到最低值。我们可认为消费者进入社区去购买那些价格（即税收）既定的社区服务。在空间经济中，消费者不可避免地要表露其偏好；空间流动使得地方公共产品成为私人市场上购物旅行的对应物。

第六，文章讨论了外部经济与流动性。文章认为放宽假设⑤可以得到一些有意义的结论。社区之间存在明显的外部经济和外部不经济。如果某社区的相邻社区通过喷药来防止树木生病，那么该社区也能受益；相反，如果其相邻社区执法不到位，那么该社区也会受到负面影响。如果外部经济或者外部不经济足够重要，那么有必要采取某种形式的社区合并。并不是所有的执法环节都能够在地方一级上得到充分的实施。与地方警察形成对照的是州治安官、国家警察和联邦调查局，后三者的作用被认为是源于合并的需要。文章认为，我们应该将假设①和假设②与现实进行比较。实际上，双重身份者并没有完全的信息和既定的偏好，也不是完全可流动的。问题在于人们在选择社区时如何反应。

第七，文章讨论了政策含义。前面的分析对城市合并、流动性和既定的收入-支出模式都有政策含义。从经济福利角度考虑，在成本不变和其他服务都不减少的条件下，只要能提供更多的某种服务，城市合并就是合理的。除非社会福利函数已知，否则从经济角度看，伴随着一种或多种服务减少的成本降低并不能被证明是合理的。如果其中某个社区在合并后得到的警察保护弱于它以前得到的保护，那么合并会因为侵犯了消费者的选择权而遭到反对。那些促进居民流动并增加双重身份者信息的政策将能改进政府支出的配置。因此，文章提出了一个规范性问题：地方政府是否应该有一个固定的收入-支出模式？对一个动态的大城市而言，这是不可能的；但对农村和郊区而言，可以进行适当的考虑。

第八，文章得出结论。对大量的集体产品或公共产品而言，上述规范性问题的确存在概念上的解。如果双重身份者可以完全流动，他们就能接受适当的、有着固定收入-支出模式的地方政府。由于制度刚性，这个解可能是不完美的，但这并没有降低它的重要性。如同私人空间经济的一般均衡解一样，如果偏好和资源禀赋既定，这个解就是最优的，而且可解。

原文出处：*Journal of Political Economy*，1956年，第5期，第416～424页。

第三节 典型案例

一、案例正文

 案例一

封禁下的中兴，有多少生机？

2018年4月，美国商务部宣布由于所谓的"中兴违反了美国向伊朗技术禁售的制裁条款"，封禁中兴通讯直到2025年，封禁时间为7年。在这段时间内不允许美国公司向中兴出售零部件、技术、商品和软件。

这并不是中兴第一次在美遭遇制裁，但美国一纸技术禁售令发出后，这家成立于1985年的老牌通信厂商可能面临有史以来最大的经营危机。

中兴有25%~30%的零部件来自美国供应商，其中最为核心的零部件依赖于美国供应商。中兴的手机芯片、射频芯片、手机玻璃、基带芯片、存储芯片、光学元件等核心零部件来自美国的高通、博通、英特尔、美光、康宁等科技巨头，短期内无法找到能保持相同竞争力的替代产品，甚至根本没有替代产品。

事实上，近年我国芯片行业在快速发展。IC insights报告显示，全球纯芯片设计公司50强中，2009年只有一家中国公司——华为旗下的海思；2016年，中国进入该榜单的公司增长到11家，包括海思、展讯、中兴、大唐、南瑞、华大、锐迪科、ISSI、瑞芯微、全志科技、澜起科技。但是相较于国际先进芯片技术，我国的芯片业发展水平仍然有一定差距。

（案例来源：《封禁下的中兴，有多少生机？》，搜狐网，https://www.sohu.com/a/228883807_828349。有改动。）

 案例二

2022年我国研发经费投入突破3万亿元 创新型国家建设获有力支撑

我国高度重视科技创新，研究与试验发展（R&D）经费持续增长，2012年突破1万亿元，2019年突破2万亿元。

《2022年全国科技经费投入统计公报》显示，2022年，全国R&D经费投入再创新高，达到30782.9亿元，较2021年增长10.1%，连续7年保持两位数增长。

从投入强度看，我国R&D经费投入占国内生产总值的比例从2012年的1.91%持续提高到2022年的2.54%。"我国2.54%的投入水平已处于发展中国家前列，接近经济合作与发展组织国家2.71%的平均水平。"中国科学技术发展战略研究院技术预测与统计分析研究所所长玄兆辉表示。

2020年以来，我国基础研究经费投入规模持续保持在全球第2位。2022年我国基础研究经费突破2000亿元，达2023.5亿元，比上年增长11.4%，极大推动了我国原始创新能力的提升。2022年我国基础研究经费占R&D经费的比例为6.57%，已连续4年保持6%以上。

"总体来看，我国科技经费投入快速增长有力支撑了创新型国家建设，但在研发经费投入强度、基础研究经费占比等方面仍与世界科技强国建设要求存在一定差距。"玄兆辉建议，为实现建设世界科技强国目标，应持续加大全社会R&D经费投入，进一步强化政府对研发活动的支持力度，加快建立基础研究多元化投入机制，引导和鼓励研发经费流向基础研究领域。

（案例来源：《2022年我国研发经费投入突破3万亿元 创新型国家建设获有力支撑》，载《光明日报》，https://news.gmw.cn/2023-09/19/content_36841789.htm。有改动。）

案例三

美国加深制裁中国芯片产业：英伟达遭打击，国产化进程加速

美国当地时间2023年10月17日，美国商务部产业和安全局（BIS）发布了针对芯片的出口禁令新规，对于中国半导体的制裁进一步升级。

此次限制的核心对象是先进计算半导体、半导体制造设备和超级计算机项目。而此次新规事实上是美国对2022年10月7日发布的所谓规则进行修改更新的版本，更加严格地限制了中国购买重要的高端芯片。

据英国广播公司（BBC）报道，美国此次对华芯片制裁的加深，旨在进一步遏制中国在尖端技术领域的发展，尤其是人工智能技术领域的突破。

虽然美国对中国芯片产业的制裁加深对我国相关技术发展造成了影响，但是随着本土芯片产业链的逐渐完善，国产化替代的进程也在不断加速。

国际数据公司（IDC）发布的《中国半年度加速计算市场（2023上半年）跟踪》显示，受供应链、政治等因素影响，中国市场面临的算力缺口给国内的芯片发展带来新的机遇。中国本土的AI芯片厂商发展正处于快速增长的阶段。

2023年上半年，中国加速芯片的市场规模超过50万张。从技术角度看，GPU卡占有90%的市场份额；而在研发方面，国产芯片的研发力度正不断加大，资金投入整体有所增加；从品牌角度来说，中国本土AI芯片品牌出货超过5万张，占整个市场10%左右的份额。

（案例来源：《美国加深制裁中国芯片产业：英伟达遭打击，国产化进程加速》，搜狐网，https://it.sohu.com/a/729592800_114984。有改动。）

二、案例分析

1. 本章案例所反映的内容分析

本章案例一，美国商务部宣布对中兴进行制裁，封禁中兴通讯直到2025年。由于中兴最为核心的零部件依赖于美国供应商，所以这一技术禁售令可能会使中兴面临有史以来最大的经营危机。虽然我国芯片行业在快速发展，但是相较于国际先进芯片技术，我国的芯片业发展水平仍然有一定差距。

本章案例二，近些年，我国持续快速的研发投入增长为我国科研事业发展提供了财力保障。中国作为全球第二大研发经费投入经济体，2022年全社会R&D经费投入再创新高，达到30782.9亿元。此外，我国基础研究经费投入规模持续保持在全球第2位，2022年基础研究经费达2023.5亿元，其占R&D经费的比例为6.57%，已连续4年保持6%以上。但是，我国在研发经费投入强度、基础研究经费占比等方面仍与世界科技强国建设要求存在一定差距。

本章案例三，美国商务部产业和安全局（BIS）进一步升级了对我国半导体的打压，对我国的科技封锁不断加强。受供应链、政治等因素影响，中国市场面临的算力缺口给国内的芯片发展带来新的机遇。国产芯片的研发力度正不断加大，资金投入整体有所增加。随着本土芯片产业链的逐渐完善，我国芯片国产化替代的进程也在不断加速。

本章案例说明，当前，世界百年未有之大变局加速演进，经济全球化遭遇逆流，地区冲突此起彼伏，国际力量对比深刻调整，全球进入新的动荡变革期，科技创新水平成为影响利益相关各方战略博弈的关键变量。当前，我国核心关键技术"卡脖子"问题、创新链产业链供应链有短板弱项等问题依旧存在，急需提高新质生产力，早日实现高水平科技自立自强。习近平总书记多次强调，基础研究是整个科学体系的源头，是所有技术问题的总机关。范内瓦·布什提出科学与技术之间的线性模型，其在《科学：无尽的前沿》中指出，基础研究是国家发展的基石，是应用研究的先决条件，也是技术创新的根本驱动力。加强基础研究，是实现高水平科技自立自强的迫切要求，是建设世界科技强国的必由之路。因此，为了应对国际科技竞争、实现高水平科技自立自强，我国迫切需要加强基础研究，加大对基础研究的投入。

2. 基于内生增长理论和外部性理论分析我国进一步加大科技支出的必要性

(1) 理论阐述。

内生增长理论（新经济增长理论）认为，技术创新是经济增长的源泉。罗默提出，科学研究和创新成果能够为企业增加利润、为社会增加福利，只要增加科研人员数量就会提高经济增长率，因此，企业和社会具有加大创新投入的激励。而研发和创新行为创造的知识是一种特殊的商品，当知识被作为要素投入生产时，会产生正外部性，并实现规模报酬递增，从而实现持续的经济增长。新经济增长理论的重要内容之一就是把新古典增长模型中的劳动力定义扩大为人力资本投资，即人力不仅包括绝对的劳动力数量和该国所处的平均技术水平，还包括劳动力的教育水平、生产技能训练和相互协作能力的培养等。

在经济学的经典理论中，对技术进步和创新的关注最早可以追溯到 1776 年，亚当·斯密所著的《国富论》中提到分工之所以有助于经济增长是因为它有助于某些机械的发明。在《资本论》中，马克思从哲学的角度阐述了技术创新的基本思想，并且对科学发现和技术创新在社会经济发展中的重要作用做了精辟的论述。熊彼特在其经典著作《经济发展理论——对于利润、资本、信贷、利息和经济周期的考察》中，第一次将创新视为经济增长的核心，从而第一次把创新引入了经济研究的领域。20 世纪 80 年代，美国经济学家罗默第一次提出了技术进步内生增长模型，把经济增长建立在内生技术进步上。

外部性亦称外部成本、外部效应或溢出效应。外部性可以分为正外部性和负外部性。外部性是某个经济行为主体对另一个经济行为主体产生一种外部影响，而这种外部影响又不能通过市场价格进行买卖。正外部性（外部经济）指某个经济行为主体的行为使他人或社会受益，而受益者无须付出代价。负外部性（外部不经济）指某个经济行为主体的行为使他人或社会受损，而造成外部不经济的经济行为主体没有完全为此承担成本。

外部性理论始于 1890 年马歇尔在《经济学原理》中提出的外部经济，书中指出，对于经济中出现的生产规模扩大，我们可以把它划分为两种类型：第一类，即生产的扩大依赖于产业的普遍发展；第二类，即生产的扩大来源于单个企业自身资源组织和管理的效率。我们把前一类称作外部经济，将后一类称作内部经济。1924 年，马歇尔的学生庇古在《福利经济学》中提出内部不经济和外部不经济的概念，并基于对社会资源进行最优配置这一角度，运用边际分析法，提出边际社会净产值和边际私人净产值，最终形成外部性理论。同时，庇古还提出了解决外部性问题的庇古税。20 世纪 60 年代，科斯在《社会成本问题》中提出在交易费用为零的条件下，无论初始的权利如何分配，最终资源都会得到最优配置，理性主体总会将外溢成本和收益考虑在内，社会成本问题将不复存在，由此产生了著名的科斯定理。

(2) 我国进一步加大科技支出的必要性。

科学技术具有典型的正外部性。科学技术的正外部性表现在：① 科技进步具有加速度特征。科技进步往往是长江后浪推前浪，一项成果的推广应用能够为其他成果的研究、开发和应用开辟道路，从而推动整个社会科学技术加速度发展。② 科学技术的推广应用能够产生溢出效应。虽然拥有某项科学技术知识产权的发明人只是少数企业或团队，但一旦这一新技术被应用之后，就会对同类企业或其他相关行业的经济活动产生溢出效应，使其他企业从这一发明成果中受益。新的科学技术在一定时限和范围内虽然受到法律保护，不能盗用或抄袭，但人们在学习过程中可以通过消化吸收再创新实现技术的升级换代。同时，某一领域新技术的推广应用，还会推动社会其他领域的科技向前发展，从而提高整个社会的科学技术水平。因此，科技创新成果应用的领域越广、规模越大、程度越高，这一科学技术及其在工艺上的应用发挥的作用就越大，单位商品中所包含的使用成本就越低，由此产生的社会经济效益也就越大。

研究与试验发展（R&D）活动包括基础研究、应用研究和试验发展。首先，从R&D经费的绝对投入上看，如表6-1所示，2006—2022年，我国R&D经费投入在逐年增加，而且基础研究经费总量也在不断上升，2022年的R&D经费已突破3万亿元，基础研究经费近2000亿元。其次，从R&D经费的增速上看，R&D经费的增速整体有下降趋势；基础研究经费的增速波动较大，说明我国R&D经费和基础研究经费的投入仍不够稳定。最后，从基础研究经费占R&D经费的比例来看，基础研究经费的占比虽然波动上升，但是2022年的占比只有6.32%，而西方主要发达国家的基础研究经费占R&D经费的比例基本能达到10%以上。因此，与发达国家相比，我国的科研支出更侧重于试验发展阶段，基础研究领域比较缺乏经费支持。基础研究是开展应用研究和试验发展的基础，轻基础研究、重试验发展的现象不利于我国科技创新水平的长期提升。

表6-1　2006—2022年我国R&D经费和基础研究经费规模

年份	R&D经费/亿元	R&D经费增速	基础研究经费/亿元	基础研究经费增速	基础研究经费占R&D经费比例
2006	3003.10	22.58%	155.76	18.71%	5.19%
2007	3710.24	23.55%	174.52	12.04%	4.70%
2008	4616.02	24.41%	220.82	26.53%	4.78%
2009	5802.11	25.70%	270.29	22.40%	4.66%
2010	7062.58	21.72%	324.49	20.05%	4.59%
2011	8687.01	23.00%	411.81	26.91%	4.74%
2012	10298.41	18.55%	498.81	21.13%	4.84%
2013	11846.60	15.03%	554.95	11.26%	4.68%
2014	13015.63	9.87%	613.54	10.56%	4.71%
2015	14169.88	8.87%	716.12	16.72%	5.05%
2016	15676.75	10.63%	822.89	14.91%	5.25%
2017	17606.13	12.31%	975.49	18.54%	5.54%
2018	19677.93	11.77%	1090.37	11.78%	5.54%
2019	22143.58	12.53%	1335.57	22.49%	6.03%

续表

年份	R&D经费/亿元	R&D经费增速	基础研究经费/亿元	基础研究经费增速	基础研究经费占R&D经费比例
2020	24393.11	10.16%	1467.00	9.84%	6.01%
2021	27956.30	14.61%	1817.00	23.86%	6.50%
2022	30870.00	10.42%	1951.00	7.37%	6.32%

（数据来源：相关年度的"中国科技统计年鉴"以及《2021年全国科技经费投入统计公报》等。）

综上所述，内生增长理论和外部性理论认为，技术创新是经济增长的源泉，而科技具有强大的正外部性。因此，我们应不断加大R&D经费投入，尤其是政府应进一步加大科技经费投入。其中，基础研究是整个科学体系的源头，是所有技术问题的总机关，其产生的正外部性影响不言而喻。因此，我国要在全球科技竞争中取得竞争优势，必须不断优化基础研究投入与配置，引导基础研究发展方向和方式，不断提升我国基础研究能力。

3. 我国优化财政科技投入体系可进一步采取的措施

（1）构建财政科技支出稳定增长机制，进一步提升财政科技支出力度。

尽管近年来我国在科技领域的财政投入持续增加，但与发达国家相比，仍有较大的提升空间。为了进一步提升我国的科技创新能力和国际竞争力，需要进一步加大科技财政投入力度。同时，政府应加强顶层设计和宏观调控，通过制定相应的政策和措施，鼓励企业、高校、科研机构等加大对科技的投入，进一步形成多元化的科技投入格局。此外，进一步强调把科技财政支出列为公共财政支出的重点项目，在年初预算安排中予以重点保障；建立和完善财政科技投入的稳定增长机制，或将财政科技支出与GDP挂钩，保障全国科技财政投入稳步增长，平衡好稳定性机构资助和竞争性的项目资助之间的布局，满足不同类型基础研究的需求；建立健全中央、省（自治区、直辖市）、地市、县四级科技计划相衔接制度，确保地方财政科技支出能够落实。

（2）完善投入统筹协调机制，进一步激发企业基础研究积极性。

强化企业的科技创新主体地位，支持企业基于市场导向提出相关的基础研究需求，推动企业以联合基金等形式将更多资金投向基础研究领域。政府可以从税收优惠、政府采购、知识产权保护、联合申报参与、风险投资、科技成果转化等多方面政策充分激励企业根据其发展需求加大基础研究投入，在现有政策的基础上提高企业出资用于基础研究支出的加计扣除比例，对企业基础研究投入按比例给予后补助，同时优化科研计划立项机制，吸引有研发实力的国有企业和民营企业主动参与和投入以需求为导向的基础研究计划。此外，加强宣传引导，不断提高企业对基础研究的重视程度，引导企业与高校、科研机构建立合作伙伴关系，共同开展基础研究。

（3）进一步优化财政科技支出结构，提高基础研究和应用研究支出比例。

在财政支出结构上，积极引导财政加大基础研究和应用研究的投入力度，提高我国原始创新能力；加快建立基础研究和应用研究稳定支持机制，强化"卡脖子"技术攻关需要，鼓励原创性和颠覆性创新投入。创新型国家采取稳定性与竞争性相结合、以稳定性资助为主的方式支持基础研究，稳定性、竞争性经费支持比例一般为7∶3，高的达到8∶2，因此要适度调整稳定性与竞争性经费比例。此外，在R&D投入上，需要注重将基础研究和应用研究进行整体考量，推动我国前瞻性基础研究、前沿基础技术突破，并统筹考虑战略性基础研究和国家战略科技力量政策，切实解决基础研究支持过程中的深层次问题。具体来说，需要进一步加强对基础研究、前沿技术、战略性新兴产业等方面的投入，同时减少对低水平、重复性项目的投入。

（4）进一步强化支出绩效考评，提升财政科技支出效率。

推动建立健全以高质量创新产出为导向的财政科技支出绩效评价机制，叫停那些投入产出效率不高以及"伪投入"的项目，促进财政科技支出向创新产出和创新能力转化。科技支出成果的考核应该改变简单量化考评机制，要根据不同的研究特点建立合理的考核指标、方法，进一步深化"破四唯"，从重视科研成果数量转变为重视科研成果质量。以高校为主要研究主体的自由探索类基础研究，应采取长周期评估方法，评估过程重视学术成果的前瞻性和原创性；以科研院所为主要研究主体的目标导向类基础研究，重点评估其目标实现程度以及能否对我国重大发展问题的解决做出贡献。在评判考核方面形成不同的考核模式，并通过绩效考核及时总结和发现资助项目存在的问题，促进项目及时改进完善。

（5）加快政府职能转变，让市场发挥更大作用。

加快政府职能转变，推动建设平台型政府，着力引导创新主体围绕特定目标开展有组织的科研创新活动，构建和完善支持科技创新的制度体系。政府要加快管理方式的转变，从微观管理向宏观管理转变，充分发挥市场的发现机制，科研目标要和企业需求相衔接。政府通过投资基金、购买服务、后补助等机制，鼓励和引导企业加大研发投入，形成多元化投入格局。重点支持市场不能有效配置资源的基础前沿、社会公益、重大关键共性技术研究等公共科技活动，带动社会力量和企业加大科技投入，强化科技与金融合作，加速形成多元化、多渠道、多层次的科技投入体系。另外，进一步建立健全来自社会力量捐赠的基础研究投入管理机制，完善捐赠的制度环境，畅通社会捐赠渠道，营造非营利性机构、个人等积极捐赠的良好基础研究生态环境。

参考文献

[1] 孙莹. R&D经费投入趋势演变与启示——基于交叉结构视角的国际比较[J]. 上海行政学院学报，2023，24（01）：100-111.

[2] 王婷，蔺洁，王孝炯，等. 优化我国基础研究投入与配置的思考[J]. 华北水利水电大学学报（社会科学版），2023，39（06）：34-39.

[3] 韩凤芹，马婉宁. 高水平科技自立自强下基础研究投入的新思路[J]. 科学管理研究，2023，41（04）：134-143.

[4] 陈亚平，王胜华. 我国财政科技支出结构、效果与问题研究[J]. 科学管理研究，2021，39（05）：140-149.

[5] 蔺洁, 王婷, 陈亚平. 美国基础研究政策新动向及对我国的启示 [J]. 科技管理研究, 2022, 42 (15): 36-42.

[6] 韩凤芹, 马婉宁. 高水平科技自立自强下基础研究投入的新思路 [J]. 科学管理研究, 2023, 41 (04): 134-143.

[7] 王悦. 提高我国财政科技投入效率的思考与启示 [J]. 价格理论与实践, 2017 (07): 121-124.

[8] 韩凤芹, 索朗杰措, 陈亚平. 中国财政科技投入的特征、问题与趋势判断——基于中长期发展的视角 [J]. 科学管理研究, 2023, 41 (01): 139-146.

[9] 田晶, 张超, 马永浩, 等. 省级财政科技支出统计分析——以江苏省为例 [J]. 科技中国, 2022 (06): 70-74.

第六章习题

一、单选题

1. 财政支出增长的百分比与 GDP 增长的百分比的比值是（　　）。

   A. 财政支出占 GDP 的比例

   B. 财政支出增长弹性

   C. 边际财政支出倾向

   D. 财政支出增长率

2. 衡量财政活动规模更科学的指标是（　　）。

   A. 财政支出增长率

   B. 财政支出占 GDP 的比例

   C. 财政支出增长弹性

   D. 边际财政支出倾向

3. 德国经济学家瓦格纳认为：当国民收入增长时，财政支出会以（　　）增长。

   A. 同样比例

   B. 更大比例

   C. 更小比例

   D. 相反比例

4. 投资性支出占比较大，消费性支出和转移性支出占比较小的财政支出特征是经济发展（　　）的特征。

   A. 早期

   B. 中期

   C. 成熟期

   D. 晚期

5. 内生增长理论认为，（　　）是经济增长的源泉。

   A. 技术创新

B. 劳动分工程度

C. 投资

D. 专业化人力资本

6. 非常时期过后，政府和公众会从理性上"反思"自己对整个社会承担的责任，会接受较高的纳税水平，这被称为（　　）。

A. 替代效应

B. 集中效应

C. 分散效应

D. 审视效应

7. 财政支出能够促进经济增长，而且财政支出的增加，能够促进经济成倍增长，这被称为财政支出的（　　）效应。

A. 收入

B. 替代

C. 经济增长

D. 挤出

8. 2007年1月1日开始，我国实施的政府收支分类改革中，（　　）能主要反映政府各项职能活动及其政策目标。

A. 收入分类

B. 支出功能分类

C. 支出经济分类

D. 支出项目分类

9. 我国现行政府预算支出按功能分类的类级科目综合反映了政府的（　　）。

A. 具体事项

B. 职能活动

C. 收入数量

D. 资金转移

10. 我国从"三五"到"十五"期间，按照支出功能分类的经济建设费支出占比大体上呈现了（　　）趋势。

A. 不断上升

B. 不断下降

C. 基本不变

D. 先升后降

11. 资金无偿的、单方面转移的财政支出属于（　　）支出。

A. 转移性

B. 购买性

C. 投资性

D. 消费性

12. （　　）支出的特点是付出了资金的同时购得了商品和服务，它所体现的是政府的市场性再分配活动。

A. 购买性

B. 转移性

C. 投资性

D. 消费性

13. 国防支出、教育支出、科技支出等属于（　　）支出。

A. 消费性

B. 投资性

C. 资本性

D. 转移性

14. 补助支出、捐赠支出和债务利息支出等属于（　　）支出。

A. 转移性

B. 购买性

C. 投资性

D. 消费性

15. 衡量一国政府教育投入水平的重要指标是（　　）。

A. 财政性教育经费占 GDP 的比例

B. 教育总支出占 GDP 的比例

C. 财政性教育支出占财政总支出的比例

D. 财政性教育经费的增长率

16. 目前，我国卫生支出中，（　　）主体所占的比例最高。

A. 政府

B. 企业

C. 个人

D. 社会

二、多选题

1. 经济发展阶段论是由（　　）和（　　）提出来的。

A. 马斯格雷夫

B. 罗斯托

C. 罗默

D. 卢卡斯

2. 内生增长理论主要是由（　　）和（　　）提出来的。

A. 马斯格雷夫

B. 罗斯托

C. 罗默

D. 卢卡斯

3. 皮考克和魏茨曼提出的梯度渐进增长论的前提假设包括（　　）。

A. 政府喜欢多开支

B. 公民不愿意多纳税

C. 政府倾向于缩小预算规模

D. 公民愿意多纳税

4. 按照功能分类，2007年以前我国财政支出可以分为（　　）。

A. 经济建设支出

B. 社会文教支出

C. 国防支出

D. 行政管理支出

5. 在"三五"时期，我国财政支出占比排前两位的是（　　）。

A. 经济建设支出

B. 国防支出

C. 行政管理支出

D. 社会文教支出

6. 影响财政支出规模扩张的因素有（　　）。

A. 国家职能的扩张和社会活动规模的扩大与复杂化

B. 人口增长与环境保护压力

C. 经济发展的需要

D. 国际关系的复杂化

7. 财政支出规模的合理控制可以从（　　）角度入手。

A. 明确政府的职能范围

B. 财政支出规模总量的控制

C. 财政支出结构的优化

D. 财政支出结构增长的控制

8. 政府参与基础设施投资的方式有（　　）。

A. 政府投资，免费提供

B. 政府投资，商业经营

C. 政府和社会资本合作

D. 民间机构投资和经营，政府监管

9. 政府介入基础设施领域的理论依据有（　　）。

A. 基础设施消费中存在外部效益

B. 基础设施的生产投资大、周期长、回收慢、风险高，私人资本不愿意投资

C. 基础设施配置存在着地区公平问题

D. 基础设施投资作为先行资本，对整个国民经济的发展具有很强的制约作用

10. 进一步提高财政性教育经费支出的途径有（　　）。

A. 大幅提高财政收入水平

B. 进一步转变政府职能，调整财政支出结构，提高各级政府财政支出中的教育支出比例
C. 明确各级政府的投资责任
D. 自身提高经费使用效率，优化层级配置

11. 政府投资的原则包括（　　）。
A. 弥补市场失效原则
B. 维护资源配置效率原则
C. 调节宏观经济运行原则
D. 经济利益最大化原则

12. 影响行政管理支出的因素有（　　）。
A. 社会经济的增长
B. 行政职能和机构设置
C. 财政收支水平
D. 通货膨胀

13. 行政管理支出规模膨胀的原因有（　　）。
A. 政府职能范围调整不到位
B. 机构和人员的膨胀
C. 行政效率低下
D. 管理水平和法治化程度不足

14. 我国国防支出项目包括（　　）。
A. 人员生活支出
B. 训练维持支出
C. 装备支出
D. 行政管理支出

15. 世界银行提出政府要对卫生事业进行干预的理由有（　　）。
A. 许多与医疗卫生有关的服务是公共产品，具有外部性
B. 减少贫困
C. 疾病风险的不确定性和保险市场的缺陷
D. 关系人民健康

16. 一般说来，在市场经济条件下，政府投资项目大致可以分为（　　）。
A. 公益性项目
B. 竞争性项目
C. 基础性项目
D. 前瞻性项目

三、判断题

1. 梯度渐进增长论认为，公民所能容忍的税收水平决定了政府财政支出水平。
（　　）

2. 投资性支出占比较大，消费性支出和转移性支出占比较小的财政支出特征是经济发展中期阶段的特征。（ ）

3. 资金无偿的、单方面转移的财政支出属于购买性支出。（ ）

4. 内生增长理论认为，技术创新是经济增长的源泉。（ ）

5. 卫生支出属于消费性支出。（ ）

四、论述题

1. 结合支出的经济性质分类，分析我国一般公共预算支出结构的现状。
2. 结合经济发展阶段论，预测我国一般公共预算支出结构的变化趋势。
3. 分析影响财政支出规模扩张的主要因素。
4. 论述内生增长理论对我国优化财政支出结构的借鉴意义。

第六章习题参考答案

第七章 财政收入的规模与结构

第一节 理论要点

财政收入,是指政府为履行职能而筹集的一切资金的总和。从根本上说,财政收入产生于社会公共利益的需要,是为了满足社会共同需要而由政府筹集的收入。本章要求了解和掌握财政收入的概念、规模及其影响因素等内容。

一、财政收入概述

(一) 财政收入的概念

1. 从动态和静态的角度看

从动态的角度看,财政收入是政府筹集财政资金的过程,是以国家为主体的分配活动的一个阶段或一个环节,通过组织收入、筹集资金,形成特定的分配关系。从静态的角度看,财政收入是国家通过一定的形式和渠道集中起来的以货币表现的一定量的社会产品价值。

2. 从广义和狭义的角度看

广义的财政收入是指各级政府所支配的全部资金,其范围与政府收入一致,包括全口径财政预算的所有收入。狭义的财政收入是指一般公共预算收入,以税收为主体,也包含纳入一般公共预算的非税收入、债务收入和转移性收入等。

(二) 最优财政收入规模

何为最优财政收入规模?现实中并不存在统一的、绝对的衡量标准,与其说最优财政收入规模,不如说适宜的或合理的财政收入规模更为恰当。

判断财政收入规模的大小,应注意以下方面:运用的计算口径和方法须一致;与经济发达程度相适应;与政府职能大小相关联;与政府提供的公共服务相对应。

可见,所谓最优财政收入规模其实是一个相对的、动态的概念,是一种在一定时期处于社会经济均衡状态下的适度规模,一种持之以恒、不断接近"最优"的状态。

二、财政收入规模

(一) 财政收入规模及衡量指标

财政收入规模指财政收入的总体水平,是衡量一国政府财力的重要指标,它体现政府在国民收入分配中所占的份额,政府与企业、居民个人之间占有和支配社会资源的关系,以及政府在经济社会生活中的地位和作用。

1. 衡量财政收入规模的绝对指标

财政收入规模的绝对指标指财政收入总额或财政总收入,它反映一定时期内一个国家财政收入的数量、构成、形式和来源。

2. 衡量财政收入规模的相对指标

财政收入规模的相对指标反映政府对一定时期内新创造的社会产品价值总量(或国内生产总值)的集中程度,又称为财政集中率。

(二) 财政收入规模的变化趋势及影响因素

1. 财政收入规模的变化趋势分析

从总体和趋势上看,发达国家和发展中国家自第二次世界大战结束后,都出现了财政收入增长的情况,特别是二十世纪八九十年代之后,这种增长的态势尤为明显。

2. 影响财政收入规模的主要因素

① 经济发展水平:影响财政收入规模的最基本因素。

② 生产技术水平:蕴含于经济发展水平之中,是影响财政收入规模的重要因素。

③ 财政收入分配政策和分配制度:影响表现在国民收入分配政策决定剩余产品价值占整个社会产品价值或国民收入的比例,进而决定财政分配对象的大小;财政分配政策决定财政集中资金的比例,从而决定财政收入规模的大小。

④ 价格水平:价格水平变动通过财政收入制度影响财政收入水平,产品比价关系变动影响财政收入。

三、财政收入结构

(一) 财政收入的分类

1. 按价值构成分类

马克思再生产理论认为,社会产品价值由三部分构成:补偿生产资料消耗的价值部分、新创造的价值中归劳动者个人支配的部分、新创造的归社会支配的剩余产品价值部分。其中,新创造的归社会支配的剩余产品价值部分是提高人民生活和收入水平以及满足社会共同需要的财力保证,是财政收入的主要来源。

2. 按收入来源分类

一是以财政收入的所有制结构为标准,将财政收入分为国有经济收入、集体经济收入、私营与个体经济收入、合资与合营经济收入、外商独资经济收入和股份制经济收入等。

二是以财政收入来源中的部门结构为标准,将财政收入分为工业部门和农业部门收入,轻工业部门和重工业部门收入,生产部门和流通部门收入,第一产业部门、第二产业部门和第三产业部门收入等。

3. 按收入形式分类

按收入形式分类,财政收入分为税收收入和非税收入两大类。税收收入是政府凭借其公共权力无偿占有的一部分社会资源或收入,包括所得税、商品税、财产税、资源税等各项税收。从数量上看,税收收入通常也是一个国家主要的财政收入来源,它在财政总收入中占据着绝对的主体地位。

非税收入是相对于税收收入而言的,是指国家(政府)在依照税法征税取得税收收入以外,各级行政机关、司法机关和代表政府行使管理职能的事业单位,以专项收入、公共债务收入、规费和使用费等形式向法人、社会团体和居民个人收取的收入,以及依据财产权利收取的国有资本经营收入、国有资源(资产)有偿使用收入等收入。

4. 按行政级次分类

按行政级次分类,财政收入可以分为中央政府收入和地方政府收入。

(二) 我国财政收入结构的变化趋势

从总体趋势看,财政收入形式随着经济社会的演进和发展不断变化,并且逐渐多样化。我国财政收入包括四个全口径预算。

1. 一般公共预算收入

一般公共预算收入是人们比较熟知的公共财政收支安排，其 90% 左右来自税收收入，非税收入较少，支出主要用于政府提供的公共产品和服务，包括教育、医疗卫生、住房保障、农林水、国防、公共安全等。

2. 政府性基金预算收入

政府性基金预算收入属于非税收入，包括国有土地出让金收入、铁路建设基金、地方教育附加等，支出特点是专款专用，用于社会发展和改善民生，如教育、城市建设、文化事业发展等。

3. 国有资本经营预算收入

国有资本经营预算收入的来源主要是按照相关规定和比例向国有企业收取的国有资本收益，主要用于国有经济和产业结构调整、改革重组、重大技术创新等。

4. 社会保险基金预算收入

作为社会保障预算的重要内容之一，社会保险基金预算收入根据国家社会保险和预算管理法律法规建立，反映各项社会保险基金收支的年度计划。

第二节 经典文献概述

一、经典文献概述一

《中国政府收入来源及完善对策研究》

贾康　白景明

（一）作者简介

贾康，经济学博士，孙冶方经济科学奖和黄达-蒙代尔经济学奖获得者，曾长期担任中国财政部财政科学研究所所长，出版了《财政本质与财政调控》《地方财政问题研究》《公共财政与公共危机——"非典"引发的思考》等著作。

白景明，经济学博士，从事财经理论和政策研究，出版了《公共经济》《财政与发展》《服务经济学》等著作。

（二）内容提要

文章指出，从 20 世纪 70 年代末开始，中国政府在经济管理体制和经济增长方式两方面做出重大转变，以经济建设为中心，大力推进工业化，同时推进市场化。由于政府是工业化和市场化的启动者，政府必须筹措大量资金去推动、调节发展和改革并维持社会稳定。在此背景下，原有的政府收入筹措方式很快被打破，单一化的收入来源渠道随之被多元化的收入来源渠道所取代。文章对转轨时期我国政府收入来源渠道、收入结构、收入效应及其完善对策做了初步分析，具体包括以下几个方面。

第一，文章分析了转轨时期我国政府收入来源渠道的多元化。文章指出，我国形成了由中央级、省级、地市级、县级、乡级五级政府组成的政府体系，并相应设置了财政机构。改革开放以来，各级政府收入来源呈多元化、复杂化格局，可分为预算内、预算外和非规范（非预算或制度外）三大渠道。① 预算内收入，由税收、税收附加、基金、专项收入、规费等组成，其中税收是最主要部分，具有较高的法治化、规范化程度及可预见性。② 预算外收入也是我国政府收入体系中的一个组成部分，具有明显的分散性，实质上是政府履行职能时的财力补充。预算外收入有三个特征：结构复杂、收入不稳定、使用带有专项性但专项规定又极易被打破。③ 非规范收入，亦称制度外收入、非预算收入等，最具机动性和波动性，历史较短，透明度最低，用途广泛，如经济建设、事业发展、政权建设、社会保障和公职人员津贴福利等；筹措机制没有明确的制度依据和法规范围；筹措方式包含有偿和无偿两类，存在形式有公开和隐蔽两种。

第二，文章分析了政府收入渠道多元化的成因。文章认为，转轨过程中我国政府收入来源渠道多元化的成因相当复杂，其中既有体制性因素，也有非体制性压力，包括六个方面。① 当时中国经济基础薄弱，需要政府筹措大量资金去促进经济发展和社会进步。② 分权式改革连带出事权财权化意识，激活了原先受压抑的局部利益，中央各部门和地方各级政府机构总是试图通过多渠道筹资来落实自己扩展了的事权。③ 各级政府间彼此戒备，尽可能扩大不纳入体制约束的资金。四次较大的财政体制改革目的都包括规范政府间财政资金分配原则并强化各级政府的协调，"一级政府、一级事权"规则势必促使各级政府维护本级利益并尽可能扩张收入。④ "正税"的税源流失较严重，导致预算内资金增长乏力，迫使各级政府通过非规范之策筹措预算外、体制外资金。⑤ 政府系统各部门、各权力环节在本位利益驱动下，通过扩张可供其掌握支配的预算外收入和非预算收入，来寻求其福利最大化。⑥ 在我国经济转轨变型时期，公共产品边界模糊，进而公共服务与商业性服务边界模糊，不同性质的收费繁杂，于是政府部门及权力环节借势巧立名目增加收费。

第三，文章分析了当时我国政府收入规模和结构。文章指出，转轨时期，我国政府性资金收入规模不断扩张，预算内外资金合并计算的增长速度相当快，且呈现一定的稳定性，特别是在经济低潮期，政府收入增长依然强劲，预算外资金膨胀速率远超过预算内资金膨胀速率。从预算外资金收入结构看，事业行政单位掌握的资金扩张明显快于地方财政掌握部分。文章指出，当时我国政府非预算收入主要包括五大部分：社会保障资金、政府集资、私自转换制度内资金、通过"创收"等形成的"小金库"资金、乡镇政府自筹资金。在我国的政府收入体系中，表面上看预算内资金始终占据主要地位；但实际上，预算外资金拥有更强的增长潜势。最后，文章得出了一个粗略判断：在我国当时的政府收入体系中，预算内资金约占 50% 左右，预算外收入和非预算收入各占 25% 左右。

第四，文章评价了当时我国政府收入体系多元化的效应。文章认为，总体上，转轨时期政府收入多元化有其特定的正面效应，为政府实施社会经济发展战略和宏观调控提供了物质基础，在一定程度上起到了优化投资结构的作用。但是，其负面效应也不可忽视，包括：① 为政府行为的非规范和随意性提供了物质条件；② 预算外和非预算资金的存在实际上是分裂政府权威；③ 三部分资金并存阻碍了中央政策与宏观意图的贯彻；④ 多渠道筹资加重了企业和个人负担，损害了政府形象，并成为滋生腐败行为的土壤。

第五，文章提出了对策思路。文章指出，政府预算的完整性原则是规范政府行为、政府与公众关系、政府与市场关系的内在要求。因此，解决这一问题既要坚定果断，又要多管齐下、循序渐进，其基本思路是按照市场经济发展、政府职能调整与规范的客观要求，确立三大部分政府财力"三而二，二而一"归并的远景目标。同时，要注意进一步提高对解决这一问题的认识，做理论、政策探讨和调查研究；对预算外资金和制度外资金进行清理；积极推进费改税或税费分流的改革；待全部预算外资金和非预算资金全部进入财政视野，达到"三而二"之后，再积极创造条件，审时度势，争取在若干年内把这些资金全盘纳入预算内，建立完整统一的预算。

原文出处：《经济研究》，1998 年，第 6 期，第 48～56 页。

二、经典文献概述二

《非税财政收入研究》

卢洪友

（一）作者简介

卢洪友，经济学博士，主要研究财政税收理论与制度、政府预算与支出效率等，出版了《政府职能与财政体制研究》《分级分税财政体制》《公共商品供给制度研究》等著作。

（二）内容提要

文章指出，当时中国的非税收入问题突出，对财政经济发展和社会稳定造成的负面影响也越来越大，已引起社会各界和决策层的广泛关注。从理论上弄清非税收入的内涵和外延，客观地分析非税分配和管理中存在的问题及原因，采取有效措施控制非税收入规模，重构合理的税与非税以及非税内部的结构，建立有序、规范的非税分配新秩序，已成为亟待研究解决的重要课题。文章主要包括以下三个方面的内容。

第一，文章界定了非税财政收入的定义。非税财政收入有广义和狭义之分。狭义的非税财政收入是指政府为了公共利益而征收的所有非强制性、需偿还的经常收入，包括经营和财产收入、管理费和收费、罚款和没收、各种缴款、其他非税收入。广义的非税收入，除上述内容外还有债务收入，以及财政实践中很少被采用的财政性货币发行，即通货膨胀税等。税收是西方市场经济国家公共收入的主要形式，其狭义的非税收入的征收主体是各级政府；征收的目的是实现公共利益；征收范围一般限定在能够按受益原则确定特定消费者的公共产品或服务的项目内；征收标准通常低于政府提供该种产品或服务的平均成本；基本特征是具有非强制性（规费具有半强制性）和偿还性。与国际上相比较，中国当时的非税收入内涵不清，外延被无限扩大，导致非税收入规模庞大、名目繁多、结构复杂、管理混乱。

第二，文章分析了当时中国非税财政收入的状况。文章指出，按较为保守的估计，1996年公共收入总规模约为15090亿元，其中税收收入占45.8%，非税收入占54.2%；在非税收入中，纳入第一预算（预算内）管理的仅占非税收入的6.1%；纳入第二预算（预算外）管理的占非税收入的38.2%；纳入第三预算（制度外）管理的占非税收入的55.7%。第一预算非税收入包括国有企业收入（企业亏损补贴为负数收入）、"两金"、教育费附加和其他收入等。第二预算非税收入即预算外收入，包括地方财政部门的各项附加收入、集中事业收入、专项收入，事业行政单位的专项基金、经营性服务纯收入、行政事业性收费、专项资金、中小学勤工俭学收入等；分税制后，其呈稳步增长趋势，主要集中在地方，但各地区间的分布差异较大，大头分散在事业行政单位尤其是少数垄断性事业单位中。第三预算非税收入，即制度外收入，包括制度外基金、制度外收费、制度外集资摊派、制度外罚没以及"小金库"，形式繁多，渠道混乱，错综复杂，难以计量。

第三，文章分析了当时中国非税财政收入的问题及原因。文章认为，其问题突出表现在：① 理论研究滞后，尤其是非税收入的理论研究相对滞后；② 在"放权让利"、默许甚至鼓励政府部门创收的思路下，由于经济利益的驱动，政府部门间、单位间和地区间的相互竞争，巧立名目、提高标准，使得非税收入持续快速膨胀；③ 非税收入规模膨胀导致了财政收入横向结构和纵向结构的严重失衡，造成了预算结构严重失衡，破坏了预算的统一性、完整性、公开性和法治性；④ 非税收入的"小头"在预算内，"大头"在预算外和制度外，造成了非税收入分配秩序混乱，表现为非税分配主体乱、非税分配形式乱、非税分配管理乱以及非税分配的利益归属不当。

原文出处：《经济研究》，1998年，第6期，第57～63页。

第三节 典型案例

一、案例正文

  案例一

关于 2022 年中央和地方预算执行情况与
2023 年中央和地方预算草案的报告（摘要）

受国务院委托，财政部提请十四届全国人大一次会议审查《关于 2022 年中央和地方预算执行情况与 2023 年中央和地方预算草案的报告》。摘要如下。

全国一般公共预算收入 203703.48 亿元，为预算的 96.9%，比 2021 年增长 0.6%。其中，税收收入 166613.96 亿元，下降 3.5%；非税收入 37089.52 亿元，增长 24.4%，主要是盘活存量资源资产，国有资源（资产）有偿使用收入等增加较多。加上从预算稳定调节基金、政府性基金预算、国有资本经营预算调入资金及使用结转结余 24541 亿元，收入总量为 228244.48 亿元。

全国政府性基金预算收入 77879.34 亿元，为预算的 79%，下降 20.6%。中央政府性基金预算收入 4123.99 亿元，为预算的 97.8%，增长 3%。地方政府性基金预算本级收入 73755.35 亿元，下降 21.6%，主要是国有土地使用权出让收入减少。

全国国有资本经营预算收入 5688.6 亿元，为预算的 110.9%，增长 10%。中央国有资本经营预算收入 2343.31 亿元，为预算的 103.3%，增长 17.2%，主要是 2021 年中央国有企业利润高于预期。地方国有资本经营预算本级收入 3345.29 亿元，增长 5.5%。

全国社会保险基金预算收入 101522.98 亿元，为预算的 101.2%，增长 4.8%。

（案例来源：《关于 2022 年中央和地方预算执行情况与 2023 年中央和地方预算草案的报告》，中国政府网，https://www.gov.cn/xinwen/2023-03/06/content_5744905.htm。有改动。）

案例二

2024年财政收入增速预期

2024年1月30日,湖北、内蒙古、新疆政府工作报告等主要内容公开,至此31个省级行政区均召开了地方"两会"。除了青海之外,30个省级行政区给出了2024年地方一般公共预算收入增速预计值,相比2023年实际收入增速,广东、江苏、浙江、山东等28个省级行政区下调了2024年收入增速预期,仅山西、江西两地调增收入增速。为何2024年地方普遍下调收入增速预期?这主要跟经济增长放缓、结构性减税降费减收及2023年基数略高有关。

经济决定财政。地方普遍预计2024年经济实现增长,这为财政收入增收奠定基础,部分省级行政区收入预计增速跟经济增速相近。从披露的2024年地方一般公共预算收入预计增速来看,除了西藏之外,26个省级行政区均预计收入增长,且增幅均高于3%。不过,在复杂的内外部形势下,经济增长承压,因此制约收入快速增长。

湖南今年的预算报告在分析收入制约因素时也称,外部环境的复杂性、严峻性、不确定性上升,社会预期偏弱,大宗消费和扩大再生产投资趋于谨慎;产业发展正处于新旧动能转换期,房地产等主要税源行业仍在筑底,烟、油等传统税源难有增量,新兴产业正在加快培育,对财政增收贡献还比较有限。

粤开证券首席经济学家罗志恒称,2024年地方密集下调收入增速预期,主要还是考虑了结构性减税降费以及未来的不确定性等因素。

近些年新增减税降费规模较大,比如2023年全国新增减税降费及退税缓费超2.2万亿元。2024年中央要求落实好结构性减税降费政策,重点支持科技创新和制造业发展。政策性减收也是直接影响地方财政收入增长的重要因素。

另外,新冠肺炎疫情期间为了弥补税收减收,地方加大盘活存量资产资源,使得非税收入总体保持较快增长。而这一收入高增长显然难以维持,也成为近年制约地方收入增长的一大因素。

此外,近些年地方更加务实,稳妥确定合理的收入预期目标,这有助于高质量发展,避免个别地方为完成收入目标,收"过头税费",给财政收入"注水"。

(案例来源:《28省份相继下调今年财政收入增速预期,原因何在?》,央广网,http://news.cnr.cn/native/gd/20240130/t20240130_526576880.shtml。有改动。)

二、案例分析

1. 结合本章案例一说明我国财政收入的内容

本章案例一说明我国财政收入包括四个"账本":一般公共预算收入、政府性基金预算收入、国有资本经营预算收入、社会保险基金预算收入。一般公共预算收入是人们比较熟知的公共财政收支安排,其90%左右来自税收收入,非税收入较少。政府性基金预算收入属于非税收入,包括国有土地出让金收入、铁路建设基金、地方教育附加等。国有资本经营预算收入的来源主要是按照相关规定和比例向国有企业收取的国有资本收益。作为社会保障预算的重要内容之一,社会保险基金预算收入根据国家社会保险和预算管理法律法规建立,反映各项社会保险基金收支的年度计划。

本章案例一还说明,从四个"账本"的规模上看,全国一般公共预算收入最多,2022年为203703.48亿元;全国国有资本经营预算收入最低,2022年为5688.6亿元。从规模的增速上看,全国国有资本经营预算收入增长最快,增速为10%;全国社会保险基金预算收入次之,增速为4.8%;全国一般公共预算收入的增速仅为0.6%,且税收收入增速为-3.5%;全国政府性基金预算收入增速为负,尤其是地方政府性基金预算本级收入下降21.6%。

从四个"账本"的结构上看,2022年,全国一般公共预算收入、全国政府性基金预算收入、全国国有资本经营预算收入、全国社会保险基金预算收入占全部财政收入的比例分别约为52%、20%、2%、26%。其中,在全国一般公共预算收入中,税收收入占比约为82%,非税收入占比约为18%;在全国政府性基金预算收入中,中央政府性基金预算收入占比约为5%,地方政府性基金预算收入占比约为95%;在全国国有资本经营预算收入中,中央国有资本经营预算收入占比约为41%,地方国有资本经营预算收入占比约为59%。

2. 结合本章案例二说明财政收入的影响因素

本章案例二显示,除青海之外,30个省级行政区给出了2024年地方一般公共预算收入增速预计值,相比2023年实际收入增速,广东、江苏、浙江、山东等28个省级行政区下调了2024年收入增速预期,仅山西、江西两地调增收入增速。

财政收入一般会受到以下因素的影响。

(1) 经济发展水平。

经济发展水平对财政收入的影响表现为基础性的制约。从世界各国的现实状况考察,发达国家的财政收入规模大都高于发展中国家,中等收入国家又大都高于低收入国家,绝对额是如此,相对比例亦是如此。

(2) 生产技术水平。

技术进步速度较快,GDP的增长也较快,财政收入的增长就有了充分的财源。技术进步必然带来物耗比例降低,经济效益提高,产品附加值所占的比例扩大。

（3）经济结构。

从国民经济部门结构看，财政收入表现为来自各经济部门的收入。财政收入的部门构成就是在财政收入中，由来自国民经济各部门的收入所占的不同比例来表现的财政收入来源结构，它体现国民经济各部门与财政收入的关系。我国财政收入主要来自工业、农业、商业、交通运输和服务业等部门。

（4）分配政策和分配制度。

在经济发展水平既定的条件下，还存在通过分配进行调节的可能性。财政收入与分配体制和政治体制的集权和分权关系有直接的联系。

（5）价格。

随着价格总水平的上升，财政收入同比例增长，表现为财政收入的"虚增"，即名义增长而实际并无增长。如果是以累进所得税为主体的税制，纳税人适用的税率，会随着名义收入增长而提高。

正如本章案例二中指出的，28个省级行政区下调2024年财政收入增速预期的原因，主要跟在复杂内外部形势下的经济增长放缓、结构性减税降费减收、2023年基数略高、未来的不确定性等有关。而这几个原因其实就是对应经济发展水平、经济结构、分配政策和分配制度、价格等因素。

3. 进一步增加财政收入的方法和策略

财政增收对于一个国家或地区而言，意味着更多的资源和资金可以用于公共服务和基础设施建设，从而推动社会经济的持续发展。以下是一些促进财政增收的方法和策略。

（1）优化税制和加强税收征管。

税收是财政收入的主要来源之一，通过优化税制，使税收更加公平、合理，可以扩大税基，增加税收收入。例如，通过差别税率，对于利润高的行业和高消费行业适当调高税率，降低税负；对于环保和节能行业适度减免税收，鼓励绿色发展和节能减排；减少对企业的税收优惠，同时降低个人所得税的税率，以平衡税收负担；合理增加税种，如增加资本利得税、遗产税等财富纳税，以增加税基。然而，高税率的制度可能会导致税负过重，对经济发展产生负面影响。因此，在提高税收的同时，政府应该注重公平性和透明度，以保证税收制度的可持续性。

此外，加强税收征管，提高税收征管的效率和透明度，减少逃税和避税行为，也是增加财政收入的有效途径。政府可以加大对税务违法行为的惩处力度，加强对纳税人的监管和核查，建立健全的税收征管体系等。这种措施在实施过程中需要权衡好监管力度和便利纳税人的关系，避免给纳税人带来过多的负担和不便。

（2）调整经济结构，推动经济增长。

调整经济结构，促进经济多元化发展，可以带动新兴产业的发展，增加税收收入。政府可以加大对科技创新、新能源、绿色环保等战略性新兴产业的支持力度，引导资源向这些领域倾斜。同时，需要通过优化产业结构和推动产业升级，提高企业盈利能力和税收贡献。

经济增长是财政收入增长的基础。鼓励创新、优化产业结构、加大基础设施建设等措施可以推动经济增长,从而增加财政收入。此外,扩大内需也是推动经济增长、促进财政增收的重要手段。例如,通过实施积极的财政政策,如增加政府支出、减税降费等,可以刺激消费和投资,扩大内需,从而增加财政收入。

(3) 加强国有资产管理和运营。

国有资产是国家财政的重要组成部分。通过深化国有企业改革,增加国有资产的市场价值,提高国有企业的盈利能力和纳税能力。同时,加强国有资产的管理和运营,合理配置国有资产,促进资源的有效利用和经济效益的提升,以增加财政收入。如对闲置或低效利用的国有资产进行盘活,通过出租、出售或合作等方式提高其利用效率;将部分国企改制为混合所有制企业,对国有资产实行战略性调整和重组,优化产业结构和区域布局。此外,可以建立一套完善的制度和规范来指导国有企业和事业单位的管理行为,如明确的产权制度、财务制度、人事制度等,以确保国有资产的安全性和有效性。另外,还可以建立有效的监督机制,通过定期审计、专项调查等方式,对国有企业的经营情况和财务状况进行评估和监测,加强对国有资产的管理和保护,防止流失和不当处置。

(4) 发展新型财政工具和拓宽融资渠道。

随着金融市场的不断发展和创新,新型财政工具和融资渠道不断涌现。通过发展新型财政工具,如地方政府债券、资产证券化等,可以拓宽财政收入的来源。同时,拓宽融资渠道,如吸引社会资本参与基础设施建设、推广政府和社会资本合作(PPP)模式等,也可以为财政增收提供新的途径和动力。

综上所述,促进财政增收需要从多个方面入手,包括优化税制、调整经济结构、加强国有资产管理和发展新型财政工具等。这些措施的实施需要政府、企业和社会的共同努力和协作,以实现财政收入的持续增长和社会的繁荣发展。

参考文献

[1] 孙玉栋. 影响我国税收收入快速增长的因素及其数量分析 [J]. 经济理论与经济管理, 2008 (06): 31-35.

[2] 纪跃芝, 邓波, 王继新. 影响财政收入增长的相关因素分析 [J]. 统计与决策, 2009 (19): 110-112.

[3] 姬超. 我国财政收入的影响因素及其预测方法评价 [J]. 地方财政研究, 2016 (02): 41-46.

[4] 杨得前. 中国税收收入规模与结构的影响因素研究——基于省际面板数据的实证分析 [J]. 中国行政管理, 2014 (07): 85-89.

[5] 檀学燕, 张涛. 影响我国税收收入增长的经济因素与趋势预测 [J]. 中央财经大学学报, 2008 (11): 6-11.

[6] 巢小丽, 武靖国. 迈向精明政府:规范约束征税权与税收征管改革 [J]. 地方财政研究, 2022 (12): 79-88.

[7] 赵乐新，彭刚. 财政压力、税收征管与劳动收入份额——来自财政"省直管县"改革的证据 [J]. 河南社会科学，2023，31（03）：33-50.

[8] 张晓文，李红娟. 国有资产管理体制的变革：从管理到监管 [J]. 经济与管理，2016，30（05）：44-50.

[9] 樊丽明，史晓琴，孙超. 我国人大国有资产管理监督的基本问题分析 [J]. 财政研究，2023（08）：3-16.

第七章习题

一、单选题

1.（　　）是衡量一国政府财力的重要指标，影响政府在社会经济活动中提供公共物品和服务的范围和数量。

A. 财政收入

B. 财政支出

C. 税收

D. 专用基金收入

2. 在我国，狭义的财政收入是指（　　）。

A. 一般公共预算收入

B. 政府性基金预算收入

C. 国有资本经营预算收入

D. 社会保险基金预算收入

3. 国有土地出让金收入属于（　　）。

A. 一般公共预算收入

B. 政府性基金预算收入

C. 国有资本经营预算收入

D. 社会保险基金预算收入

4. 影响财政收入规模的最基本因素是（　　）。

A. 经济发展水平

B. 生产技术水平

C. 收入分配政策和分配制度

D. 价格水平

5. 在大多数国家，财政总收入中具有绝对的主体地位的收入是（　　）。

A. 非税收入

B. 债务收入

C. 税收收入

D. 政府收入

6. 按价值构成分类，我国财政收入主要来源于（　　）。

A. 剩余产品价值

B. 劳动创造的价值

C. 消费额

D. 补偿生产资料消耗的价值

二、多选题

1. 一般公共预算收入包括（　　）。

A. 税收

B. 纳入一般公共预算的非税收入

C. 纳入一般公共预算的债务收入

D. 纳入一般公共预算的转移性收入

2. 在我国，广义的财政收入包括（　　）。

A. 一般公共预算收入

B. 政府性基金预算收入

C. 国有资本经营预算收入

D. 社会保险基金预算收入

3. 影响财政收入规模的主要因素包括（　　）。

A. 经济发展水平

B. 生产技术水平

C. 收入分配政策和分配制度

D. 价格水平

4. 按收入形式，财政收入可以分为（　　）两大类。

A. 税收收入

B. 非税收入

C. 预算外收入

D. 预算内收入

三、判断题

1. 政府性收费属于非补偿性质的收入，由政府凭借行政管理权力强制无偿地征收，是典型的"准税收"。（　　）

2. 政府性基金预算收入属于非税收入。（　　）

3. 按收入形式，财政收入分为税收收入和非税收入两大类。（　　）

4. 狭义的财政收入是指一般公共预算收入，以税收为主体，也包含纳入一般公共预算收入的非税收入、债务收入和转移性收入等。（　　）

5. 财政收入是国民收入的一部分，国家获得财政收入的多少不会影响到各方的利益。（　　）

四、论述题

1. 论述影响财政收入规模的因素。
2. 简要说明改革开放以来我国狭义财政收入规模的变化及发展趋势,并分析其原因。
3. 试从财政收入结构的角度探讨提高中国财政收入水平的途径。

第七章习题参考答案

第八章 税收及税收制度

第一节 理论要点

税收是国家为了实现其职能,凭借政治权力,按照法律规定的标准,参与剩余产品价值的再分配,强制、无偿地取得财政收入的一种手段。本章要求掌握税收的基本特征、原则与分类,税收负担,税收的经济效应以及我国的税收制度等内容。

一、税收的基本特征、原则与分类

(一) 税收的基本特征

1. 强制性

强制性是指政府以法律、法令的形式强制征税,因而构成纳税人应尽的义务。

2. 无偿性

无偿性是指政府在征税之后,既不需要向纳税人付出任何报酬,也不需要直接偿还给纳税人。

3. 固定性

固定性是指政府以法律形式预先规定了征税对象、税基、税率等税制要素,征纳双方必须按税法的规定征税和缴税。

(二) 税收的原则

1. 效率原则

效率原则即征税本身要有效率,要有助于实现资源的有效配置。

2. 公平原则

公平原则即普遍征税和平等征税,要有助于实现收入的公平分配。

3. 税收中性原则

税收中性原则指国家征税使社会所付出的代价应以征税数额为限,不要干扰市场经济的有效运行。

(三) 税收的分类

① 以课税对象分类:分为流转税、所得税以及其他税种(如财产税、行为税、资源税等)。
② 以税收管理权限分类:分为中央税、地方税、中央地方共享税。
③ 以税收负担是否转嫁分类:分为直接税和间接税。
④ 以课税标准分类:分为从价税和从量税。
⑤ 以税收和价格的关系分类:分为价内税和价外税。
⑥ 以征收载体分类:分为实物税和货币税。

二、税收负担

(一) 税收负担的含义

税收负担(简称税负)是指税收收入和可供征税的税基之间的对比关系,包括宏观税收负担和微观税收负担。

1. 宏观税收负担

宏观税收负担的衡量指标包括:
① GNP 负担率=税收收入总额/GNP×100%;
② GDP 负担率=税收收入总额/GDP×100%。
影响宏观税收负担水平的主要因素包括:国家职能范围、经济发展水平、社会经济制度、经济体制、宏观经济政策,以及文化观念、历史传统等社会、政治因素。

2. 微观税收负担

微观税收负担包括企业税收负担与个人税收负担。

企业税收负担计算指标：企业税收总负担率＝各种纳税总额/同期销售收入×100%；个人真实的综合负担水平因各人的消费行为不同而难以统计。

（二）拉弗曲线

拉弗曲线理论是由美国供给学派经济学家拉弗提出的，描述了政府的税收收入与税率之间的关系，如图 8-1 所示。

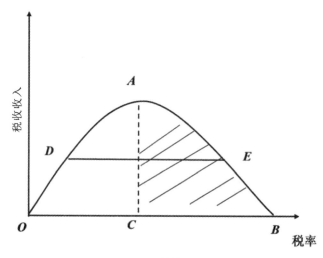

图 8-1　拉弗曲线

拉弗曲线的经济含义：
① 高税率不一定取得高收入，而高收入也不一定要实行高税率；
② 取得同样多的税收收入，可以采取两种不同的税率；
③ 保持适度的宏观税负水平是促进经济增长的一个重要条件。

（三）税负转嫁与税负归宿

1. 税负转嫁

税负转嫁是指将全部或部分税收转移给他人负担的过程。税负转嫁的方式包括：
① 前转（或顺转），是指用提高卖价的方法将所纳税款向前转移给商品或生产要素的购买者或最终消费者的一种形式。
② 后转（或逆转），是指以压低商品或生产要素进价或压低工资、延长工时等方法向后转移给商品或生产要素提供者负担的一种形式。
③ 混转，是指同一税额一部分前转，另一部分后转。

2. 税负归宿

税负归宿是指转嫁过程的终点，即税收负担实际归谁承受。

三、税收的经济效应

1. 收入效应

收入效应是指征税对经济主体可支配收入产生影响,经济主体为了可支配收入的增加而加强原经济行为。

2. 替代效应

替代效应是指征税影响经济主体可支配收入后,经济主体选择其他经济行为替代原经济行为。

3. 资源配置效应

资源配置效应是指征税在对经济主体产生收入效应或替代效应的基础上,使资源配置发生变化,具体表现为配置效率的提高或降低,以及资源在部门和地区之间的流动。

4. 社会效应

社会效应主要是指征税对社会收入公平的影响、对环境保护的影响、对稳定价格使社会安定的影响等。

四、我国的税收制度

我国现行税制体系是一个以增值税和所得税为双主体的复税制体系。税收类型包括流转税类(增值税、消费税、城市维护建设税等)、财产税类(房产税、土地增值税、契税等)、资源税类(资源税等)、所得税类(企业所得税、个人所得税)、行为税类(印花税、车船税、车辆购置税等)。

(一) 商品课税

商品课税是指以商品和劳务的流转额为课税对象的课税体系,主要包括增值税、消费税、营业税、关税等。商品课税的主要特征是:
① 课征普遍,税收稳定;
② 以商品和劳务的流转额为计税依据;
③ 实行比例税;
④ 主要对企业征收,计征简便。

1. 增值税

增值税是对纳税人从事的各项经济活动课征的一种流转税,征税范围包括在中国境内销售或进口货物、提供劳务、销售服务、销售不动产和转让无形资产。

增值税的纳税人分为一般纳税人和小规模纳税人。一般纳税人采取当期销项税额减当期进项税额的计税方法，并实行价外税，即计税依据中不含增值税税额。小规模纳税人实行简易征收，即用不含税销售额直接乘以征收率计算应纳税额，其征收率一般为3%。

增值税可分为生产型增值税、收入型增值税和消费型增值税三类。

① 生产型增值税：计税时只允许抵扣外购原材料等已纳的税金，不扣固定资产价款。

② 收入型增值税：计税时除抵扣外购原材料等已纳的税金外，还允许抵扣当期应计入产品成本的折旧价值，计税依据相当于国民收入。

③ 消费型增值税：计税时除抵扣外购原材料等已纳的税金外，还准许一次全部抵扣当期购进的用于生产应税产品的固定资产价款，就国民经济整体而言，计税依据只包括全部消费品价值，所以称为消费型增值税。我国从2009年1月1日起，在全国所有地区实施消费型增值税。

2. 消费税

消费税是对在我国境内生产、委托加工和进口的特定消费品所征收的一种税，课税对象是消费品的销售收入。消费税的主要特点是：

① 有选择的征收；

② 主要在生产制作环节征收，征收成本低；

③ 实行差别税率，税率档次多，平均税率高。

消费税具有调节消费结构、促进收入公平的作用，有助于保护人民身体健康，保护生态环境，保证国家财政收入。

消费税的征收范围包括五种类型的产品：

① 一些过度消费会对人类健康、社会秩序、生态环境等方面造成危害的特殊消费品，如烟、酒、鞭炮等；

② 奢侈品、非生活必需品，如贵重首饰、化妆品等；

③ 高能耗及高档消费品，如小轿车、摩托车等；

④ 不可再生和替代的石油类消费品，如汽油、柴油等；

⑤ 具有一定财政意义的产品，如汽车轮胎、护肤护发品等。

消费税的税率有两种形式：

① 比例税率；

② 定额税率，即单位税额。

3. 营业税

2017年10月30日，国务院常务会议通过《国务院关于废止〈中华人民共和国营业税暂行条例〉和修改〈中华人民共和国增值税暂行条例〉的决定》，标志着营业税正式退出历史舞台。

我国实行营改增的目的和意义在于：

① 优化税制结构；

② 减少增值税和营业税的重复征税，对大部分企业来说税负可能下降；

③ 打通二、三级产业链条，促进专业分工；

④ 由于发票可以抵扣，增加了企业的议价能力；

⑤ 全行业会形成抵扣链，减少偷税漏税，最终达到增税的目的；

⑥ 出口货物零税率，有利于提高国内企业竞争力。

4. 关税

关税是对进出国境或关境的货物或物品征收的一种税，包括进口关税和出口关税。关税税额＝完税价格×关税税率。进口货物以以海关审定的成交价值为基础的到岸价格为关税完税价格；出口货物以该货物售予境外的离岸价格减去出口税后，经过海关审查确定的价格为完税价格。

（二）所得课税

所得课税是对所有以所得额为课税对象的税种的总称。所得课税的优缺点十分鲜明。其优点包括：

① 税负相对公平；

② 一般不存在重复征税问题，不影响商品的相对价格；

③ 有利于维护国家的经济权益；

④ 课税有弹性。

所得课税也存在一些缺陷，主要是：

① 所得税的开征及其税源受企业利润水平和人均收入水平的制约；

② 累进课税方法会在一定程度上压抑纳税人的生产和工作积极性；

③ 计征管理比较复杂，需要较高的税务管理水平，在发展中国家广泛推行往往会遇到困难。

1. 企业所得税

我国改革开放后的一段时期内，对内、外资企业一直实行两种不同的所得税法规。我国加入WTO后，按照WTO规则中的非歧视原则统一内、外资企业所得税法，即实行"两税合一"成为税制改革中的一项迫切任务。2008年1月1日起，新企业所得税法及其实施条例开始施行，实现"两税合并"。

企业所得税的计算方法：

① 企业应纳所得税额＝当期应纳税所得额×适用税率；

② 企业应纳税所得额＝收入总额－准予扣除项目金额。

2. 个人所得税

应当缴纳个人所得税的个人所得包括：① 工资、薪金所得；② 劳务报酬所得；③ 稿酬所得；④ 特许权使用费所得；⑤ 经营所得；⑥ 利息、股息、红利所得；⑦ 财产租赁所得；⑧ 财产转让所得；⑨ 偶然所得。居民个人取得的第①项至第④项所得（以下称综合所得），按纳税年度合并计算个人所得税；非居民个人取得的第①项至第④项所得，按月或者按次分项计算个人所得税。

个人所得税的税率如下。

综合所得适用3%至45%的超额累进税率（见表8-1）。

表8-1 个人所得税税率表一（综合所得适用）

级数	全年应纳税所得额	税率/（%）	速算扣除数
1	不超过36000元的部分	3	0
2	超过36000元至144000元的部分	10	2520
3	超过144000元至300000元的部分	20	16920
4	超过300000元至420000元的部分	25	31920
5	超过420000元至660000元的部分	30	52920
6	超过660000元至960000元的部分	35	85920
7	超过960000元的部分	45	181920

经营所得适用5%至35%的超额累进税率（见表8-2）；利息、股息、红利所得，财产租赁所得，财产转让所得和偶然所得，适用比例税率，税率为20%。

表8-2 个人所得税税率表二（经营所得适用）

级数	全年应纳税所得额	税率/（%）	速算扣除数
1	不超过30000元的部分	5	0
2	超过30000元至90000元的部分	10	1500
3	超过90000元至300000元的部分	20	10500
4	超过300000元至500000元的部分	30	40500
5	超过500000元的部分	35	65500

（三）其他税收

1. 资源税

资源税是对自然资源（本身或其收益）课税，征税范围包括能源矿产（原油、天然气、煤等）、金属矿产（黑色金属和有色金属）、非金属矿产（矿物类、岩石类和宝玉石类）、水气矿产（矿泉水、二氧化碳气、硫化氢气等）、盐（海盐、天然卤水、钠盐、钾盐等）和水（试点）。

资源税的作用：
① 促进资源的合理开发和利用；
② 调节资源级差收益；
③ 增加国家财政收入。

2. 环境保护税

2018年1月1日，我国第一部推进生态文明建设的单行税法《中华人民共和国环境保护税法》正式施行。《中华人民共和国环境保护税法》在强化企业治污减排责任的同时，对主动采取措施降低污染物排放浓度的企业给予税收减免优惠的政策，有利于形成有效的激励约束机制，提高全社会的环境保护意识，更好地推进生态文明建设。

就陆域而言，应税污染物包括大气污染物、水污染物、固体废物（煤矸石、尾矿、危险废物、冶炼渣、粉煤灰、炉渣、其他固体废物等）和噪声。

3. 财产税

财产税是对纳税人拥有或支配的应税财产就其数量或价值额征收的一类税收的总称。财产税不是单一的税种名称，而是一个税收体系。财产税的作用主要是促进收入公平，促进节约、防止浪费。

财产税可分为两大类：
① 对财产的所有者或者占有者课税，包括一般财产税和个别财产税；
② 对财产的转移课税，主要是遗产税、继承税和赠与税。

我国现行的具有对财产课税性质的税种有房产税、城市房地产税、土地使用税、耕地占用税、车船税和契税等。

4. 行为税

行为税是指国家为了对某些特定行为进行限制或开辟某些财源而课征的一类税收，比如印花税、车辆购置税等。

第二节　经典文献概述

一、经典文献概述一

《改革税收的一个简便办法》

米尔顿·弗里德曼

（一）作者简介

米尔顿·弗里德曼（Milton Friedman，1912年7月31日—2006年11月16日），美国著名经济学家，芝加哥经济学派领军人物，货币学派的代表人物，1976年诺贝尔经济学奖得主,1951年约翰·贝茨·克拉克奖得主,被誉为二十世纪最具影响力的经济学家之一。

(二)内容提要

弗里德曼在文中介绍了一种简便的税收改革方案,即在不修改税法的前提下,大幅降低个人所得税的最高税率。他认为,这一改革方案可以有效减少纳税人寻求逃税手段的动机,减少纳税人和税务律师、会计师等专业人士花费在避税手段上的成本,同时也可以增加纳税人申报的应征税的所得额,从而消除税收总额下降的影响。

具体来看,如果将个人所得税的最高税率从70%降至25%,而其他税率维持不变,这样的大幅度减税可能会导致美国1977年的税收总额下降约13%。然而,实际情况并非如此简单,实际上,在70%的高税率下,纳税人有动机采取各种合法和非法手段去尽量减少申报的应纳税所得额;而降低税率至25%后,上述逃税行为的成本可能会大于其潜在收益,纳税人的逃税动机便会有所减少。弗里德曼指出,在高税率下,纳税人在逃税行为中所花费的成本要远大于政府所获得的税额,尽管二者之间的差距无法精确估计。因此,在把个人所得税的最高税率降到25%后,纳税人所申报的应征税的所得额会上升,且足以弥补税率降低而损失的13%的税收总额。事实上,这一结论通过对纳税人1977年所申报的应纳税所得额、扣除额和其他项目的审查就可以得到证实。弗里德曼进一步指出,这一税收改革方案还大有潜力可挖——政府除了可以从中获得额外收入之外,还可以通过"利用"从事逃税活动的税务律师、会计师和企业而得到意外收获。

此外,弗里德曼认为,尽管这一税收改革方案十分简便,既不需要通过无数次的听证会,也不需要对税法条款做出任何较大变动,但由于此举触及律师、会计师等相关利益群体以及议员们的切身利益,因此,这一改革或许难以在实际中顺利推行。然而,他发现,通货膨胀的现实情况可能会有利于这一税收改革的实施。因为通货膨胀已经使实际税率有了明显提高,按照高于25%的税率纳税的人数已达到一定规模,这些人必然会支持这样的改革。因此,他认为降低个人所得税最高税率的改革方案是切实可行的,有望在政治上获得支持。

原文出处:《外国经济参考资料》,1980年,第12期,第1~2页。

二、经典文献概述二

《论税收》

洛伦佐·冯·斯坦因

(一)作者简介

洛伦佐·冯·斯坦因(Lorenz Von Stein,1815年11月15日—1890年9月23日),

维也纳大学政治经济学教授,在国民经济学、财政学、行政学等学科领域皆有建树。

(二) 内容提要

斯坦因在该文中详细阐释了税收的概念与本质以及税收的三大原则——经济原则、财政原则和公共经济原则。

第一,斯坦因阐述了关于税收的概念与本质。斯坦因指出,大多数关于税收的定义,都只是在税收与国家的其他收入、税收与公债之间进行区分,这种定义方式的价值仅在于指出税收与其他收入之间存在差异。他认为,税收是国家通过法律与行政管理向个人发布的捐税命令,是个人与国家之间的一种经济表达方式。个人对国家的从属关系决定了个人有义务向国家纳税,但国家并不需要为税收提供相应的等价物。他从政治理论的视角出发,讨论了税收概念的诞生与国家理念之间的关系,指出税收是国家在获得独立性的过程中的伴生物,在国家的概念诞生之后,在人类认识到国家的本质、功能和权力之后,才产生了税收的概念。在过去的社会中,法律虽然会对捐税做出某种形式的规定,但这种规定是由统治阶级出于自身利益决定并实行的,而不是由国家这样一个拥有法律与独立行政的稳固团体确立的。因此,这种捐税只是一种强征,其形式随社会制度的不同而变化。在国家作为平等公民的自由联合这一理念占据支配地位后,税收与税法条款不再基于社会差异与统治地位而规定,而是由自由公民组成的宪政国家的法律来规定,税收数量与负担分配也依据公民个人的经济特征而由国家通过税收法律与税收管理来规定。因此,税收的理念是通过国家的行动才产生的,只有当国家通过立法与行政管理活动,根据每个人的经济能力依法估定捐税额后,税收才会出现。

第二,斯坦因分析了税收原则中的经济原则。斯坦因指出,私人经济有两个要素,第一个是资本,资本是有限的;第二个是收入,它是从资本中获得的,收入若以货币形式来表达,就是所得。所得具有无限的特性,但所得受到资本条件的限制。所得总是力求对资本进行再生产,即资本形成。资本、所得、资本形成三者构成了经济的有机法则,一旦其中一个停止了,整个经济就会衰亡。根据上述分析,斯坦因提出了税收经济原则的三个命题。① 税收不能伤害私人经济体中有限的资本,因为税收的任务是满足国家不可计量、不断变化的需要,如果伤害了资本,意味着摧毁了所得与资本形成这一再生产进程,也就摧毁了税收的源泉。② 所有的税都只能对所得征收,即每种税收都是所得税,否则它就只是交给国家的捐,而不是税。③ 对所得征税,绝不能高到让所得丧失创造资本的能力,因为所得是资本形成的源泉,资本又创造并加强了所得,并成为税收的源泉。

第三,斯坦因分析了税收原则中的财政原则。斯坦因进一步提出,当按照经济原则所征收的税收总量在与国家总需要进行平衡时,税收的财政原则就显得相当重要了。所谓财政原则,是指将财政的基本原则运用于税收领域,并以货币的形式表达出来。它同样包括三个命题。① 国家绝不要从形成资本的经济体中征收多于必需的税收。② 缴税过程应设计得当,在经济上耗费最少的时间与精力。③ 在收税与用税的时间差内,国家应该尽可能尝试去运用因税收而形成的货币资金。

第四,斯坦因分析了税收原则中的公共经济原则。斯坦因强调了公共经济原则的重要性,该原则超越了税收自身,转而去关注税收的再生产。国家必须运用自己的力量,去创造经济发展能力所需的必要条件。经济发展能力是税收的源泉,斯坦因称其为税收潜力,它是实现个人发展所需经济条件的综合,也是通过个人努力而形成的资本。在个人发展所需经济条件中,最重要的就是公共服务。对于公共服务的概念、规则与管理,斯坦因用行政管理一词来概括。他认为,税收潜力创造了税收,税收创造了行政管理,而行政管理反过来又创造了税收潜力——这一循环是有机的,所有要素都互为条件、缺一不可。因此,公共经济原则意味着,税收的设计一定要让行政管理把税收用到纳税人身上,以增强纳税人创造资本的能力。斯坦因进一步指出,由于行政管理的无限需要,国家发展要求税收持续增长,而私人经济则致力于推动资本形成,税收的持续增长趋势在税收制度中会受到经济原则的限制。这一冲突发展出公共经济原则的两大运用领域,税收改革和税收政策。前者关注的是特定税收在税制中的安排;后者的任务是将税收与国民经济的总体关系以一种合适的方式贯彻到税收立法中去。

最后,斯坦因进行了总结。税收的三大原则需要国家的财政立法部门贯彻到实践中去。客观的需要和概念上的无所不能同时发挥作用,使国家慢慢认识到税收原则对征税权的限制,以至于到最后,一个真实的税制在实践中呈现出来。税收的历史,构成了国家理念与社会权利、社会利益之间冲突史的重要组成部分。因此,斯坦因认为,要阐释当前拥有的税制,最好的办法也许是用它自己在历史上的概貌进行分析。

原文出处:《财政理论史上的经典文献》,上海财经大学出版社,2015年,第49~61页。

第三节 典型案例

个人所得税(简称个税)是我国现代税制的重要组成部分。个人所得税兼具筹集财政收入、调节分配差距、维持社会稳定三大财政职能,对国家财政的持续稳定发展至关重要;与此同时,作为面向自然人的直接税,居民的税负感知度也最高。因此,个税的改革与征管一直以来都是备受关注的重要社会问题。

2018年8月31日,第十三届全国人大常委会第五次会议通过了第七次修正的《中华人民共和国个人所得税法》。自新修正的税法正式实施以来,个人所得税建立综合与分类相结合的税制,设置减除费用和专项附加扣除,并相应健全了征管制度。党的二十大报告中明确指出,要加大税收对收入分配的调节力度,完善个人所得税制度,规范收入分配秩序,规范财富积累机制,保护合法收入,调节过高收入,取缔非法收入。

一、案例正文

 案例一

个税起征点提高会产生的变化

全国人大代表、珠海格力电器股份有限公司董事长兼总裁董明珠表示,再次建议把个人所得税起征点提高至10000元,目的是让工薪阶层得到实惠、敢于消费。对此,有网友认为每年可以省下一大笔钱,但也有网友表示这对低收入群体而言没有实际意义。

时任财政部副部长的程丽华表示,个税起征点是统筹考虑了城镇居民人均基本消费支出、每个就业者平均负担的人数、居民消费价格指数等因素后综合确定的。基本减除费用标准确定为每月5000元,不仅覆盖了人均消费支出,而且体现了一定的前瞻性。她还强调,每月5000元的标准不是固定不变的,今后还将结合深化个人所得税改革以及城镇居民基本消费支出水平的变化情况进行动态调整。

西南财经大学财税学院副院长、教授李建军认为,随着物价变化和人们收入的提高,个税免征额调整有其合理性,但是依赖这种方式也会存在一定的局限性。李建军举例,目前仍有相当一部分群体的每月收入低于5000元的免征额,本身不需要纳税,因此即使个税起征点上调到10000元,对他们也基本没有影响,真正受益的肯定是原来收入在这个起征点范围之上的、中等或中等偏上的收入群体。

中国政法大学财税法研究中心主任施正文认为,提高个税起征点明显让高收入者获益更大。他用数字直观举例,比如一个人一个月有100000元收入,个税起征点提高5000元,相当于一个月少缴2500元的税,而对于月入10000元的人来说,一个月只少缴几百元的税。

2018年,据时任财政部副部长的程丽华介绍,仅以基本减除费用标准提高到每月5000元这一项因素来测算,修法后个人所得税的纳税人占城镇就业人员的比例将由现在的44%降至15%。参考《2017年度人力资源和社会保障事业发展统计公报》中记载的城镇就业人员42462万人,当个税起征点定在5000元时,缴纳个税的人数就是在6400万上下。

"提高个税免征额,短期内确实会对财政收入有一定的影响,但是我国经济收入处于持续上升的态势,好比上一次提高免征额到5000元后,虽然当年财政收入有所降低,但很快又增长回来。"李建军说,个人所得税是目前税收里收入增长速度较快的一个税种,因此提高个税免征额并进入常态化以后,个税收入还是会保持稳定的增长。但他也指出,个税调节收入差距的作用依然有限,在提高个税起征点这方面着力,从而来调节收入差距,其实效率是比较低的,可以把更多的收入项目纳入综合征税所得范围内,比如财产转让所得、财产租赁所得等,合理扩大纳入综合征税的所得范围,对调节收入差距所起的作用会更大。

对于个税免征额的调整,李建军认为,最好的方式是建立与物价水平挂钩的免征额自动调整机制,随着物价变动进行相应调整,这样可以及时反映生活成本的变化情况,从而更好地发挥税收促进公平的作用。他也建议,个人所得税以家庭为单位进行征收,更能促进税收公平。比如说一个家庭中,一人有工作,其他人收入低或没有收入,就可以选择以家庭为单位申报个人所得税,降低实际适用的税率,进而减轻税收负担。

(案例来源:《个税起征点如果真的提高至1万元,会产生哪些变化?》,上观新闻,https://export.shobserver.com/baijiahao/html/588301.html。有改动。)

 案例二

2019年个税专项附加扣除新政针对不同城市的扣除标准

从2019年1月1日开始,个税专项附加扣除新政实施,住房租金支出可在税前扣除。根据租房城市不同,扣除标准分为1500元、1100元、800元三档。

具体来看,纳税人在主要工作城市没有自有住房而发生的住房租金支出,可以按照以下标准定额扣除:直辖市、省会(首府)城市、计划单列市以及国务院确定的其他城市,扣除标准为每月1500元;除以上城市外,市辖区户籍人口超过100万的城市,扣除标准为每月1100元;市辖区户籍人口不超过100万的城市,扣除标准为每月800元。根据国家税务总局发布的《个人所得税专项附加扣除操作指引》,36个城市可抵扣1500元,124个城市可抵扣1100元,178个城市可抵扣800元。

享受住房租金支出扣除是有条件的,前提是纳税人及其配偶在纳税人的主要工作城市没有自有住房。在扣除方式上,住房租金支出具体由谁来扣除,需要有所区分。如果纳税人与其配偶的主要工作城市相同,只能由一方申请扣除,并且由签订租赁住房合同的承租人扣除。如果纳税人与其配偶的主要工作城市不相同,且双方在两地均没有自有住房,则可以按照规定的标准分别进行扣除。

(案例来源:《各城市住房租金个税扣除标准来了!看你能抵扣多少钱?》,澎湃新闻,https://www.thepaper.cn/newsDetail_forward_2790943。有改动。)

案例三

加强对明星、网红的纳税监管

2021年以来,国家税务总局、国家广播电视总局等多部门发布了相关文件,采取有力措施加强对文娱领域从业人员的税收管理。"这不仅针对影视娱乐行业,对于全民依法纳税意识的增强也起到了积极作用。"西南财经大学财税学院教授吕敏说。

文娱领域从业人员如何纳税,和其他人有没有不同成为大众关注的问题之一。吕敏表示,明星和其他人在纳税规则上其实并没有什么不同,取得相应的收入,就要按照该收入类型依法缴纳个税,只是明星的收入来源更多样化而已。既然明星和其他人都需要依法缴税,为什么还会出现明星偷税的行为呢?吕敏解释称,明星艺人为逃避高额税款,同一部电视剧与制片方签订两份酬劳合同,也就是俗称的"阴阳合同",一份低片酬"阳合同"用于计税,另一份"阴合同"用于转化明星艺人个人所得,即通过制片方对特定企业进行不公允增资、最后再进行股权转让的方式,明星艺人个人劳务所得或者经营所得转化为股权转让收入,转变收入性质以达到降低税率的目的。"有的明星还利用个人工作室虚报支出。"吕敏表示,明星工作室为降低个人所得税,假装将个人所得划分给其他群众演员,更有甚者还会进行虚假公益捐赠,真票假开等。

(案例来源:《明星、网红是如何纳税的?如何加强监管?财税专家解析》,人民网,http://www.people.com.cn/n1/2021/1024/c32306-32262333.html。有改动。)

二、案例分析

1. 我国个人所得税制度分析(结合本章案例)

(1)个税免征额设置需进一步提高合理性。

当前,我国的收入结构呈现出明显的金字塔形状,中等收入人群偏少,距离中央财经委员会第十次会议提出的形成中间大、两头小的橄榄型分配结构还有一定差距。尽管2018年已上调个税免征额至5000元,但仍未根本改变广大工薪阶层这一中低收入群体作为个税缴纳主力的现实。

较低的个税免征额导致中低收入阶层的纳税人负担过重。目前我国个人所得税的免征额相对较低,导致很多低收入人群也需要缴纳个人所得税,增加了他们的经济负担。这不利于激励人们积极工作和创造财富。同时,个税免征额与房价、物价水平等生活成本出现一定程度的脱节。随着我国经济的快速发展和物价水平的上升，现行的个人所得税免征额逐渐无法适应当前的社会经济状况，给工薪阶层的生活带来了较大压力。

此外，"一刀切"的个税免征额设置方式也不利于有效调节收入分配。目前我国个人所得税免征额没有针对不同地区、不同职业、不同家庭进行差别化设置。这种"一刀切"的方式无法基于人们的实际生活水平合理定税。比如，当前个税是以个人为征收对象而非家庭，若家庭 1 收入来源只有一人，且其收入达到个税免征额，则需要缴纳个税；而家庭 2 两人都有收入，但单人来看均未达到个税免征额，则家庭 2 整体收入可能高于家庭 1 的，却无须缴纳个税。上述情况导致家庭人均税收负担差异较大，这说明现行的个税制度并未准确体现出收入调节的再分配作用，且可能会导致低收入者税负高、高收入者税负低的不公平局面，这种不公平的现象必然会影响到一些家庭的生活质量和经济福利。

（2）地区间隐性的个税不公平。

不同地区之间的发展水平存在很大的差异，一些地区由于历史、地理、资源以及产业结构等多种因素的综合影响，经济发展相对滞后，居民的收入水平和消费水平也相对较低。如果对这样的地区采取与发达地区相同的税收标准，必然会引起不公平问题。2019 年中国个人所得税制改革增加了专项附加扣除，2023 年专项附加扣除标准又得以进一步优化提高。专项附加扣除政策在一定程度上考虑了每个家庭的实际情况，而且开始考虑区域差异，比如本章案例二中提到的按照区域生活成本的差异实行住房租金支出扣除。这一举措是我国个税制度逐步实现地区公平化的良好开端。但是，当前我国个税的免征额和税率结构在不同地区之间都是"一刀切"的方式，没有将地区间的发展水平差异充分考虑在内。尽管有人提出个人所得税标准应当按各地区的实际情况分别制定，但这又可能影响税法的严肃性，并引起不必要的劳动力流动，加剧地区间的发展不平衡（比如从个税免征额低的欠发达地区迁移至个税免征额高的发达地区）或引起不合理避税，从而影响欠发达地区税收收益（比如由个税免征额较高的企业发工资而人却在个税免征额较低的地区工作）。因此，如何解决地区间隐性的个税不公平问题仍然是一个需要谨慎权衡的问题。

（3）个税征收监管机制存在不足。

当前我国个人所得税税收征管机制仍然存在不足，制约了税收征管的效果和税收制度的公平性。个人所得税的征收方式存在一些问题，例如，本章案例三中提到的某些网红、明星等高收入人群，可以通过签订"阴阳合同"、虚假合同等方式来隐瞒自己的真实收入，从而达到逃避缴纳个人所得税的目的。此外，一些企业也可能通过虚报成本、隐瞒收入等方式来偷逃企业所得税。

我国的税收制度存在的不足之处为纳税人提供了滥用核定征收优惠、财政返还降税负以及借"阴阳合同"、虚假合同隐瞒收入偷逃税的机会。首先，税务部门之间的信息传递不够及时准确，导致信息共享不够到位。这主要是由于税务部门与其他相关部门之间的信息共享机制不健全，缺乏有效的信息沟通渠道。例如，银行、房产、公安等部门之间的信息共享不足，导致税务部门无法全面掌握个人的财产、婚姻、家庭等情况，难以对个人所得税进行全面、准确的征收。其次，税务部门的监管力度不够，未能及时发现和制止滥用核定征收优惠,签订"阴阳合同"、虚假合同等违法行为。一方面,可能是因为监管手段和技术较落后,导致税务部门无法及时掌握纳税人的真实情况;另一方面,也可能是因为监管力度不够严格,使得一些纳税人有机可乘。

2. 进一步完善个税制度的措施分析

(1) 进一步提高个税标准的合理性。

不断完善综合与分类相结合的个人所得税制。个税改革的目标不仅仅是单纯提高个税免征额。最新修正的《中华人民共和国个人所得税法》施行,标志着我国建立了综合与分类相结合的个人所得税制。未来改革应在国家民政、公安、银行、税务部门信息共享平台建设逐步成熟的背景下,不断完善和精确各项专项附加扣除标准,使个税征收与纳税人实际收入、生活成本等情况更为吻合。另外,参考国际经验来看,常规个人所得税的免征额可以随纳税人申报状态、家庭结构及个人情况的不同而不同,没有固定的标准。

实现个税征收单位家庭化。未来改革可以考虑探索建立家庭和个人申报相结合的个税申报制度,允许纳税人在家庭申报和个人申报之间进行选择,均衡不同家庭之间的税收负担,促进税收公平。

适当改进累进税率结构。依照纳税人的收入结构和差距等实际情况合理确定累进税率的级距,实现对高收入群体"削高"、对中等收入群体"拓宽"、对低收入群体"减税"的调节作用。建议财税部门通过大数据、云计算等数字技术来测算现有居民收入水平和家庭支出压力,优化现有的征税政策,测算个税税率的调整空间,更大力度地让利于民。通过个税再分配制度设计,助力实现提低扩中。

调整劳动性所得与资本性所得税率。本着实现劳动性所得和资本性所得税负公平的原则,统筹兼顾,审慎调整两种所得的税率,避免打击劳动性高收入群体的劳动积极性和纳税积极性。同时适度提高资本性收入所得实行的比例税率,并在全国范围内统一适用,有效发挥个税的调控分配作用。

(2) 促进地区间税收公平。

实现不同地区的差异化征税。应综合考虑各个城市的发展水平和经济情况,在较高层次政府间实现统筹,保持大体一致的税负水平,同时又要考虑到地区间经济发展水平的差异性。特别是在专项附加扣除标准方面,针对不同扣除项目,可以对全国城市进行统一分档,适当体现各地实际情况的差异,杜绝"一刀切"的现象。以子女教育专项附加扣除为例,当前家庭教育支出已经成为家庭支出的重要组成部分,且家庭教育支出水平存在较大的城乡和地区差异,而当前子女教育专项附加扣除抵扣金额全国统一,未将地区差异考虑在内,有失公平。未来改革应当考虑按地区不同区别设置子女教育支出扣除限额,建议将城市划分等级,按等级设置抵扣限额,不同等级城市适用不同的抵扣税额。

对欠发达地区实行税收优惠政策。针对不同地区的产业结构和经济发展状况,制定相应的税收优惠政策,鼓励和支持地方经济发展。例如,对于经济欠发达地区,可以给予一定的税收减免或减税幅度更大的优惠政策,以促进地方经济的发展,并降低居民的税负。让经济发达地区承担更多的税务责任，减轻经济欠发达地区的税负，缩小贫富差距，实现税收公平，适应我国共同富裕的目标。

参考文献

[1] 刘鹏. 我国个人所得税改革的误区及其突破 [J]. 经济体制改革，2020（02）：129-135.

[2] 张经纬. 进一步加强个人所得税征收管理的思考 [J]. 地方财政研究，2023（10）：1.

[3] 仝宗莉，杨曦. 个税改革迈出关键一步，人民日报五问个人所得税法修改 [N/OL]. 人民日报，[2023-12-28]. http：//finance.people.com.cn/n1/2018/0828/c1004-30254943.html.

[4] 罗亚苍. 个人所得税构成要件的国际比较与我国立法完善 [J]. 国际税收，2017（09）：63-68.

[5] 彭进清，肖银飞. 个税专项扣除改革对居民家庭消费意愿的影响研究——基于税改落地前的调查数据分析 [J]. 消费经济，2019，35（03）：62-68.

[6] 凌荣安. 个人所得税改革指向及其问题分析 [J]. 经济研究参考，2013（17）：32-35.

[7] 王国平. 个税专项附加扣除相关问题研究 [J]. 北方经济，2021（12）：77-80.

第八章习题

一、单选题

1. 国家征税依据的是（　　）。

A. 财产权利

B. 政治权力

C. 满足社会公共需要

D. 公众的意愿

2. 所得多者多征、所得少者少征，无所得者不征是指（　　）。

A. 纵向公平

B. 普遍征税

C. 横向公平

D. 平均征税

3. 一种税区别于另一种税的主要标志是（　　）。

A. 纳税人

B. 课税对象

C. 税率

D. 税目

4. 下列关于增值税和消费税的说法中,正确的是（　　）。

A. 我国增值税属于价内税

B. 我国消费税的税率为10%

C. 我国消费税属于一般消费税

D. 我国增值税小规模纳税人适用3%的征收率

5. 下列关于所得税的说法中,错误的是（　　）。

A. 所得税可以分为个人所得税和企业所得税

B. 所得税属于间接税

C. 个人所得税会影响劳动供给

D. 个人所得税综合课征对征管系统的要求较高

6. 以课税范围为依据,财产税可以分为（　　）。

A. 一般财产税与特别财产税

B. 静态财产税与动态财产税

C. 财产价值税和财产增值税

D. 一级财产税和二级财产税

7. 我国资源税的征税范围不包括（　　）。

A. 原油

B. 天然气

C. 海盐

D. 森林

8. 下列税负转嫁的方式中,属于前转的是（　　）。

A. 企业通过提高产品价格把税负转嫁给消费者

B. 企业通过压低原材料进货价格把税负转嫁给上游供应商

C. 企业通过提高产品价格和压低原材料进货价格来转嫁税收

D. 企业通过技术改造,提高生产率,从而提高盈利水平

二、多选题

1. 通常认为,税收的一般特征包括（　　）。

A. 强制性

B. 无偿性

C. 固定性

D. 稳定性

2. 税收效率包括税收的（　　）效率。

A. 行政

B. 负

C. 经济

D. 正

3. （　　）属于流转税。

A. 车辆购置税

B. 增值税

C. 关税

D. 消费税

4. 1994年税制改革的指导思想是建立以（　　）为双主体的税制结构。

A. 流转税

B. 财产税

C. 所得税

D. 资源税

5. 根据计税时企业购进的固定资产金额能否扣除以及如何扣除，增值税可以划分为（　　）。

A. 生产型增值税

B. 销售型增值税

C. 消费型增值税

D. 收入型增值税

6. 我国消费税主要针对（　　）征收。

A. 高档消费品

B. 奢侈品

C. 高能耗产品

D. 稀缺资源产品

7. 下列收入中免征个人所得税的有（　　）。

A. 国债利息

B. 保险赔款

C. 抚恤金

D. 勤工俭学所得

8. 下列属于我国资源税税目的有（　　）。

A. 金属矿

B. 非金属矿

C. 煤炭

D. 海洋

三、判断题

1. 流转税所产生的收入效应和替代效应都会降低纳税人的实际购买能力，最终降低其消费水平。（　　）

2. 我国的增值税属于价外税。（　　）

3. 我国现行增值税属于生产型增值税。（　　）

4. 我国现行消费税主要在生产环节征收。（　　）

5. 我国现行个人所得税采用分类计征的模式。 （ ）
6. 房产税是我国地方政府的主要收入来源。 （ ）

四、论述题

1. 什么是拉弗曲线？论述其经济含义。
2. 论述税收的基本特征与原则。
3. 论述税收的经济效应。
4. 什么是所得课税？论述其优缺点。
5. 论述我国现行税制体系的主要内容。

第八章习题参考答案

第九章 公债

第一节 理论要点

公债是政府收入的一种特殊形式,也是政府可以运用的一种重要宏观调控手段。本章要求掌握公债的概念、性质与作用,公债制度与公债市场的基本知识,公债负担的内涵与主要衡量指标等。

一、公债的概念、性质与作用

(一) 公债的概念

公债是政府以债务人身份取得的一种收入,其概念包括如下要点。
① 公债是各级政府借债的统称。中央政府的债务称为中央债,又称国债;地方政府的债务称为地方债。
② 公债是政府收入的一种特殊形式,具有有偿性和自愿性特点。
③ 公债是政府信用或财政信用的主要形式。
④ 公债是政府可以运用的一种重要的宏观调控手段。
⑤ 公债是一个特殊的债务范畴。

(二) 公债的性质

就公债的特性看,它是一种虚拟的借贷资本。
就公债的本质看,它体现一定的分配关系,是一种"延期的税收"。

（三）公债的作用

1. 财政角度

公债是财政收入的补充形式，是弥补财政赤字、解决财政困难的最可靠、最迅速的手段之一。当国家财政一时支出大于收入、遇有临时急需时，发行公债尤其是短期的国库券，比较简捷，可济急需；从长远看，公债还是筹集建设资金的较好形式。

2. 经济角度

公债是政府调控经济的重要政策工具，是政府经济政策的一个重要组成部分。其作用包括：调节积累与消费，促进两者比例关系合理化；调节投资结构，促进产业结构优化；调节金融市场，维持经济稳定；调节社会总需求，促进社会总供给与总需求的平衡。

二、公债制度

（一）公债的种类

① 按发行期限划分，公债可以分为短期公债、中期公债和长期公债。
② 按发行地域划分，公债可以分为国内公债和国外公债。
③ 按公债是否可以自由流通划分，公债可以分为上市公债和不上市公债。
④ 按举债形式划分，公债可以分为契约性借款和发行公债券。
⑤ 按发行主体划分，公债可以分为中央公债和地方公债。
⑥ 按公债计量单位划分，公债可以分为实物公债和货币公债。
⑦ 按公债用途划分，公债可以分为生产性公债和非生产性公债。
⑧ 按有无利息和利息支付方式划分，公债可以分为有息公债、有奖公债等。

（二）公债的发行

公债的发行方式包括以下几种：
① 公募法，指政府向社会公众募集公债的方法，一般适用于自由公债；
② 包销法，指政府将发行的债券统一售予银行，再由银行发售的方法；
③ 公卖法，指政府委托经纪人在证券交易所出售公债的方法。

（三）公债的偿还

公债的偿还方式包括以下几种：
① 买销法或称买进偿还法，是由政府委托证券公司或其他有关机构，从流通市场上以市场价格买进政府所发行的公债；

② 比例偿还法，指政府按照公债的数额，分期按比例偿还；
③ 轮次偿还法，指政府按公债券号码的一定顺序分次偿还的方法；
④ 抽签偿还法，指政府通过定期抽签确定应清偿的公债的方法；
⑤ 一次偿还法，指国家定期发行公债，在公债到期后，一次还本付息。

公债偿还资金的来源包括预算直接拨款、预算盈余偿还、发行新债偿还旧债和建立偿债基金。

三、公债市场

（一）公债的发行市场

公债的发行市场是指以发行债券的方式筹集资金的场所，又称为公债的一级市场。公债的发行市场没有集中的具体场所，是无形的观念上的市场。它由公债发行者（政府）、投资者和中介人构成。

（二）公债的交易市场

公债的交易市场是指投资者买卖、转让已经发行的公债的场所，又称为公债的流通市场、转让市场或二级市场。公债的交易市场一般具有明确的交易场所，是一种有形的市场。它为债券所有权的转移创造了条件，是公债机制正常运行和稳步发展的基础和保证。

（三）公债的发行市场与交易市场的关系

公债的发行市场与交易市场是整个公债市场的两个重要组成部分，两者相辅相成。公债的发行市场是交易市场的前提和基础，公债的交易市场又是公债顺利发行的重要保证。公债的发行市场和交易市场是一个有机的整体。

四、公债负担

公债负担是指公债发行、流通、使用、偿还活动造成的负面影响，包括国民经济的公债负担、财政（政府）的公债负担、公众（纳税人）的公债负担以及认购者的公债负担。

公债负担的主要衡量指标：
① 公债依存度＝当年公债发行额/当年财政支出×100%（用于衡量财政的公债负担）；
② 公债负担率＝当年公债余额/当年国内生产总值×100%（用于衡量纳税人的公债负担）。

第二节 经典文献概述

一、经典文献概述一

《财政危机与总需求——高公共债务能否逆转财政政策的效果》

艾伦·萨瑟兰

（一）作者简介

艾伦·萨瑟兰（Alan Sutherland），圣安德鲁斯大学经济与金融学院教授，主要研究国际宏观经济学、货币经济学、国际金融、宏观经济理论等。

（二）内容提要

萨瑟兰在文中介绍了英国、丹麦和爱尔兰在历史上曾出现过与传统凯恩斯主义政策相悖的案例，即在经济衰退时期，通过增加税收和减少财政赤字来稳定公共债务。传统的凯恩斯主义观点支持通过减少税收和增加财政赤字的措施来刺激总需求，上述措施与之背道而驰。这种相反的观点认为，赤字融资会抑制私营部门的支出，因为私人机构会担心累积公共债务的不良后果，这被称为反凯恩斯主义。

萨瑟兰在文中介绍了贝尔托拉和德拉赞（1993）提出的一个重要模型。该模型侧重于探究政府支出对消费者、对未来税收水平预期的影响。政府支出遵循具有正漂移的随机过程。在没有稳定措施的情况下，政府支出的增长将是不可持续的。因此，消费者预计，当政府支出达到临界水平时，政府支出将大幅削减。贝尔托拉和德拉赞假设消费者不确定实现稳定消费的确切水平，这引发了消费者对政府支出演变的各种反应。萨瑟兰认为，贝尔托拉和德拉赞模型中起主要作用的是政府支出、预期未来税收和消费者支出之间的联系。事实证明随着政府支出接近临界高水平，支出的进一步增加对未来税收的影响越来越小。这是因为消费者知道债务稳定即将到来。该模型具有的特征是，随着危机点的临近，财政政策（以政府支出的增加为代表）的挤出效应越来越小。因此，贝尔托拉和德拉赞模型似乎在一个重要方面与反凯恩斯主义观点产生矛盾。

萨瑟兰指出，文中模型（萨瑟兰在其文章中提出的模型）保留了贝尔托拉和德拉赞模型的一些重要特征，将其嵌入不同的基础模型中。与其他模型一致，文中模型起作用的基本机制是当时财政政策和未来预期税收之间的联系。然而，文中模型强调政府债务的动态及其与代际之间税收预期分布的联系，政府债务动态是贝尔托拉和德拉赞模型没有考虑的问题。

萨瑟兰强调，文中所提出的模型是基于消费者寿命有限的情况下的财政政策描述。在正常时期，政府以一种倾向于允许公共债务以不可持续的速度积累的方式实施财政政策。为了满足其跨期预算约束，政府在债务达到极端水平时引入债务稳定政策。这些稳定政策涉及大幅增税。由于债务是随机演变的，因而消费者在任何时候都不确定债务是否会达到足以在其一生中触发稳定政策的极端水平。

萨瑟兰提出的模型揭示了财政政策对消费的影响将会如何随公共债务水平的变化而变化。在低债务水平下，财政政策具有传统的凯恩斯主义效应，即财政赤字具有扩张性。这是因为对于当时的消费者来说，下一个债务稳定政策非常遥远。当时的消费者对未来的税收而言会有所折扣，因为当税收提高时，他们可能已经不在世了（或者会有更多的人来缴税）。而在高债务水平下，财政政策则符合反凯恩斯主义观点，即财政赤字具有收缩性。这是因为下一个债务稳定政策对当时的消费者来说是一个迫在眉睫的威胁，他们知道自己极有可能不得不支付额外的税收。萨瑟兰提出的模型的解决方案显示，随着公共债务的增加，凯恩斯主义情况将会向反凯恩斯主义情况平稳过渡。

原文出处：*Journal of Public Economics*，1997年，第2期，第147～162页。

二、经典文献概述二

《我国国债政策取向及货币政策配合》

贾　康　徐晓慧

（一）作者简介

贾康，经济学博士，孙冶方经济科学奖和黄达-蒙代尔经济学奖获得者，曾长期担任中国财政部财政科学研究所所长，出版了《财政本质与财政调控》《地方财政问题研究》《公共财政与公共危机》等著作。

（二）内容提要

文章指出，我国国民经济在1998—1999年出现了明显的通货紧缩、有效需求不足以及投资和消费低迷等状况，尽管也采取了扩大内需等措施，但仍未能有效改善局势。上述现实显示出当时的经济低迷是深层次矛盾、经济成长新阶段和外部因素综合作用的结果。文中提到，虽然在理论上，扩张性的财政政策和货币政策是解决我国经济问题的合理措施，但在彼时的形势下，货币政策措施运行空间不足，减税政策也受限于财力基础和下调余地不足而难以产生明显影响。因此，文章建议，我国宏观调控应采取积极的国债政策，适当扩大国债发行，增加并合理安排政府公共投资支出，以加大政府拉动民间投资与消费的乘数效应。

接下来，文章在回顾了美国和日本以往国债政策的实施经验后，指出适度规模的国债发行是保证政府通过增加公共投资支出扩大内需的必要基础，是充分调动和利用国民经济储蓄剩余，实现一定经济增长速度的有力手段，还是发挥财政政策和货币政策合力作用必不可少的条件和操作手段。

对于我国国债政策的取向，文章认为，我国国债总量将在一段时期内进一步扩大，对国债的发行有必要进行合理控制，使国债余额增长不超出国民经济安全的保证界限，国债实际汇率也不能高于国民经济的增长率。文章指出，从名义指标上看，虽然我国国债余额占国内生产总值的比例较低，但是中央财政的债务依存度偏高、名义指标不足以反映现实情况是我国面临的主要问题。对此，文章认为应至少考虑到如下几个方面：一是我国中央财政债务依存度偏高与体制因素和政府财力分散程度关系很大；二是增发国债用于政府投资的应急措施并不意味着中长期控制债务规模、压缩赤字的原则被放弃；三是举债扩大投资规模的支出安排同样具有支出刚性，必须协调衔接短期调节与中长期发展；四是应当充分重视举债所筹资金的合理运用，尽可能产生更大的经济效益和社会效益；五是应当高度关注中央财政的脆弱性，通过体制调整和加强管理措施增强中央财政的调控实力；六是我国名义赤字、国债指标不足以反映现实情况，名义财政赤字规模的扩大实际上缩小了在安全区内消化和弥补公共部门隐性赤字的可用空间和调节余地，应通过综合治理和配套改革来逐步化解风险。为了与国债规模总量的扩张相匹配，文章提出，我国国债结构也必须做适当的调整，包括调整国债期限结构、品种结构、持有者结构、利率结构以及资金运用结构等。

此外，文章还进一步探讨了货币政策应当如何与国债政策协调配合。文章建议，应当实行总量适度扩张、同时注重结构的货币政策；健全货币政策工具，增强货币政策效应；进一步深化国有商业银行的企业化改革，完善金融机构"优胜劣汰"机制；加快银行间债券市场，即场外市场的建设，逐步建立起规范的现代国债市场运作机制。

原文出处：《金融研究》，2000年，第1期，第11~17页。

第三节 典型案例

一、案例正文

 案例

独山政府百亿债务解法

面对化债难题,独山县尝试申请中央资金化解债务。2020年7月,贵州黔南州政府曾在其官网公布黔南州发展和改革局对州人大会议建议的答复,提及独山县当年49个项目申请中央资金7.1亿元,极大地缓释了当地债务风险,解决了部分债务工作。

据《中国新闻周刊》报道,2020年,独山县已经派人前往财政部,在财政部的指导下,制定了一个化债方案。此前,在2019年7月《铜仁市人民政府关于市二届人大三次会议第12号建议的答复》中提到,按贵州省政府的有关要求,松桃县在全省PK中胜出,贵州省政府已将松桃、独山等10个县申报纳入财政部建制县隐性债务风险化解试点。贵州等5个省份作为全国试点即将在财政部进行终结PK,松桃县已纳入财政部试点县名单,并争取到债券资金22亿元。

对外经济贸易大学国际经济贸易学院教授毛捷,长期关注地方债务问题。他表示,最难的第一步,就是要化解存量债务。如果存量债务不化掉,融资平台负担就减不掉,会产生新的隐性债务来维持它的存量。

许多债权人一直在期待中央化债资金的到来。不过,国家层面已经明确了地方隐性债务,中央不救助。2021年3月,财政部公布的《2020年中国财政政策执行情况报告》显示,稳妥化解隐性债务存量,坚持中央不救助原则,建立市场化、法治化的债务违约处置机制,做到"谁家的孩子谁抱"。

2021年9月,为了规范政府投资行为,化解债务风险,贵州省政府发布了《贵州省政府投资项目管理办法》。该办法规定,国有及国有控股企业应当剥离其政府融资职能,自主经营、自负盈亏。对只承担政府融资职能且主要靠财政资金偿还债务的"空壳类"国有及国有控股企业,一律按照相关规定和程序撤销。对严重资不抵债、失去清偿能力的国有及国有控股企业,要依法实施破产重组或者清算。

在毛捷看来，规范融资平台是解决地方政府性债务的第二步，只有把第一步化债做好，才好落实。

（案例来源：《"天下第一水司楼"被通报后的一年：独山政府百亿债务解法》，载《南方周末》，https://new.qq.com/rain/a/20211021A0AYG500。有改动。）

二、案例分析

1. 地方政府债务问题及其成因分析（结合本章案例）

当前，我国地方政府显性债务压力处于可控范围内，但仍然存在一定的隐性债务风险，独山县的地方政府债务问题并非个例。从数据来看，根据财政部发布的2023年中央和地方预算执行情况，截至2023年末，我国地方政府债务余额407372.93亿元，控制在全国人大批准的债务限额421674.3亿元以内。但需要注意的是，以上数据统计的仅是显性债务，隐性债务因缺乏相应的信息披露机制和规范的统计口径，相关数据难以核算统计，这给地方政府偿债造成较大负担。较大的地方政府债务规模给地方财政运行带来一定压力，收支不平衡导致部分地区存在财政超负荷运转的问题，同时，也导致地方金融的不确定性和不稳定性出现一定程度的上升。

地方政府债务问题的成因较为复杂，在此主要从以下几点展开讨论。

(1) 中央财政对地方政府的隐性担保。

中央财政对地方政府的隐性担保是指中央政府在地方政府债务问题上提供的非正式支持或保障，这种担保并不是明示的，但市场参与者普遍预期中央政府会在地方政府无法偿还债务时提供援助。隐性担保在一定程度上是由我国央地间关系的属性决定的。我国地方政府并非完全独立的主体，地方政府的权威来自中央政府，这意味着中央政府对地方政府承担最终责任。同时，地方政府债务违约风险一旦膨胀，就可能演化为全国性的金融恐慌，为了维护政府信用和社会稳定，中央政府不太可能允许地方政府破产，从而不得不对地方政府进行救助，这就导致地方政府对中央财政的依赖性较强。地方政府由于拥有中央会进行救助的高度预期，就会有更强的举债冲动和债务违约倾向。

(2) 地方政府举债的融资约束不足。

我国的地方政府债务中的相当一部分实际上是商业性债务，即通过地方融资平台等向银行借债或在公开市场上发行债务。地方政府的商业性债务在法律上属于公司债，而《中华人民共和国预算法》并不涉及政府的商业性债务，只对国债做出了规范。这样一来，地方政府财政就可以通过地方融资平台实现金融化。一方面，这些融资平台公司的融资和投资决策在一定程度上接受地方政府主导部门的指令，也有平台公司自主决策的部分，容易导致决策主体与真正的投资主体之间权责不明。另一方面，银行对政府融资平台公司贷款的风险评估在很大程度上也仅仅基于地方政府财政收支状况和偿还能力。但是，由于政府占据主导地位，加之信息不对称的存在，银行难以掌握地方政府的融资总规模、负债规模和财政收支，难以真实全面评估地方政府还款能力，导致对项目融资的风险评估不足。上述融资约束的缺乏在一定程度上导致地方政府盲目借款举债搞投资。

(3) 地方政府财权与事权之间的平衡性有待提高。

地方政府的财权与事权之间的平衡性不足是我国地方政府债务问题的财政体制原因。从地方政府的财权来看，地方税系建设还有待优化，我国地方税收目前主要依赖共享税，纯地方税种收入占比较低，且仍然存在税源零散、收入规模小、征收成本高、征收难度大等问题，地方政府可支配财力有所不足。同时，从当前的经济大环境来看，难以避免的经济下行压力与房地产下行周期，进一步削弱了地方政府财政汲取能力。从地方政府的支出责任来看，《中华人民共和国预算法》已经对中央政府与地方政府之间的事权进行了概括性规定，但在具体事权范围的划分上，还存在进一步细化的空间。在中央不断向地方下放行政权力的情况下，地方财政支出责任也随之增加，即使部分地区获得中央政府的转移支付收入，但仍然存在一定的收不抵支问题。除此之外，由于地方政府还承担着壮大国有企业、推动基础设施建设、招商引资等越来越多的地方经济发展重任，加上各地政府之间形成了以 GDP 指标增长等为具体表现的竞争格局，这种竞争性压力也导致地方政府不得不加大财政支出力度。地方政府可支配财力相对不足与支出责任有增无减之间的矛盾，形成了地方政府通过各种渠道对外举债的内在动因。尽管地方政府可以通过发行公债这种显性债务渠道获取一定量的资金，但由于信息不对称可能导致需求错配，中央政府下发的地方政府债券额度无法完全匹配地方政府的资金需求。因此，发行公债难以完全解决地方财政收支不匹配的矛盾，这就产生了地方政府举借隐性债务的动机，从而导致了一定的隐性债务增量风险。

2. 我国政府化解地方政府债务危机的进一步措施

不可否认，地方政府债务在弥补地方财力不足、推动地方经济社会发展、改善民生等方面发挥了诸多积极作用。但是，如果地方政府债务规模无限制扩大，债务违约风险超出可控范围，就会引发一系列金融风险与政府信用危机。因此，规范地方政府融资举债的行为，从根本上化解地方政府债务潜在危机至关重要。

(1) 加快政府职能转变，进一步完善地方政府政绩考核机制。

地方政府不但承担着日益繁重的公共服务职责，而且还需要确保当地经济发展，财政压力很大。在这一现实背景下，地方政府的行政考核机制对 GDP 等经济数据指标过于重视，导致形象工程、政绩工程出现。因此，改革应当加快政府职能转变，继续推动由全能型政府逐步转变为服务型政府，深化行政机构改革，完善地方官员政绩考核机制。考虑建立综合联动考核模式，即综合考察官员在任期间当地的经济发展、人文社会发展以及当地债务风险水平等多项指标，杜绝唯 GDP 标准，进一步完善科学合理的考核指标体系。特别是要对每一届地方官员任期内的负债情况以及债务偿还能力等相关指标赋予适当的权重，从政绩考核层面形成对地方政府官员的举债投资行为的约束机制，转变地方政府发展理念，加强地方政府官员的债务责任意识，充分遏制地方政府投资冲动，从根本上抑制举债发展的内在驱动力，防止地方政府盲目举债投资。此外，加强对官员的离任审计，加大行政监管力度。

(2) 厘清地方政府行为边界,进一步规范地方融资平台。

强化地方政府的融资约束,首先要充分厘清地方政府的行为边界,防止地方政府过度干预市场,让市场的归于市场,政府的归于政府,清晰界定地方政府的职责范围,理顺政府与市场的关系以及政企之间的关系。地方融资平台在行使职能时,也不能过度依赖地方政府,应该充分利用市场化方式,拓宽融资渠道。目前,地方融资平台大多通过向银行借款来获得资金,存在较大的资金缺口,所以地方政府应合理预测可支配财政收入和债务规模,坚持融资平台朝股权多元化、运作市场化、经营企业化的方向发展,以提升融资平台的经营能力、管理水平与整体实力。在这一过程中,提高地方政府债务的信息透明度,要求银行或非银行金融机构如实上报各级政府及地方融资平台的借贷信息,同时加强对公开上市银行信息披露义务管理,公开各级政府及地方融资平台的贷款信息。

(3) 深化财政体制改革,实现财权与事权相匹配。

当前财政体制不完善、地方政府的财权与事权不匹配也是地方政府债务出现问题的一个重要原因。因此,要从根本上解决地方政府债务问题,也须从财政体制方面着手。要在现有分税制财政体制的基础上,持续深化财税体制改革,支持推动中央与地方财政事权和支出责任划分改革,合理划分省级以下各级财政事权,明晰界定财政支出责任。对于中央、省级财政,加强其协调作用,可以考虑部分事权、支出责任适当上移至中央或省级政府,减少财政供养人员。适当上移社会保障、收入分配调节、区域协调发展等支出责任,减轻基层支出压力,缓解欠发达地区的发展压力。对于基层政府,要进一步健全地方税体系,规范收入分享方式,完善财政转移支付制度,特别是省级以下财政转移支付制度,增加地方财政的可用财力,做实基层政府保基本民生、保工资、保运转的"三保"机制,有效减少地方政府的举债规模。

参考文献

[1] 张小涛,张元鹏.我国地方政府性债务风险的定位、根源与法治化应对 [J].上海经济研究,2024 (05):116-128.

[2] 罗志恒.防范化解地方债务风险:理性认识、当前形势与综合应对 [J].清华金融评论,2023 (10):37-40.

[3] 冯静.我国地方政府发债面临的问题及对策 [J].财政研究,2009 (04):9-12.

[4] 贾康,刘薇.分税制改革三十年:回顾与展望 [J].地方财政研究,2024 (01):4-25+32.

[5] 白晓峰.预算法视角下的中央与地方关系——以事权与支出责任分配为中心 [J].法商研究,2015,32 (01):23-28.

[6] 申亮,刘浩.财政压力、税收竞争与地方政府财政收入质量 [J].上海财经大学学报,2022,24 (06):32-47.

[7] 沈坤荣,施宇.地方政府隐性债务风险:动态演进、治理难点与治理路径 [J].经济学家,2023 (12):56-65.

[8] 林世权. 地方政府债务风险的成因、评估与防范——以广西壮族自治区为例 [J]. 海南大学学报（人文社会科学版），2022，40（03）：131-139.

[9] 赵全厚. 我国地方政府性债务问题研究 [J]. 经济研究参考，2011（57）：2-19.

[10] 管治华，段思琦. 预算软约束、金融分权与地方政府债务规模 [J]. 当代经济，2023，40（11）：74-84.

[11] 时红秀. 地方政府债务出路问题再讨论 [J]. 银行家，2010（03）：10-15.

[12] 吉富星，刘兆璋，张菲尔. 防范化解地方政府债务的思路与措施 [J]. 财政科学，2023（10）：34-42.

[13] 何振. 如何有效约束地方政府债务——基于人大预算监督视角 [J]. 金融市场研究，2024（02）：111-118.

第九章习题

一、单选题

1. 公债是一种延期的（　　）。

A. 收入

B. 债务

C. 税收

D. 负担

2. 国家信用筹资的主要方式是（　　）。

A. 规费

B. 税收

C. 罚款

D. 公债

3. 公债最基本的功能是（　　）。

A. 弥补财政赤字

B. 筹集建设资金

C. 调节货币余缺

D. 调节国民经济的发展

4. 发行期限在1～10年的公债属于（　　）。

A. 长期公债

B. 短期公债

C. 中期公债

D. 超长期公债

5. 公债负担率是指当年公债余额与（　　）之比。

A. 年度GDP

B. 居民储蓄余额

C. 财政收入

D. 财政支出

6. 公债依存度是指当年公债发行额与（　　）之比。

A. 财政支出

B. 财政收入

C. 公债还本付息额

D. 公债累计余额

二、多选题

1. 公债的发行方式包括（　　）。

A. 公募法

B. 包销法

C. 公卖法

D. 买销法

2. 下列说法正确的是（　　）。

A. 从财政角度看，公债是财政收入的补充形式

B. 公债是政府以债权人身份取得的一种收入

C. 公债负担是指公债发行、流通、使用、偿还活动造成的负面影响

D. 从经济的角度看，公债是政府调控经济的重要政策工具

3. 公债负担包括（　　）。

A. 国民经济的公债负担

B. 政府的公债负担

C. 公众的公债负担

D. 认购者的公债负担

4. 偿还公债的资金来源主要有（　　）。

A. 偿债基金

B. 财政盈余

C. 预算列支

D. 举借新债

5. 公债的偿还方式包括（　　）。

A. 分期逐步偿还法

B. 抽签轮次偿还法

C. 市场购销偿还法

D. 以新替旧偿还法

三、判断题

1. 短期公债是指发行期限在一年之内的公债，又称为流动公债。　　（　　）

2. 发行公债券是公债的主要形式。　　（　　）

3. 可以在债券市场上出售，并且可以转让的公债，称为上市公债。（ ）

4. 公债的发行市场是无形的、观念上的市场。（ ）

四、论述题

1. 论述公债的概念与性质。

2. 论述公债的作用。

3. 什么是公债的发行市场与交易市场？论述二者之间的关系。

4. 什么是公债负担？其衡量指标是什么？

第九章习题参考答案

第十章 政府间财政关系

第一节 理论要点

政府间财政关系是指在不同级次政府间协调公共产品提供,并为提供公共产品组织收入而产生的收支划分和收支往来关系。本章要求掌握财政体制的概念与分类、财政分权的重要理论、政府间财政收支划分以及政府间转移支付等内容。

一、财政体制的概念与分类

财政体制是确定中央与地方政府以及地方上下级政府之间分配关系的一项基本制度,承担着处理财政分配中各种责、权、利关系的职责。

财政体制包括集权型与分权型两种基本类型。其中,集权型财政体制是指政府间财政关系中的各种权限高度集中在中央;分权型财政体制是指政府间财政关系中的责权大致分散在中央和各级政府当中。

二、财政分权的重要理论

(一)蒂伯特模型

查尔斯·蒂伯特在1956年提出了著名的"用脚投票"理论,解释了人们为什么会自愿聚集在一个地方政府周围。

他假定人们有自由的迁移权,在竞争性的地方辖区之间,人们出于自身效用最大化的考虑,会在全国范围内寻找地方政府所提供的公共产品与所征税收之间的最佳组合,选择他们最偏好的社区。这个过程就是"用脚投票"。人们的偏好以及迁移行为会给地方政府以相应的压力,各地方之间在公共产品供给和税收征收的组合上就会相互学习及模仿，从而使得辖区间公共产品的供给成本差异逐步缩小，进而促使地方政府提高服务效率。长此以往，就可能实现社会福利的最大化。

（二）最优分权理论

乔治·斯蒂格勒在1957年发表的《地方政府功能的有理范围》一文中，对为什么需要地方政府以及地方财政这一基本问题给出了公理性的解释。

公理一：由于地方政府比中央政府更接近自己的公众，因此能更好地识别本地居民对公共产品的偏好。

公理二：地方居民有权对公共产品进行投票表决，有权自己选择公共服务的种类和数量。

（三）奥茨分权定理

瓦勒斯·奥茨在1972年出版的《财政联邦主义》一书中，通过假设和严密的推理，为地方政府的存在提出了一个地方供应有效的分权定理。

对于某种公共产品来说，如果对其消费涉及全部地域的所有人口的子集，并且关于该公共产品的单位供给成本对中央政府和地方政府都相同，那么让地方政府将一个帕累托有效的产出提供给它们各自的选民总是要比中央政府向全体选民提供任何特定且一致的产出有效率得多。

三、政府间财政收支划分

（一）政府间财政收入划分

政府间财政收入划分是指财政收入在不同级次政府间的分配。财政收入的划分主要体现在税收收入的划分上。

1. 税收划分的依据

税收划分的依据主要包括以下方面：
① 将各税种的功能与各级政府的职责相结合；
② 注重多级财政关系间的相互协调；
③ 体现税收划分的便利性；
④ 使税收划分有利于经济的运行与发展。

2. 税收划分的主要方式

税收划分的主要方式包括税额划分、税种划分、税率划分、税制划分、混合型划分。

3. 税收权限的划分

税收权限的划分方式主要包括：分散型的税收权限划分方式，适度集中、相对分散的税收权限划分方式，集中型的税收权限划分方式。

4. 其他类型财政收入的划分方式

① 国有资本经营收入按隶属关系级次的不同，可划分为中央国有资本经营收入和地方国有资本经营收入。

② 国有资源收入按其归属的不同，可划分为中央固定收入、地方固定收入、中央与地方共享收入。

③ 政府性基金收入按其归属的不同，可划分为中央基金收入、地方基金收入、中央与地方共享基金收入。

（二）政府间事权与支出划分

政府间事权的划分是政府职能在各级政府间进行分工的具体体现。

政府间事权与支出的划分原则包括：集中与分散相结合、依据受益范围原则划分支出、兼顾公平与效率、相对稳定与适当调整相结合、坚持事权和支出划分的法治化。

政府间支出范围的划分包括：应完全归中央政府承办的事务，应完全归地方政府承办的事务，由中央承办、地方协助的事务，由地方承办、中央资助的事务。

中央和地方支出责任划分的基本框架如表 10-1 所示。

表 10-1 中央和地方支出责任划分的基本框架

责任归属	支出项目
中央	国防、外交、外贸、金融和货币政策
中央承办、地方协助	个人福利补贴、失业保险、全国性交通
地方承办、中央资助	管制地区间贸易
地方	环境保护、工农科研支持、教育、地区性交通、卫生、供水、下水道、垃圾、警察、消防、公园、娱乐设施

四、政府间转移支付

（一）政府间转移支付制度的功能

政府间转移支付制度的功能包括如下几个方面：
① 弥补纵向财政缺口；
② 弥补横向财政缺口；
③ 弥补地区性公共产品辖区间的外部效应；

④ 弥补收入划分方式的不足；
⑤ 支持落后地区的经济发展。

（二）政府间转移支付的类型

1. 一般性转移支付

一般性转移支付的目的主要是缩小地区间财力差距，实现地区间基本公共服务的均等化。

2. 专项转移支付

专项转移支付属于上级政府为实现特定政策目标以及对委托下级政府代理的一些事务进行补偿而设立的专项补助金。

一般性转移支付和专项转移支付形式的特点比较如表 10-2 所示。

表 10-2 一般性转移支付和专项转移支付形式的特点比较

比较项	一般性转移支付	专项转移支付
体现中央政府意图	中	强
行政干预成分	弱	中
影响地方政府的决策	弱	中
地方政府运用资金的自由度	强	弱
促进特定效果的提高	弱	强

（三）粘蝇纸效应

粘蝇纸效应是指上级政府通过转移支付拨款可以"粘住"接受拨款的下一级政府，不会将拨款用于增加个人收入，而是用于提高公共服务水平。相比于个人收入的增加，来自上级政府的转移支付对于公共支出水平的提高有更明显的刺激作用。

五、我国的分税制改革

从 1994 年 1 月 1 日起，我国开始实行分税制财政管理体制。

（一）分税制现状

1. 支出方面

中央财政主要承担国家安全、外交和中央国家机关运转所需经费，调整国民经济结构、协调地区发展、实施宏观调控所必需的支出以及由中央直接管理的事业发展支出。

地方财政主要承担本地区政权机关运转所需支出以及本地区经济、事业发展所需支出。

2. 税收方面

根据事权与财权相结合的原则,采用税种分割法,按税种划分中央与地方的收入。将维护国家权益、实施宏观调控所必需的税种划为中央税;将同经济发展直接相关的主要税种划为中央与地方共享税;将适合地方征管的税种划为地方税,并充实地方税税种,增加地方税收入。

(二) 分税制改革的主要成效

分税制改革的主要成效包括以下方面:
① 规范了各级政府间的财政关系;
② 调动了各方面积极性,国家财政实力显著增强;
③ 中央调控能力增强,促进了地区协调发展;
④ 增强了地方加强收支管理的主动性和自主性。

(三) 分税制存在的问题

分税制存在的问题主要包括以下方面:
① 事权财权不对等;
② 转移支付制度不健全;
③ 行政效率低下;
④ 省级以下财政体制亟待进一步优化。

第二节 经典文献概述

一、经典文献概述一

《财政分权与经济发展》

瓦勒斯·E. 奥茨

(一) 作者简介

瓦勒斯·E. 奥茨(Wallace E. Oates,1937 年 3 月 21 日—2015 年 10 月 30 日),美国马里兰大学经济学教授,代表作是《财政联邦主义》。

(二) 内容提要

奥茨以工业化国家和发展中国家财政集权程度的显著差异为出发点,结合广泛记录在案的一系列实证数据,指出发展中国家的中央政府承担了大部分的财政责任,也就是说,发展中国家的财政集权程度往往比工业化国家的更高。奥茨指出,一部分观点认为,财政分权是打破中央计划和提升管理的一种方式,从而有助于发展中国家的经济发展;也有一种相反的观点认为,地方公共部门的增长被视为经济发展的主要结果。奥茨在文中系统探索了财政集权与经济发展水平之间这种观察到的反向关系的来源和影响。

文章接下来基于纵向视角讨论了财政集权的演变趋势。尽管巴尔和林恩(1992)的研究表明,地方财政的相对重要性会随着时间推移而持续增长;但奥茨所收集到的一些工业化国家的相关数据展示了一个与之完全不符的演变过程。比如,英国中央政府财政支出在总支出中所占的比例从1895年的57%上升到1955年的75%。财政集权化趋势也因灾难性事件(比如两次世界大战和"大萧条")而加速,剧烈的社会动荡对中央政府的主导作用提出了更高要求。对此,奥茨指出,从历史的角度来看,财政分权与经济发展之间的关系要复杂得多。他认为,工业化国家在财政分权演变方面的历史经验与发展中国家存在较大差异,这主要是因为发展中国家经济增长过程的起点不同。奥茨引用了康耶斯(1990)的观点来加以说明:大多数发展中国家从殖民大国继承了相对集中的政府制度,在独立后的头几年,往往倾向于维持中央控制和集中计划制度,以增强民族团结意识,加强新政府及其政策管理。也就是说,发展中国家没有经历工业化国家那种典型的演变过程,而是有效地以高度集中的政府部门开始现代化国家建设。因此,奥茨认为,对于发展中国家来说,财政分权促进经济发展的潜力在很大程度上取决于其当时所处的特定环境。

奥茨指出,财政分权在原则上可能对经济发展起到潜在的有益作用,但这种潜力转化为对经济增长的真正贡献则取决于一些关键条件。他提出,财政分权有助于提高经济效率,主要是因为差异化的地方产出会比中央决定的统一产出带来更高的社会福利,这一论点无论是在静态背景还是在经济增长的动态环境中都具有一定的有效性。但是,财政分权与经济增长之间的理论关系并不是那么绝对的,在此,奥茨再次引用了康耶斯(1990)的观点,地方分权可能会增加地方一级民众的参与,但有时只有少数特权精英群体能够参与。基于此,奥茨进一步指出,由于精英阶层可能致力于追求其自身利益,那么地方分权可能只是将中央暴君换成地方暴君而已,并不能真正解决当地民众的福利问题。他认为,地方政府要有效履行职能,必须满足某些条件,以有效给予地方官员财政自主决策的空间,并提供正确的信号和激励。在这里,他强调了两个特定条件。第一个条件是地方政府需要独立的收入来源,中央政府对地方政府的拨款在财政体系中起着重要作用,但不能过多,否则可能会破坏分权决策的自主性和活力。如果地方政府严重依赖上级拨款,中央政府对支出决策的干预将不可避免地普遍存在,有关地方计划的决定将难以由地方财政独立进行;同时,严重依赖中央拨款会破坏地方对其决策负责的动力,如果资金来自中央政府,相关决策对地方来说可能几乎没有真正的经济成本。第二个条件与第一个条件密切相关,涉及自身收入的性质,即确保地方税不会导致经济扭曲,以便提供正确的成本信号。奥茨指出,转移给地方政府的主要税种是烟草税,虽然它为地方政府带来了可观的收入,但并不是一种良好的地方税;房产税则是一个非常好的地方收入来源,但许多发展中国家还没有实施房产税的行政能力。

奥茨在文章最后进行了总结。从原则上讲,财政分权的出现似乎在经济发展中起着潜在的有益作用,但是,这种潜力转化为对经济增长的真正贡献取决于一些关键条件,这些条件涉及地方机构对地方福利的响应性,而地方福利反过来又极大地取决于财政机构的适当结构。

原文出处:*National Tax Journal*,1993年,第2期,第237～243页。

二、经典文献概述二

《财政补助的激励效应》

迈克尔·斯玛特

(一)作者简介

迈克尔·斯玛特(Michael Smart),多伦多大学经济学教授,1995年获得斯坦福大学博士学位,税收政策经济分析专家。

(二)内容提要

文章指出,不论好坏,政府间财政转移支付在政府财政事务中扮演了一个重要角色。如何确定一个合适的转移支付水平,要从公平和公正两方面考虑。在对转移支付计划进行评估时,应密切关注转移支付对中央政府和地方政府所产生的激励效应及其对不同地区居民的间接激励效应。斯玛特从纵向转移支付与横向转移支付两种类型出发,讨论了政府转移支付的设计和实践应遵循的原则。

在纵向转移支付方面,斯玛特指出,从中央到地方的纵向补助对于一个多级政府来讲是十分必要的,其中,配套补助可以作为庇古补贴来规范地方政府行为,而分类财政补贴原则上只会考虑地区差异。他认为,虽然分类财政补贴除了在理论上具有微弱的收入效应之外,增加的补助只会挤出地方来自其他税收的支出,并且不会影响地方的决策,但大量的实证研究表明了粘蝇纸效应的存在,政府间转移支付不是按比例分配到公共服务上,而是分配到那些名义上指定的公共服务项目上。关于粘蝇纸效应的证据主要来自高收入的联邦国家,其中,有的研究发现在某些补助项目中并不存在粘蝇纸效应,根据斯玛特的分析,这主要是由于高收入国家的地方政府通常有相当多的财政来源,而且长期自主决策的习惯可能让它们与中央政府的目标相对立。与之相反,在很多发展中国家,地方政府更依赖于联邦的转移支付,也很少有权力自主决策,导致地方政府没有足够的能力来消除中央政府补助的影响,转移支付的粘蝇纸效应也就很少出现异象。斯玛特认为,允许地方政府更自主地分配资金,也许能更好地满足地方的需求。在纵向补助的实践方面,斯玛特在文中呈现了许多国家的转移支付经验。比如,在菲律宾,一部分转移支付被平均分配到各省,另一部分转移支付则按照人口和面积来分配,其转移支付额度与贫困水平没有相关性,而印度尼西亚的转移支付则与贫困水平明显正相关。他从澳大利亚和加拿大的经验中得出,在确定转移支付的分配时,大量可靠的数据比确定详细的规范方法更重要,如果缺乏数据,基于如人口和区域的简单分类等这类更简单的方法在度量总体支出需求上显得更有用。对于配套补助来说,斯玛特认为,制约配套补助实施的主要因素是配套补助对信息的高度依赖,它的应用需要对其提供的服务水平进行清楚详细的描述,并准确及时地估算提供各种不同水平的服务所需的成本等。因此,在实践中,许多国家转移支付的条件太复杂,以至于会阻碍地方政府政策的有效实施。

在横向转移支付方面,斯玛特指出,所谓的横向转移财政平衡,即通常所说的均等化,意味着转移支付政策需要设计成区域间的重新分配,其主要目标是消除不同地区的财政收入净值差距,而不是减少区域内或者区域内个人收入的差距。他在文中对不同的均等化目标模式展开分析。均等化当地政府的人均实际支出额,其结果是忽略地方偏好、需求、成本以及自身取得收入的能力的差异,可能削弱地方征税的动力和放宽对地方支出的限制,因为在这种体制下,那些拥有最高支出额和最低税收收入的地方将获得最大的转移支付。也就是说,这种财政补助体制对地方政府增加自身收入方面有负面作用。均等化地方政府对给定水平的公共服务的供给能力和效率,即根据衡量效率的标准调整转移支付的数额,以满足受资助的服务项目的需求。这种情况下,除非对财政能力差异做适当调整,否则最不努力的政府收益最高。均等化税收能力,即中央政府给地方政府提供足够的资金来达到中央预先确定的服务水平。在理想化的状态下,均等化体制给每个地方政府的转移支付等于当地税收能力与全国平均税收能力的差,然后乘以一个标准税率,税收能力通过各地的人均税基衡量。这种制度的目标在于平均税收的差异,按照一个以基于税基的支付额差异为基础的公式来确定转移支付额。从国家的角度来说,能力均等化会导致地方税率高于满意水平,许多实证研究已证实这一点。另外,斯玛特认为,任何好的财政转移支付制度应该按照一个公式来分配资金,其中的重要因素是需求、能力和努力度。他还指出,联邦政府必须意识到转移支付对地方居民有间接的暗示激励作用,流动居民的定居决策会建立在每个区域的净财政收益以及过去的财政经济状况上,企业选址也不会只基于生产效率的最大化,还要考虑不同区域净财政收益、劳动力和人力资本的不同。

最后,斯玛特得出结论:一般规律下,普通配套补助和专项配套补助都有作用;从财政拨付者和接受者的观点来看,应以一般转移支付的形式进行财政资源的再分配,通常应以稳定但具有弹性的方式进行;原则上说,普通补助要考虑需求和财政能力,但要以一种尽可能简单、可靠、透明的方式进行;如果普通补助设计得合理的话,而且地方政府在税收政策上具有一定的决定权力,那么无须利用特殊激励来鼓励额外的税收征收;一般规律下,不应对普通补助如何开销附加条件,专项补助通常具有一个配套部分,该部分随支出的类型及接受者的财政能力有所变化;所有的地方政府都应该按一个标准化的程序来管理其财政,维持足够的、流通的账户,并定期公开审计。中央政府应该保证地方财政信息的及时性、全面性和公开可获得性,这是政府内部财政良好运转的必要组成部分。斯玛特指出,能够正确处理上述所有事情的国家,将拥有良好的政府内部财政转移支付系统。

原文出处:《政府间财政转移支付:理论与实践》,中国财政经济出版社,2011年,第171~184页。

第三节 典型案例

一、案例正文

案例

海南实行分税制改革　瓦解土地财政

2017年12月,海南省政府印发文件通知,决定从2018年1月1日起施行新一轮分税制财政体制。

为落实海南以壮士断腕的魄力摆脱房地产发展依赖的决心,海南新一轮分税制财政体制改革,重点突出了财力下沉与房地产调控两个鲜明特点。

海南省财政厅有关负责人表示,通过税收分成调控房地产发展,把与房地产关联度最大的两个税种收入大部分集中于省级,把其他产业产生税收的大部分留给市县,倒逼市县发展转型,促进产业转型升级。

对于海南实施新一轮分税制财政体制的背景,海南省财政厅有关负责人介绍,省级以下财政体制是规范省级政府与市、县级政府间财政分配关系,促进政府有效行使职能和实施政策调控的重要手段,主要解决财政事权和支出责任如何划分、地方级税收收入如何分享、转移支付如何分配等问题。

海南省分税制财政体制从1994年开始建立,1998年全面实施,先后经历了2002年、2007年、2012年等几次大的调整。据海南省财政厅有关负责人指出,2018年以前的分税制财政体制没能体现省级政府对房地产严格调控的政策精神,不利于引导市、县级政府摆脱对房地产的过度依赖,同时也没有充分体现省级政府对加大生态文明建设的支持力度。

根据房地产研究机构统计数据，2016年海南土地出让金达246.34亿元，相较于上年的224.33亿元，同比增长9.81%。这是什么概念呢？根据海南省财政厅统计数据，2016年海南省本级地方一般公共预算收入为218亿元，土地收入已经超过了其他财政收入。房地产在海南的经济发展结构中呈现出"一业独大"的现象。

由于过度发展房地产，对生态破坏严重，中央生态环境保护督察组的反馈意见指出，房地产"绑架"海南规划，鼓了钱袋、毁了生态。时任海南省委书记的刘赐贵坦言，有些市县之所以过分依赖房地产，是因为短期很容易带来大笔GDP和财政税收。

在遭到中央痛批后，海南省印发了新的市县发展综合考核评价办法，对相同的指标，在不同的区域赋予不同的分值和权重；另外，对12个市县取消GDP、工业、固定资产投资的考核，而且把生态环境保护列为负面扣分和一票否决事项。

2018年施行的海南新一轮分税制财政体制本着四个基本原则，其中一个就是"有效调控"，要坚定落实省委、省政府严控房地产的决策部署，通过税收分成调控房地产发展，把与房地产关联度最大的两个税种收入大部分集中于省级，把其他产业产生税收的大部分留给市县，倒逼市县发展转型，促进产业转型升级。

北京中原地产首席分析师张大伟认为，以前分税制财政体制过分看重房地产的发展，地方过度依赖土地财政。海南新一轮分税制财政体制引导地方回到生态保护与经济和谐发展上，有利于全省统筹，通过财政转移支付发展贫困地区。

海南省也明确提出，将提高省对市县一般性转移支付比例，重点向中部山区国家重点生态功能区、革命老区、民族地区、贫困地区和经济薄弱市县倾斜。

（案例来源：《海南实行分税制改革 瓦解土地财政》，载《华夏时报》，https：//baijiahao.baidu.com/s？id＝1588763558403286776。有改动。）

二、案例分析

1. 1994年分税制改革分析

1994年的分税制改革是在"弱中央"的财政危机背景下实行的。根据当时社会主义市场经济的发展需要，分税制建立了分级财政体制，具有重要的历史意义。分税制改革取得了良好效果，但同时也存在一系列不容忽视的局限性。下面从分税制的实施背景、基本内容、主要成效以及存在问题四个方面展开分析。

（1）1994年分税制的实施背景。

20世纪80年代，中央政府实行了"分灶吃饭"的财政包干体制。包干制实质上是向地方政府放权让利的分级财政制度,这一改革并没有真正建立起与整个市场经济相适应的财政税收体系,反而使得中央政府的经济调控和行政管理能力大大下降,导致国家能力被严重削弱,已经超过了"分权的底线"。在财政包干体制下,财政税收制度的内部矛盾不断加剧,预算内规范收入逐渐萎缩,财政入不敷出的情况日益严重。1979年,财政收入在国内生产总值中的占比为28.4%,到1993年已经下降为12.6%;中央财政收入在财政总收入中的占比也由1979年的46.8%下降为1993年的31.6%,占比明显下降,致使中央财政不但要靠地方财政的收入上解才能维持平衡,甚至需要向地方财政借款才能弥补财政缺口。在这一背景下,分税制不是着眼于进一步分权,而是对过度分权的纠偏举措。

(2) 1994年分税制改革的基本内容。

分税制改革的基本内容主要包括如下几个方面。

一是在现有的事权基础上划分中央和地方的财政支出。按照中央和地方的事权范围,中央财政主要承担国家安全、外交和中央国家机关运转所需经费,调整国民经济结构、协调地区发展、实施宏观调控所必需的支出以及由中央直接管理的事业发展支出。地方财政主要承担本地区政权机关运转所需开支以及本地区经济、事业发展所需支出。

二是中央与地方的收入划分。这次财政体制改革是与税制改革配套进行的。由于税制改革后税种结构发生了较大变化,中央与地方的财政收入范围要进行相应调整,根据税制改革之后税种设置情况以及中央和地方现有的事权划分,将与维护国家权益密切相关和有利于实施宏观调控的税种划分为中央税;将收入数额较大,能够稳定增长的税种划分为中央与地方共享税;将与地方经济发展关系密切,适合地方征管的税种划分为地方税。

三是实行税收返还和转移支付制度。为了保证税收大省发展企业的积极性和照顾既得利益的分配格局,分税制规定了税收返还办法。税收返还以1993年的税收为基数,将原属地方支柱财源的增值税和消费税按实施分税制后地方净上划中央的数额全额返还地方,保证地方既得利益,并以此作为税收返还基数。为调动地方协助组织中央收入的积极性,按各地区当年上划中央两税平均增长率的1∶0.3的比例给予增量返还。在分税制运行两年后,中央财政又进一步推行过渡期转移支付办法,即中央财政从收入增量中拿出部分资金确定转移支付补助额,重点用于解决地方财政运行中的主要矛盾与突出问题并适度向民族地区倾斜。

四是分设中央和地方两套税务机构。分开设立中央和地方税务机构,对税收实行分级征管。中央税务机构负责征收中央税和共享税,地方税务机构负责征收地方税。原包干体制的分配格局暂时不变,两种体制同时运行。原来该上缴的要继续上缴,原来该补助的还继续给予补助。过渡一段时间后,再逐步规范化。

(3) 1994年分税制改革的主要成效。

1994年的分税制改革在建立适应社会主义市场经济发展的分级财政体制的基本框架方面迈出了重要的一步。一方面,财政收入的划分基本上采用了国际通行的做法,按税种划分各级财政的收入范围;相应地分设了税务机构,实行分级收税,不但有利于保证税收收入及时足额入库,为国家经济发展积累了大量资金,而且有利于建立和完善地方税收体系,加强了税制管理。另一方面,改革步伐是渐进的,注意发挥中央和地方积极性。原有的收入存量未做调整,保护了地方既得利益;同时,在收入增量分配上,既考虑到中央实施宏观调控的需要,又考虑了地方收入适度增长的要求。通过对收入增量分配的调整,增强中央财政的实力,强化中央在政府间财政分配中的主导地位,中央财政实施有效的横向和纵向收入分配调节成为可能。此外,税收返还制度和转移支付制度的建立有利于中央政府对某些经济落后的地区进行专项补贴照顾,有利于当地经济的发展和人民生活水平的提高。

总体而言,分税制是我国财税体制的重大改革,实践证明,分税制在理顺中央与地方的财政分配关系、建立规范的财政运行机制、保证中央和地方财政收入稳定增长、增强中央财政调控能力等方面,都取得了显著成效。

(4) 1994年分税制改革存在的问题。

尽管分税制改革取得了诸多成效,但不可否认的是,1994年的分税制仍存在问题。① 1994年的分税制改革不够彻底,仍然保留了某些旧财政体制的做法。② 1994年的分税制并未划分清楚中央政府和地方政府的事权、财权。总的来说,地方事权范围相对较大,而财权范围相对较小,常常出现"地方出钱、中央请客"的现象,在一定程度上导致了地方政府债务严重。分税制只涉及税款的征收管理权,而所有税种的立法权、解释权、税目税率的调整权仍集中于中央。③ 分税制改革将原属于地方政府的某些财政收入归于中央,但中央政府的转移支付模式并未跟进完善,导致转移支付力度不足。比如,税收基数返还的做法实质上是中央对个别发达省份做出的让步,这一做法照顾了原有的财政分配利益格局,但不规范,与国际通行的财政转移支付制度相差甚远。

从总体上看,1994年的分税制改革建立了分税制财政体制的基本框架,但仍是一个不彻底的改革方案,也是一个利益矛盾冲突的妥协方案,中央政府在这次改革中仍然充当着"让利者"的角色。分税制改革在经济发展过程中起到很大的积极作用,但是也存在弊端。

2. 房价上涨、土地财政和分税制的关系分析

土地财政指的是地方政府依靠出让土地使用权的收入来维持地方财政支出,国有土地使用权出让收入属于地方政府性基金预算收入。由于这部分收入无须上缴中央,土地使用权出让收入是1994年分税制改革以后,地方财政的主要收入来源之一。据此,有不少观点认为土地财政源于1994年的分税制改革。这种观点认为,分税制改革导致了地方政府财权和事权不匹配,从而直接导致地方政府的税收行为发生变化,土地财政成为政府的普遍偏好。也就是说,由于地方政府承担了过重的财政支出责任,地方政府必然会扩大财源,这种收入占比低、支出占比高的情况迫使其不得不通过土地出让等方式来融资。因此,为了维持地方财政收入,地方政府便拥有提高地价的动机,而高地价又是房价上涨的重要原因。因此,这类观点认为分税制改革是土地财政和房价上涨的一个重要原因,甚至是根本性原因。

其实,土地财政与分税制改革的不完善确实存在一定关联,比如科学的政府间转移支付制度尚未完全建立,在一定程度上加重了地方财政负担,但从根本上来说,分税制

并非导致土地财政的主要原因。土地财政与房价上涨的主要原因在于地方政府政绩考核机制的不合理和地方政府对土地财政的依赖,分税制改革不完善所引致的地方事权财权不对等问题则仅仅是土地财政的一个促成因素。

首先,以 GDP 为核心的政绩考核机制导致地方经济增长和地方政府官员的政治利益紧密联系在一起。经济增长的激励目标促使地方政府的土地财政模式不断膨胀。地方政府的目标是增加地方财政收入和实现 GDP 增长,土地出让金越高,地方政府收益越大,GDP 增长越多,同时房价也不断上涨。以 GDP 为核心的激励机制引发了地方政府隐性债务和土地财政等连锁反应。如果没有分税制,只要存在 GDP 考核,仍会产生资金饥渴和不足。其次,土地财政收入归地方政府所有,有偿出让土地的方式使得土地使用权的市场价格得到了充分的体现,地方政府依靠这种方式所获得的财政资金远高于行政划拨,但这也使得某些地方政府更加依赖土地出让金来满足城市建设的资金需求,土地财政也取代其他类型的收入,成为地方财政的主要来源。我国土地财政的收入完全归属于地方,可能反而需要中央来划分土地财政的收入,对土地财政的收入在各地间实施转移支付,才会打击土地财政不断增长的势头。

3. 进一步完善分税制的措施(依据财权与事权统一的原则)

(1) 进一步明确各级政府的事权范围和各级预算主体的支出职责。

财政事权是一级政府应承担的运用财政资金提供基本公共服务的任务和职责,支出责任是政府履行财政事权的支出义务和保障。明确各级政府的事权范围和支出职责,要坚持财政事权由中央决定,这便于从整体的角度出发,在改革的过程中做到以整体利益为主,与其他相关政策的改革相适应。具体来看,事权是对政府支出职责进行划分的前提,对于不同层级的政府而言,事权范围是不同的,所承担的支出职责也是有差别的。越是层级高的政府,所掌握的职权越是靠近整体的统筹和决策;越是层级低的政府,所负责的主要事务越是日常化,偏向于靠近民众。应按照公共产品的层次性来合理划分各级政府的支出责任和范围,国防、外交等全国性公共产品和服务由中央财政负责;跨地区大型基础设施、环境保护等兼有全国性和地方性公共产品特征的事项,由中央和地方财政共同承担,并按具体项目确定分担的比例;基础教育、计划生育、公共卫生等中央负有直接或间接责任、由地方政府负责提供更为有效的事项,应由中央财政通过转移支付把相应的财力给予地方来完成;其他属于区域内部的地方性公共产品和服务,则由地方财政负责。

事权重新划分后,中央和各级地方政府的支出范围也要随之进行调整,哪一级政府掌握哪项事权,就要相应承担哪方面的支出,真正做到各行其是,各负其责。

(2) 以事权定财权,逐步调整和规范收入划分。

根据各级政府的事权,划分各级政府的财政支出,再根据各级政府的财政支出,确定各级政府的财政收入。各级政府之间的事权的明确划分为财权的划分奠定了基础,确保实现财权与事权相匹配,这样才能保证政府在开展工作中具有足够的经济基础作为保障。在政府事权和支出范围重新划分后,根据中央和地方政府各自承担的职责,需要进一步调整各级政府间的收入划分范围。

中央政府的性质和地位决定了掌握的职权范围是最高层面的，主要工作是对国家整体统筹方面进行一系列决策，所以中央政府所掌握的税收种类也应该是那些能够对国家总体经济进行控制的税种。地方政府主要负责的事务是信息复杂的类型，因此在信息量这一方面具有更多优势。地方政府对当地群众多方面需求的复杂现状更加清楚，因此其管理的税收应该是具有地方特点、不影响全局经济发展以及容易征收的税种。现行地方税系以中央与地方共享税为主，下一步改革不仅要完善中央与地方税收共享规则，还应当调整优化现有税种结构，增加地方税种，尤其是那些能够反映地方政府公共服务职能和居民福利水平的税种，如房地产税和部分消费税。在加快地方税收体系建设的过程中，需要更加重视发挥地方政府的积极性，逐步扩大地方政府的税收管理权限，增强地方政府的财政自主性，给予地方政府更多独立税源，逐步提高地方税收入占比。

（3）完善转移支付制度。

根据财权与事权统一的原则，规范和完善财政转移支付制度也是完善分税制的一个重要内容。要在确保中央财政财力分配主导地位和调控能力有效发挥的基础上，强化中央财政的再分配功能，保障各级各地财政的基本财力，确保财权与事权相匹配。近年来，中央财政转移支付的规模不断扩大，有效缓解了基层的财政困难，对欠发达地区的财政支出以及基本公共服务的有效提供起到了关键性支撑作用。但是，我国转移支付制度仍然有待完善，特别是省级以下转移支付制度，缺乏规范性制度与统一化标准，面临政府事权和支出责任范围划分不清晰、转移支付结构不合理、资金分配方式不完善等问题。此外，我国一般性转移支付的资金分配也不够科学，缺乏对地方政府财政能力和支出需求的精确测度；专项转移支付则存在项目种类和数量繁多，资金使用效率较低，项目申请和审批等程序较为复杂以及资金分配透明度不足等问题。未来改革要进一步完善转移支付制度，健全相关法律体系，出台配套法规，从而对转移支付的功能定位、分类体系、设立程序、分配管理、退出机制等做出全面系统的规定，确保转移支付工作有明确的法律依据与制度遵循。同时，针对转移支付管理层面面临的突出问题，加强制度建设与监督，进一步规范转移支付预算编制、执行和资金使用、管理等行为，并依托互联网、大数据等信息技术，加强转移支付的资金统筹及综合管理。

参考文献

[1] 王绍光. 分权的底线 [M]. 北京：中国计划出版社，1997.

[2] 周飞舟. 分税制十年：制度及其影响 [J]. 中国社会科学，2006（06）：100-115＋205.

[3] 熊伟. 分税制模式下地方财政自主权研究 [J]. 政法论丛，2019（01）：64-77.

[4] 李方旺. 1994年分税制改革：评价与展望 [J]. 财金贸易，1995（01）：5-6＋8.

[5] 马海涛,白彦锋,岳童. 新中国70年来我国财政理论的演变与发展 [J]. 社会科学文摘,2019 (12):44-46.

[6] 罗必良. 分税制、财政压力与政府"土地财政"偏好 [J]. 学术研究,2010 (10):27-35.

[7] 唐云锋,吴琦琦. 土地财政制度对房地产价格的影响因素研究 [J]. 经济理论与经济管理,2018 (3):43-56.

[8] 杨六妹,钟晓敏,叶宁. 分税制下财政转移支付制度:沿革、评价与未来方向 [J]. 财经论丛,2022 (02):26-37.

[9] 刘勇政,邓怀聪. 中国政府间转移支付制度三十年:演进、成效与变迁逻辑 [J]. 经济理论与经济管理,2024,44 (05):54-68.

第十章习题

一、单选题

1. 公共产品受益范围层次论认为,基础教育的投资责任主体应该是（　　）。

A. 地方政府

B. 中央政府

C. 基层政府

D. 个人

2. "用脚投票"理论的提出者是（　　）。

A. 蒂伯特

B. 斯蒂格勒

C. 奥茨

D. 布坎南

3. 下列观点错误的是（　　）。

A. 政府间事权的划分是政府职能在各级政府间进行分工的具体体现

B. 一般性转移支付的目的是实现特定政策目标

C. 政府间转移支付制度可以弥补纵向财政缺口

D. 财政收入的划分主要体现在税收收入的划分上

4. 在地方政府运用资金的自由度方面,（　　）。

A. 一般性转移支付较强,专项转移支付较弱

B. 一般性转移支付较弱,专项转移支付较强

C. 一般性转移支付与专项转移支付都较弱

D. 一般性转移支付与专项转移支付都较强

5. （　　）事权可以由中央与地方政府共同承担。

A. 教育

B. 外交

C. 司法

D. 国防

6. 从狭义上说，转移支付是指（   ）负责。

A. 政府对个人的转移支付

B. 对不同层级政府间、政府对企业以及政府对个人的转移支付

C. 对不同层级政府间的转移支付

D. 政府对企业的转移支付

7. 转移支付制度的目标不包括（   ）。

A. 缓解国与国之间的财政差异

B. 缓解横向财政不平衡

C. 协调地区间的财政经济活动

D. 缓解纵向财政不平衡

8. 我国转移支付制度结构优化的目标是要建立以（   ）为主体的转移支付制度。

A. 配套转移支付

B. 税收返还

C. 一般性转移支付

D. 专项转移支付

二、多选题

1. 关于政府间收入划分方式论述正确的是（   ）。

A. 国有资本经营收入按隶属关系级次的不同，可分为中央国有资本经营收入和地方国有资本经营收入

B. 国有资源收入按其归属的不同，可分为中央固定收入、地方固定收入、中央与地方共享收入

C. 政府性基金收入按其归属的不同，可分为中央基金收入与地方基金收入

D. 政府性基金收入按其归属的不同，可分为中央基金收入、地方基金收入、中央与地方共享基金收入

2. （   ）属于完全归中央政府承办的事务。

A. 环境保护

B. 外交

C. 管制地区间贸易

D. 国防

3. 政府间税收划分的依据包括（   ）。

A. 将各税种的功能与各级政府的职责相结合

B. 注重多级财政关系间的相互协调

C. 体现税收划分的便利性

D. 使税收划分有利于经济的运行与发展

4. 政府间事权划分的基本原则有（　　）。

A. 能力原则

B. 公平原则

C. 效率原则

D. 收益原则

5. 根据外溢性或受益范围的不同，公共产品可以分为（　　）。

A. 跨国公共产品

B. 全国性公共产品

C. 地方性公共产品

D. 区域性公共产品

6. 我国中央与地方共享税包括（　　）。

A. 增值税

B. 资源税

C. 所得税

D. 关税

7. 下列关于专项转移支付的说法中，正确的有（　　）。

A. 与一般性转移支付相比，专项转移支付的效率较高

B. 下级政府必须按照规定使用专项转移支付资金，不得自行安排

C. 专项转移支付是我国财政转移支付制度的重要内容

D. 专项转移支付都需要下级政府准备一定比例的配套资金

三、判断题

1. 目前，从财政支出的政府行政级次看，我国财政支出的主要责任由中央政府承担。（　　）

2. 粘蝇纸效应是指上级政府通过转移支付拨款可以"粘住"接受拨款的一级政府。（　　）

3. 斯蒂格勒认为中央政府能更好地识别地方居民对公共产品的偏好。（　　）

4. 财政分权的实质是地方政府拥有一定的财政自主权，各级财政相对独立。（　　）

5. 我国专项转移支付可以用于财政补助单位人员经费和运转经费。（　　）

四、论述题

1. 什么是财政体制？其主要类型有哪些？

2. 论述蒂伯特模型的主要内容。

3. 论述斯蒂格勒最优分权理论的主要内容。

4. 论述奥茨分权定理的主要内容。

5. 论述政府间转移支付的功能与类型。

第十章习题参考答案

第十一章 财政平衡与财政政策

第一节 理论要点

财政平衡,亦称财政收支平衡或预算平衡,财政政策则是政府宏观调控的重要手段。本章要求掌握财政平衡与财政赤字的基本知识,财政政策的各种类型及其含义,财政政策与货币政策的配合使用等内容。

一、财政平衡与财政赤字

(一)财政平衡的内涵

财政平衡是指一定时期内财政收入与支出基本持平。财政收支或政府预算收支的对比关系,不外乎三种:一是收大于支,形成财政结余;二是支大于收,出现财政赤字;三是收支相等,实现财政平衡。

(二)科学的财政平衡观

科学的财政平衡观主要体现在以下几个方面。
① 财政平衡是相对的或大体的平衡,不存在绝对的平衡。
② 应树立动态平衡的观点,不拘泥于静态平衡或一个预算年度内的收支平衡。
③ 财政平衡只是一种局部平衡,它应该服从或服务于宏观经济总体平衡。
④ 不仅要关注中央政府的收支平衡,也要研究各级地方政府的收支平衡。
⑤ 应该注意将真实平衡与虚假平衡区分开来。

(三)财政赤字(或财政结余)的计算口径

根据是否将债务收支作为正常的财政收支,有两种计算财政赤字(或财政结余)的口径。

口径一：硬赤字（结余）＝（正常收入＋债务收入）－（正常支出＋债务还本付息支出）。

口径二：软赤字（结余）＝ 正常收入－（正常支出＋债务利息支出）。

口径一将债务收支视为正常的财政收支。口径二不把年度债务收支计入正常财政收支范围，在此前提下，收支相抵形成的差额，叫作财政软赤字，但在这种计算方法下，债务利息的支付列入经常支出。

（四）财政赤字的弥补方式

财政赤字的弥补方式包括：
① 动用历年财政结余；
② 发行货币或向银行透支；
③ 开征新税或提高税率；
④ 举借内外债。

二、财政政策

（一）财政政策的概念与分类

1. 财政政策的概念

从政府宏观调控视角出发，财政政策是政府以一定的财政经济理论为依据，为实现预定目标而规定的综合运用各种财政手段的基本规则。

2. 财政政策的分类

① 根据财政政策手段分类：税收政策、公共支出政策、政府投资政策、国债政策等。
② 根据调节经济周期的作用分类：自动稳定的财政政策和相机抉择的财政政策。
③ 根据调节国民经济总量的不同功能分类：扩张性财政政策、紧缩性财政政策和中性财政政策。
④ 根据财政政策作用的不同方面分类：总量调节政策和结构调节政策。
⑤ 根据作用的范围分类：一般政策和个别（特殊）政策。
⑥ 根据适用的时间分类：长期政策、短期政策等。

上述分类中涉及的关键概念解析如下。
① 自动稳定的财政政策：随着经济形势的周期性变化，一些政府支出和税收自动发生增减变化，从而对经济的波动发挥自动抵消作用，也被称作内在稳定器，主要包括自动变化的税收和自动变化的政府支出。自动变化的税收表现在累进的所得税制度上，如个人所得税和企业所得税。自动变化的政府支出主要表现在公共支出的各种转移性支出

项目上,如失业救济金、各种福利支出、农产品维持价格等。

② 相机抉择的财政政策:政府根据不同时期的经济形势,相应采取变动政府支出和税收的措施,以消除经济波动,谋求实现既无失业又无通货膨胀的稳定增长的目标。这种财政政策,在不同的经济形势下,相应采取扩张性财政政策、紧缩性财政政策和中性财政政策。

③ 扩张性财政政策用于减轻或消除经济衰退,其主要内容是增加政府支出和减少税收。增加政府支出包括增加公共工程开支,增加政府对物品或服务的购买,增加政府对个人的转移性支出;减少税收包括降低税率、废除旧税以及实行免税和退税,其结果可以扩大总需求。

④ 紧缩性财政政策用于减轻或消除通货膨胀,其主要内容是减少政府支出和增加税收。减少政府支出包括减少公共工程开支,减少政府对物品或服务的购买,减少政府对个人的转移性支出;增加税收包括提高税率、设置新税,其结果可以缩小总需求。

⑤ 中性财政政策指国家财政分配活动对社会总需求的影响保持中性,财政收支活动既不产生扩张也不产生紧缩效果的政策。这种政策可以理解为收支平衡政策。

(二) 财政政策与货币政策的配合

1. 货币政策的概念

货币政策是指一国政府为实现一定的宏观经济目标所制定的关于调整货币供应的基本方针及其相应的措施。它是由信贷政策、利率政策、汇率政策等具体政策构成的一个有机的政策体系。中国货币政策的基本目标是稳定货币。

2. 货币政策的分类

货币政策主要分为以下几类。
① 扩张性货币政策,指货币供应量超过经济过程对货币的实际需要量。
② 紧缩性货币政策,指货币供应量小于经济过程对货币的实际需要量。
③ 中性货币政策,指货币供应量大体上等于经济过程对货币的实际需要量。

3. 财政政策与货币政策协调配合的必要性

财政政策与货币政策具有不同作用,包括传导过程差异、政策调整时滞差异和政策调节的侧重点差异。

4. 财政政策和货币政策的松紧搭配

财政政策和货币政策的松紧搭配包括:紧的财政政策和紧的货币政策、紧的财政政策和松的货币政策、松的财政政策和紧的货币政策、松的财政政策和松的货币政策。所谓松紧搭配,主要是利用财政政策和货币政策各自的特殊功能,达到在总量上平衡需求、在结构上调整市场资源配置的目的。

第二节 经典文献概述

一、经典文献概述一

《财政平衡观与积极财政政策的可持续性》

邓子基

（一）作者简介

邓子基（1923年6月—2020年12月），厦门大学文科资深教授，著名财政学家、教育家、经济学家，我国社会主义财政学的奠基人和开拓者之一，中国财政学界主要学派"国家分配论"的主要代表人物之一。2017年，荣获首届中国财政理论研究终身成就奖。

（二）内容提要

1998年下半年我国实施了积极的财政政策，并获得了显著成效，邓子基在文中就是否应当继续推行以国债大量发行和扩大财政赤字为基础的积极财政政策展开分析。他在文中具体讨论了三个问题：一是财政平衡问题；二是财政政策的可持续性的内涵；三是我国积极财政政策的可持续性问题。

首先，对于财政平衡，文章总结出财政收支矛盾与平衡转化规律这一基本命题。财政收支矛盾是指在一个特定的年度内，财政收支在数量上一般是不相等的。文章认为，绝对的财政收支矛盾（不平衡）可以转化为相对的财政收支统一（平衡），财政收支运动"平衡—不平衡—平衡"的发展轨迹是财政部门能够克服财政收支矛盾，实现财政收支平衡的内在根据。文章主张，从根本上、总体上或从中长期战略上看，财政必须平衡，而且应当提倡动态、积极的财政平衡，应把财政平衡视为常态。文章认为，财政通过其收支活动直接调节社会总供给与社会总需求之间的平衡，财政赤字是一定时期内刺激需求、拉动经济增长的必要政策手段，但不能作为一项长期政策，否则会导致通货膨胀，产生一系列消极影响。

其次，文章指出，国内对于财政政策的可持续性的内涵，还没有统一看法。文章认为，财政政策的可持续性问题是针对财政政策的实施所可能带来的政府债务风险来说的，它实质上是一个财政风险的控制问题。从可持续的角度看，如果一国能够在实现财政盈余或基本平衡的条件下实行财政政策，那么政府债务规模就可以控制在一个适度范围内，国家就不会发生债务危机。但现实中的情况是，宏观财政政策在多数国家都经常表现为赤字财政政策，如果在实行紧缩性财政政策期间都无法实现财政盈余，那就难以实现财政平衡，也难以缩小政府债务规模。文章从严格的经济学意义上给出了财政政策的可持续性的内涵，即在无限期界内，在能够借新债还旧债和保持币值稳定的假定条件下，政府债务水平必须等于最初的财政盈余的现值。文章对财政政策的可持续性做出进一步的解释——这并不表明债务最终要完全偿还，或者债务水平始终保持不变，而是指在无限期界之内，政府债务的最终增长率不能快于实际的利率水平。也就是说，只要政府不会在信用上发生问题，不发生通货膨胀，则财政政策的可持续性是容许政府历年都有负债的，而且其债务规模还可以在小于GDP的前提下有适当增长。此外，文章指出，上述定义虽然严格，却因为无限期界这一条件而导致其不易操作，因而在实际操作中，一般以国债负担率为主要指标（其他指标包括财政赤字率、居民应债能力、国债偿还率、中央债务依存度等），设立一个警戒值，只要不超出这个界限，就基本可以认定财政政策是可持续的。

最后，对于我国积极财政政策的可持续性评价，文章使用了1997年、1998年和1999年三年的具体数据展开分析。文章指出，我国财政经济学界比较通行的做法是，对我国积极财政政策的可持续性在进行国际比较的基础上做出评价。文章按照国际标准对历年财政收支及债务统计资料进行了相应调整，以确保进行国际比较的可行性；对国债负担率和居民应债能力这两个指标进行分析，发现我国的国债负担率比较低，居民应债能力比较强，国债发行还有比较大的空间，这是我国在"十五"前期可以继续实施积极财政政策的缘由；利用国债偿还率和中央债务依存度指标对政府偿债能力进行判断，发现我国财政，尤其是中央财政，面临很大的偿债压力和很高的债务依存度，新债的发行面临着实质性制约，这是我国积极财政政策无法长期维系的主要原因。基于上述分析，文章认为，在世界经济增速下滑、出口受到影响，仍存在通货紧缩、供大于求、内需不足等情况下，我国在"十五"初期仍应该而且也可以继续实施积极财政政策，但必须把国债资金主要用于未完工程，防止重复建设，加强监管，保证工程质量与效益；而在"十五"后期，积极财政政策则应当适时淡出舞台，警惕和防范出现较大的财政风险。

文章总结说，国内外经济形势是多变的，经常会出现不确定因素，政府必须相机抉择实行扩张或紧缩的财政政策，使社会总供需达到平衡或基本平衡；但从整体上、长期上和中长期战略上看，必须实施平衡的财政政策，通过建立稳固、平衡、强大的国家财政来促进国民经济持续、快速、健康发展。

原文出处：《当代财经》，2001年，第11期，第22～25页和第80页。

二、经典文献概述二

《财政政策的储蓄者-支出者理论》

N. 格里高利·曼昆

（一）作者简介

N. 格里高利·曼昆（N. Gregory Mankiw），美国著名经济学家，哈佛大学终身教授，著有《经济学原理》《宏观经济学》等经典教材。

（二）内容提要

文章指出，关于政府债务对宏观经济的影响的研究主要基于两个经典模型：巴罗-拉姆齐模型和戴蒙德-萨缪尔森世代交叠模型。前者认为，政府的债务政策在几代人之间重新分配了税收负担，但希望随着时间推移使消费平滑稳定的家庭通过遗产逆转这种再分配的影响。政府债务是完全中性的，即李嘉图等价。后者认为，人们在自己的一生中平滑消费，但没有遗产动机。当政府发行债务时，它以牺牲其他几代人的利益为代价使某几代人富裕起来，挤出了资本，并降低了稳定状态的生活水平。不过，文章指出，上述两个模型在分析财政政策时均存在不足之处，因而文章提出了一个新的模型来加以替代，并简要阐述了该模型对财政政策的影响。

首先，文章从三个方面对两个经典模型的不足之处展开论述。一是消费平滑的假设远非完美。大量实证研究已经对消费平滑远非完美这一命题达成共识，收入对消费者支出可能存在巨大影响。二是许多人的净资产接近零。实证数据表明，对许多家庭来说，储蓄并不是一种正常的活动，许多家庭的绝对财富水平很低。三是遗产是财富积累的重要因素。根据历史数据，收入分配最顶层的5%的人赚取了总收入的15%～20%，而财富分配最顶层的5%的人持有了经济中60%的财富和72%的金融财富。一小部分人的巨大积累意味着遗赠动机的存在，代际转移占据了美国总资本形成的绝大部分。

其次，文章指出，新的财政政策模型需要一种特殊的异质性，即其中一些消费者为自己和后代做计划，而其他人则过着"月光族"的生活。新模型的假设如下：经济中有两种人，第一种为储蓄者，他们有一个有效的代际遗赠动机，因此具有无限远的视野；第二种为支出者，他们在每个时期都将其全部税后劳动收入用于消费。文章用下列命题说明了储蓄者-支出者模型的政策含义。

命题一，临时税收变化对商品和服务需求产生重大影响。以1992年乔治·布什应对衰退的政策为例，该政策通过行政命令降低了从纳税人工资中扣除的所得税金额。该行政命令并未减少纳税人所欠税款，只是延迟了支付时间。1992年期间，纳税人获得的较高实得工资将在 1993 年 4 月所得税到期时被更高的税款或更少的退税所抵扣。根据两个经典模型的逻辑，消费者会意识到其终身资源未变，因而会将额外收入储蓄起来以应对即将到来的税收负担。而实际上，政策宣布不久后的一项调查显示，57% 的受访者表示会储蓄，用它来偿还债务或调整他们的预扣税以逆转乔治·布什行政命令的影响；43% 的人表示会花费额外的收入。

命题二，从长期来看，政府债务不需要挤出资本。政府通过永久性增加债务（需要更高的税收来支付利息支出）给每个人一次性减税，储蓄者最初的反应是无所作为，而支出者会立即消费他们的减税优惠。这种额外的消费减少了投资，进而提高了资本的边际产出和利率。更高的利率反过来又促使储蓄者储蓄更多。他们的高储蓄会一直持续下去，直到资本的边际产出回落到他们的时间偏好率。因此，债务融资的减税优惠暂时挤出了资本积累，但永久性增加的债务并没有压低稳定状态的资本存量。

命题三，政府债务增加稳态不平等。政府债务会影响储蓄者-支出者模型中收入和消费的分配。更高的债务水平意味着更高的税收以支付债务利息，税收既适用于支出者，也适用于储蓄者，但利息支付完全由储蓄者获得。因此，更高的债务水平提高了储蓄者的稳态收入和消费，并降低了支出者的稳态收入和消费，从而会增加收入和消费的稳态不平等。

命题四，如果税收扭曲性很大，则可能会发生大幅度的长期挤出效应。如果税收不是一次性的，即税收是扭曲性的情况下，政府债务的增加对经济的影响将表现为：债务越高，偿债能力越强；更高的偿债要求更高的税率；更高的税率导致更高的税前利率；而更高的利率导致更少的稳态资本存量。

命题五，从支出者的角度来看，最优稳态资本税为零。假设支出者占大多数，他们必须为外生水平的政府支出买单，支出者要在最大限度地提高税后工资的目标下，选择对劳动收入征税多少，对资本收入征税多少。文章通过数学规划的方式，求出了这一最优化问题的解，得出支出者对资本收入的最佳税收为零的结论。

最后，文章给出了结论。文章指出，巴罗-拉姆齐模型的代际利他主义和戴蒙德-萨缪尔森模型的世代交叠都不尽如人意，一个更好的模型应该承认数据中明显存在的消费者行为的巨大异质性。一些人目光长远，这可以从财富的高度集中和遗产在总资本积累中的重要性得到证明；而其他人则较为短视，这可以从消费平滑失败和净资产接近于零的家庭普遍存在中得到证明。文章认为，储蓄者-支出者理论朝着将这种微观经济异质性纳入宏观经济理论的方向迈出了一小步，并得出了一些关于财政政策的新的结论。

原文出处：*The American Economic Review*，2000 年，第 90 卷，第 2 期，第 120~125 页。

第三节 典型案例

一、案例正文

案例

4万亿元投资计划启示：宏观调控究竟要怎么"调"？

(1) 4万亿元投资计划的出台。

2008年9月15日，美国老牌投资银行雷曼兄弟破产后，全球金融危机进一步蔓延。2008年第三季度美欧日GDP全部负增长，其时，中国对美欧日出口占全部对外出口金额的一半左右，对外贸易依存度也处在历史最高水平。在4万亿元投资计划推出之前，已有诸多迹象显示国际经济形势对中国产生了显著的影响。2008年中国第三季度GDP增速回落到个位数，而此前三年半，中国季度GDP同比增速都保持在两位数，2007年第二季度甚至达到15%。

出口下滑的背后，是沿海地区大量工厂减产甚至面临倒闭的风险，与此关联的是逾2.2亿的农民工，就业形势日趋严峻，即便是长年稳定不变的城镇登记失业率也出现持续上行。当时农业部专门面向农民工做的一项调查显示，2009年春节前，除正常回家探亲的农民工之外，因为全球金融危机失去工作而返乡的农民工超过2000万人。

中国国际经济交流中心学术委员会委员、中原银行首席经济学家王军表示，当时中央非常着急，担心出现更多的失业，进而引起局面失控。

2008年对中国来说是不平静的一年，天灾人祸等重大事件频繁发生——1月发生南方雨雪灾害、4月发生阜阳儿童EV71感染事件、5月发生汶川大地震等。2008年底，新华社主办的《瞭望》新闻周刊在其年度总结文章中指出，"群体性事件的激烈程度比以往大大升级了。"

面对经济增速放缓、出口负增长和大批农民工返乡的现实情况，为了解决经济面临硬着陆风险的问题，我国政府于2008年11月推出了进一步扩大内需、促进经济平稳较快增长的十项措施。根据初步匡算，这十项措施的实施到2010年底约需投资4万亿元，即应对全球金融危机的一揽子计划。

(2) 4万亿元的投向。

在4万亿元投资中，新增中央投资共11800亿元，占总投资规模的29.5%，主要来自中央预算内投资、中央政府性基金、中央财政其他公共投资，以及中央财政灾后恢复重建基金；其他投资 28200 亿元，占总投资规模的 70.5%，主要来自地方财政预算、中央财政代发地方政府债券、政策性贷款、企业债券和中期票据、银行贷款，以及吸引民间投资等。

4 万亿元投资重点投向 7 个方面，基础设施建设和灾后重建是主要资金投向。具体投向与构成情况如表 11-1 所示。

表 11-1　4 万亿元投资计划具体构成

具体投资项目	投资金额测算	所占比例
铁路、公路、机场、水利、城市电网改造	约 15000 亿元	约 37.5%
地震重灾区灾后的恢复重建	约 10000 亿元	约 25%
廉租住房、棚户区改造等保障性住房	约 4000 亿元	约 10%
农村水电路气房等民生工程和基础设施	约 3700 亿元	约 9.25%
自主创新和结构调整	约 3700 亿元	约 9.25%
节能减排和生态工程	约 2100 亿元	约 5.25%
医疗卫生、教育、文化等社会事业发展	约 1500 亿元	约 3.75%

（注：本表资料整理自中华人民共和国国家发展和改革委员会新闻中心。）

以高铁为代表的基础设施是 4 万亿元投资的一个重要投向，截至 2016 年底，中国高铁运营里程达到 2.2 万公里，占世界高速铁路运营总里程的 60% 以上，稳居世界高铁里程榜首。4 万亿元投资计划还造就了发达的国内物流网络和通信基础网络，进而繁荣了电子商务，使得中国在近年互联网经济与金融的竞争中处于世界前列。

（3）4 万亿元投资计划的背后——用力过猛？

孙明春强调，4 万亿元投资计划本身没什么问题，无论是提振信心还是增加有效需求，在当时都是恰当的。问题是后来失控了，各地方层层加码，4 万亿元变成了 20 万亿元、30 万亿元。

从 2008 年 11 月至 2010 年 12 月底，新增人民币贷款累计达到 18.8 万亿元，社会融资规模增加了将近 30 万亿元，固定资产投资规模超过了 47 万亿元。全球金融危机前的 2007 年，一年的固定资产投资规模才为 11.7 万亿元，社会融资规模不到 6 万亿元，新增人民币贷款仅 3.63 万亿元。

投融资暴涨的背后除了宏观调控的全面放松，也有地方政府的竞争性投资冲动，更不乏国企与金融机构的积极配合。4 万亿元投资不再只是政府主导的投资，而被视为一揽子刺激政策组合的代名词。

财政方面，减税、降费、增支同时推出。从 2008 年下半年到 2009 年，减税方面的措施包括：先后 7 次提高部分商品的出口退税率、将证券交易印花税由双边征收改为单边征收、下调个人首次购买普通住房的契税税率并对个人销售或购买住房暂免征收印花税和土地增值税等。降费方面，2009 年取消了 100 项行政事业收费。2008 年公共财政支出同比增长 25.4%，达到有统计以来的最高。2009年、2010年中央政府分别上调财政赤字目标至9500亿元、10500亿元，而2008年仅为2000亿元左右。

货币政策方面，降息、降准同时快速推进。从2008年9月中旬到年底，央行5次下调金融机构贷款基准利率和个人住房公积金贷款利率，4次下调金融机构存款基准利率，4次下调法定存款准备金率，2次下调法定和超额存款准备金利率、再贷款和再贴现利率。人民币对美元汇率一改单边上升趋势，持续横盘至2010年6月央行重启汇改。

金融政策方面，从行业协会到监管机构提出了一系列促进金融支持经济发展的举措，针对"三农"、廉租住房建设、中小企业等。其中，影响较大的是，2008年11月取消了对商业银行的信贷规模限制，各商业银行纷纷表态支持国家重点项目和基础设施建设；2009年3月，央行和银监会联合提出，支持有条件的地方政府组建融资平台。

区域政策方面，从2008年到2010年，国务院加快批复了一系列区域发展的规划纲要。单单2009年就批了12个，几乎相当于此前4年的总和，覆盖了珠江三角洲、福建省、江苏沿海地区、关中天水经济区、辽宁沿海经济带等。

产业政策方面，2009年年初，国务院陆续推出钢铁、汽车、纺织等10个行业的振兴规划。房地产行业虽然没有被列入其中，但从中央到地方都从供需两端推出了刺激政策。

(4) 4万亿元投资的利与弊。

王军认为，4万亿元投资计划政策可以说是力挽狂澜，把中国及时拉回正常的轨道上来，避免了恐慌、避免了失业。已故经济学家成思危更是指出，如果没有4万亿元投资计划，很可能2009年中国的GDP增长率只有2.4%，这会造成严重问题。

中国是最早走出金融危机泥沼的国家。2009年第一季度GDP增速触底6.4%，此后V形反弹，到2009年第三季度已经回到两位数的增长速度，这和深陷危机漩涡的主要发达经济体形成鲜明对比。2009年，中国对世界经济增长贡献达42%，2010年，中国成为世界第二大经济体。

一系列刺激政策快速逆转了中国经济的下滑态势，也给未来发展埋下了隐患。巨额债务是4万亿元投资计划留下的最严重的后遗症。从2008年至2010年，国有企业负债迅速增长，同比增速分别超过23%、26%和28%，远甚于其他年份。随着地方融资平台的发展，地方政府债务快速扩张。根据审计署的审计结果，截止到2013年上半年，全国各级政府负有偿还责任的债务余额总计约为20.7万亿元。

与此同时，产能快速扩张。2009—2010年两年间，原煤产能增加逾7亿吨、粗钢产能增加逾1亿吨、焦炭新增产能1.4亿吨。很多原本因为市场竞争失败要退出的企业，因为政策干预，避免了淘汰出局的命运，加剧了过剩问题，如光伏行业。

"现在看来，有很多结构性问题，包括过剩问题，都与4万亿元投资计划有关系。"原辽宁社会科学院副院长梁启东说,"中央本来已经意识到产能过剩,要'动手术'去产能了,但是,经济形势变了,下滑了,政策180°转弯,从去产能变成了促产能。尽管中央可以把握政策力度,但地方却把握得不那么好,最后产能进一步过剩。"

(案例来源：《金融危机十周年｜"四万亿"启示录：宏观调控究竟要怎么"调"?》, 界面新闻, https://baijiahao.baidu.com/s?id=1617793578852831185&wfr=spider&for=pc。有改动。)

二、案例分析

1. 我国实行 4 万亿元投资计划的意义及成效

4 万亿元投资计划是我国在 2008 年全球金融危机时期内忧外患的复杂情势下所提出的应对措施。2008 年全球金融危机对世界经济造成重创。源于次级抵押贷款市场信用违约的次贷危机于 2007 年在美国愈演愈烈，政府放松的金融监管和金融市场的过度自由化及其系统性风险导致一连串金融危机事件相继爆发，甚至迅速扩散到整个美国金融市场。与此同时，金融层面的危机进一步渗透到实体经济，使美国实体产业受到很大冲击，并导致各个国家与地区之间的连锁反应，从而蔓延至全球，对世界经济造成严重影响。4 万亿元投资计划正是在这一国际大环境下提出的。

全球金融危机时期，我国持有的美国债券在危机爆发之后会面临坏账风险，危机下的美元贬值和美国大量发行国债导致的国债价格下跌也会导致我国外汇储备购买力骤减。但好在国内资本市场开放程度偏低，外汇投资也相对谨慎，全球金融危机对外汇储备的冲击实则相对有限。全球金融危机对国内的冲击其实更多作用于实体经济层面。我国国内实体经济受挫，主要源于出口需求下降。美国经济下滑，失业率一路攀升，消费者信心指数也屡创新低，欧盟、日本等发达国家和地区也受到此次危机的不利影响，经济增长放缓，居民消费疲软。而欧元区和美国等经济发达国家又是我国出口贸易的最大标的，因此，不良的国际经济环境必然导致我国出口贸易受到较大影响。出口贸易受阻又进一步引发实体经济增长放缓和严峻的就业形势。我国产业结构及其"世界工厂"的地位决定了国内经济对外依存度较高，出口对国内投资存在明显拉动作用，进而推动 GDP 增长。全球金融危机下恶劣的对外贸易形势将引起经济增长放缓，同时也将导致劳动市场供大于求，从而使整个社会就业压力增大。出口受抑也使我国实体经济尤其是工业生存压力激增，大量中小型加工企业倒闭进一步加剧了就业形势严峻的问题。

在严峻的经济形势下，我国政府适时提出了应对全球金融危机的 4 万亿元投资计划。这是面对经济增速放缓、出口负增长和大批农民工返乡的现实情况，为了解决经济面临硬着陆风险的问题而不得不提出的解决办法。因此，4 万亿元投资计划的提出具有一定的必然性。

4万亿元投资计划的成效如下。

4万亿元投资计划具体实施时间周期是从2008年第四季度到2010年底。在中央整体投资计划的影响下，整个经济体的投资热情在增强。2009年前9个月全社会投资增长33.4%，增幅比2008年同期提高6.4个百分点。全社会固定资产投资总额从2007年的137323.9亿元增长到2010年的278121.9亿元。其中，城镇投资额从117464.5亿元增加到241430.9亿元，农村投资额从19859.5亿元增加到36691.0亿元。与此同时，国家投资结构优化升级，重点支持和鼓励农业、教育、卫生、社保等民生工程。

4万亿元投资对经济的短期拉动十分明显。国家统计局数据显示，4万亿元投资刺激以来，GDP同比增长飞速提升，并在2010年3月达到最大值，中国也在2010年成为世界第二大经济体。可见，4万亿元投资帮助我国成功走出全球金融危机泥沼，与深陷危机漩涡的主要发达经济体形成鲜明对比。就业方面，4万亿元投资对国内就业有明显拉动，城镇登记失业率下降，城镇就业人员平均工资逐步上升，这意味着居民消费水平也得以提高。据统计，2008年我国城镇登记失业率为4.2%，为2006年以来最高，在4万亿元投资及中央就业资金的帮助下，2009年我国就业形势保持总体稳定，全国新增城镇就业人口1102万人。

此外，4万亿元投资计划实施以来，我国房地产市场开始复苏。2007年末至2008年底，房地产行业呈低迷状态，但是从2009年1月起，房市开始转好。在4万亿元投资和央行积极的货币政策共同作用下，房地产行业逐步走向复苏阶段。

一揽子计划的成功实施，有效稳定并不断提升人们对中国经济的信心，逆转了全球金融危机背景下中国经济的下滑态势。虽然4万亿元投资刺激主要是在短期内对国民经济繁荣存在明显的促进作用，长期看来拉动逐渐乏力，但对于彼时外部经济环境急剧恶化的中国而言，4万亿元投资最大的意义在于，它是中央政府在特定情况下发出的一个积极信号，用以鼓舞低迷的市场信心，而且这一刺激的确对国民经济起到了显著的促进作用。

2. 4万亿元投资调节宏观经济的财政学分析

根据本章案例材料，我国4万亿元的资金主要来自中央与地方财政，主要投向（超过50%）为铁路、公路、机场、水利、城市电网改造等基础设施建设和地震重灾区灾后的恢复重建，还有近20%用于廉租住房、棚户区改造等保障性住房建设以及农村水电路气房等民生工程和基础设施建设。这些均属于政府购买性支出的范畴。根据宏观经济理论，可以结合产品市场和货币市场两方面展开分析。

在产品市场方面，政府购买性支出是国内生产总值（GDP）的一部分，政府进行建设投资可以直接增加GDP。同时，政府增加公共建设投资还可以创造更多的就业岗位，并扩大私人企业的商品销路，从而增加居民可支配收入和消费，刺激总需求，拉动经济增长。此外，财政政策的乘数效应也可以扩大4万亿元投资对我国经济的影响程度，使GDP增长是政府支出增长的数倍。从4万亿元的投向来看，保障性安居工程、农村基础设施建设和医疗卫生与文化教育投资都有助于提高社会保障水平，减少城乡居民未来预期的不确定性，这在一定程度上会提高居民边际消费倾向，从而扩大乘数效应，使4万亿元投资的影响进一步增大。

结合货币市场来看，政府增加公共建设对私人投资会产生一定的挤出效应，削弱财政政策的效果。根据 IS-LM 模型，政府增加建设投资会在一定程度上增加货币需求，使利率上升，从而使私人投资减少。特别是当私人投资对利率变动的反应较为敏感时，私人投资下降的幅度就会更大，挤出效应也会更明显。但总体上，政府投资增加还是会拉动生产和就业，从而促进经济增长。上述关于挤出效应的分析仅仅基于宏观经济学模型，4 万亿元投资究竟会不会挤出私人投资还需结合具体实施情况进一步讨论。一方面，从我国 4 万亿元投资的投向来看，主要突出了加强"三农"和改善民生，突出了缓解基础设施瓶颈制约和加快社会事业发展，突出了推进结构调整和发展方式转变，突出了向中西部地区和贫困地区倾斜。这些领域都是广大人民群众生产生活急需的，是社会效益高于经济效益、市场机制难以充分发挥作用的领域，也是中央财政发挥结构调整主导作用的领域。对这些方面加大中央投资力度，既有利于稳定增长，也有利于优化投资结构，增强发展后劲，是"与民兴利"而不是"与民争利"。另一方面，合理实施 4 万亿元投资计划不会挤占民营企业的资金来源。我国在实施积极财政政策的同时，辅以适度宽松的货币政策（比如下调金融机构贷款基准利率、个人住房公积金贷款利率、金融机构存款基准利率、法定存款准备金率、法定和超额存款准备金利率以及再贷款和再贴现利率等），增加了货币供给以减轻货币供不应求的情况。因此，适度宽松的货币政策为各方投资主体的资金来源提供了有力保障，民营企业的借贷成本并没有上升。

总体来看，4 万亿元投资计划实施后，由于受到扩张的财政政策和宽松的货币政策影响，我国国民收入大幅提升，这也是我国当时经济政策最重要的目标——保增长。

3. 4 万亿元投资计划的问题分析

我们必须理性认识到，4 万亿元投资计划在促进经济繁荣、提振国民信心的同时，也带来了一些问题。

第一，债务扩张。本章案例正文中提到，从 2008 年至 2010 年，我国国有企业负债迅速增长，同时，随着地方融资平台的发展，地方政府债务也快速扩张。积极财政政策虽然对稳定经济发挥了重要作用，但由于地方政府缺乏监管，大型建设项目在各地纷纷上马，以尽快出政绩；同时，政府建设投资项目在投资热潮中也难以做好全面监督，特别是在地方政府缺乏融资软性约束的情况下，过度投资会造成资源的极大浪费，也必然会在一定程度上引发债务扩张。

第二，产能过剩。2009—2010 年两年间，原煤产能增加逾 7 亿吨、粗钢产能增加逾 1 亿吨、焦炭新增产能 1.4 亿吨。很多原本因为市场竞争失败要退出的企业，由于政策干预，避免了淘汰出局的命运，加剧了产能过剩问题。因此，调结构是 4 万亿元投资刺激后的一个重要问题，这涉及经济增长的可持续性问题，从这个意义上讲，当时的经济复苏基础还不太坚固。

第三，房价飙升，居民消费倾向被抑制。4 万亿元投资为房地产市场带来活力的同时也导致了房价的飙升。从 2009 年 3 月到 2010 年 3 月，全国 70 个大中城市的房价同比增长从 0.2% 达到 1.2%，环比增长从 1.3%一路上涨到 11.7%。人们投资房产的热度也随着房价的上升而上升,房价飙升不仅引发了"炒房客"的投机行为,过高的房价还影响了人们的生活水平,导致消费倾向被抑制。

第四,政府投资性支出在一定程度上挤占了转移性支出,从而影响社会福利水平以及国内消费需求的提升。政府转移支付大都具有福利支出的性质,诸如养老金、失业补助、救济金以及各种补助费等形式,其目的在于提高中低收入阶层的收入,以提高其生活水平。根据宏观经济理论,边际消费倾向随收入增加而递减,因而提高中低收入者收入可以有效促进消费,这对在全球金融危机背景下拉动国内消费需求来说是很重要的。从长远来看,对于我国长期以来存在消费需求不足的国情,扩大内需的关键仍是刺激消费需求。虽然民生工程是4万亿元投资计划的重点投向,但这主要是投资性支出。投资性支出增多,那么转移性支出相对就会减少。这必然会对社会福利水平造成影响,也不利于拉动国内消费需求。

参考文献

[1] 张生玲. "四万亿"投资的进展与效果 [J]. 宏观经济管理,2009 (12):29-31.

[2] 高静严. 从宏观角度分析"四万亿"计划对我国经济的影响 [J]. 中国市场,2016 (50):12-14.

[3] 苏治,李媛,徐淑丹. "结构性"减速下的中国投资结构优化:基于四万亿投资效果的分析 [J]. 财政研究,2013 (01):43-47.

[4] 张翼. 4万亿不会对民间投资产生"挤出效应"[N]. 光明日报,2009-10-28.

[5] 黎司泫. 四万亿元经济刺激计划的经济学分析 [J]. 经济研究参考,2010 (17):9-13.

[6] 韩康. 再搞一个4万亿并非不可 怎样拯救当前的经济增长 [J]. 人民论坛,2012 (19):44-46.

[7] 陈华,张艳. 基于刺激计划视角的主权债务危机与财政安全 [J]. 税务与经济,2010 (06):7-14.

[8] 王玉霞,张斌彬. 四万亿投资拉动就业效果的实证研究 [J]. 理论探讨,2011 (02):74-77.

第十一章习题

一、单选题

1. 财政赤字的弥补方式不包括( )。

A. 动用历年财政结余

B. 发行货币

C. 开征新税

D. 向商业银行借款

2. 扩张性财政政策用于减轻或消除经济衰退，其主要内容是（　　）。

A. 增加政府支出和减少税收

B. 增加政府支出和增加税收

C. 减少政府支出和减少税收

D. 减少政府支出和增加税收

3. 自动变化的税收属于自动稳定的财政政策，主要表现在（　　）方面。

A. 财产税制度

B. 增值税制度

C. 所得税制度

D. 流转税制度

4. 关于科学的财政平衡观的论述错误的是（　　）。

A. 财政平衡应该服从或服务于宏观经济总体平衡

B. 不仅要关注中央政府的收支平衡，也要研究各级地方政府的收支平衡

C. 财政平衡不仅是一种局部平衡，也是财政政策的最终目的

D. 应树立动态平衡的观点，不拘泥于静态平衡或一个预算年度内的收支平衡

5. 西方现代财政政策主要产生于（　　）。

A. 古典学派

B. 凯恩斯学派

C. 货币学派

D. 供应学派

二、多选题

1. 财政政策包括（　　）。

A. 国债政策

B. 公共支出政策

C. 政府投资政策

D. 税收政策

2. 货币政策分为（　　）。

A. 扩张性货币政策

B. 紧缩性货币政策

C. 一般性货币政策

D. 中性货币政策

3. 自动变化的政府支出主要表现在（　　）。

A. 累进的个人所得税

B. 失业救济金

C. 各种福利支出

D. 累进的企业所得税

4. 研究财政平衡要注意的问题是（　　）。

A. 财政平衡不是绝对平衡

B. 要树立动态平衡的观点

C. 要有全局的观点

D. 注意平等的真实性

5. 在财政平衡的两种计算口径中，主要的区别是（　　）。

A. 债务收入是否列入正常财政收入

B. 债务支出是否列入正常财政支出

C. 债务还本支出是否列入正常财政支出

D. 债务利息支出是否列入正常财政支出

三、判断题

1. 自动稳定的财政政策也被称作内在稳定器。（　　）
2. 扩张性财政政策用于减轻或消除通货膨胀，其主要内容是增加税收。（　　）
3. 财政平衡是相对的或大体的平衡，不存在绝对的平衡。（　　）
4. 扩张性货币政策是指经济过程对货币的实际需要量超过货币供应量。（　　）

四、论述题

1. 论述财政平衡的内涵。
2. 论述科学的财政平衡观。
3. 什么是财政政策？有哪几种类型？
4. 论述自动稳定的财政政策和相机抉择的财政政策的内涵。
5. 什么是货币政策？论述货币政策与财政政策配合的必要性。

第十一章习题参考答案

与本书配套的二维码资源使用说明

　　本书部分课程及与纸质教材配套数字资源以二维码链接的形式呈现。利用手机微信扫码成功后提示微信登录，授权后进入注册页面，填写注册信息。按照提示输入手机号码，点击获取手机验证码，稍等片刻就会收到4位数的验证码短信，在提示位置输入验证码成功，再设置密码，选择相应专业，点击"立即注册"，注册成功（若手机已经注册，则在"注册"页面底部选择"已有账号？立即登录"，进入"账号绑定"页面，直接输入手机号和密码登录）。接着提示输入学习码，须刮开教材封底防伪涂层，输入13位学习码（正版图书拥有的一次性使用学习码），输入正确后提示绑定成功，即可查看二维码数字资源。手机第一次登录查看资源成功以后，再次使用二维码资源时，在微信端扫码即可登录进入查看。